2021년 가을

심 명 희

손석희의 저널리즘 에세이

장면들

손석희의 저널리즘 에세이

장면들

The Scenes

창비
Changbi Publishers

나의 사랑이자 동지인 가족에게

옛 궁궐의 문지기들을 위하여

『풀종다리의 노래』(역사비평사 1993) 이후 28년 만에 책을 낸다. 그동안 나의 필력이 는 것도 아니고, 깊이가 더 생긴 것 같지도 않다. 그래도 책을 내는 건, 뭐라도 좀 정리를 해둬야겠다는 나의 생각이 컸다. 『풀종다리』를 쓴 이후 '이제 에세이를 쓸 일은 없을 거다'라고 했는데, 그렇게 다짐했던 기억이 아스라해졌다는 핑계도 한몫했다. 하지만 그 이후 28년을 다 정리하는 건 엄두가 안 나는 일이어서 미적거리던 중에 창비에서 그 정리의 범위를 대폭 줄여 제안했다. 그게 이 책에서 다루는 내용들이다. 그러다보니 JTBC에서 일한 시기였고, 그게 공교롭게도 한국현대사의 격동기였다(그렇지 않은 때는 없었지만). 바로 내가 뉴스 책임자로 앵커석에 앉았던 날들이기도 했다.

언론학을 공부하면서 가장 먼저 배우는 것 중의 하나가 '문지기론'이다. 미디어가 정보를 선택하되 그 선택의 기준은 기자 개인, 그 위에 미디어라는 조직, 더 나아가 사회 자체가 정한다고 배운다. 사회가 갖고 있는 상식에 기초해서 조직도, 개인도 영향을 받아 정보를 선택하고 전파한다는 것이다. 그것은 문지기들이 행하는 저널리즘에 대한 의구심(그 기준이 개인의 판단에 맡겨져도 되는가에 대한)을 줄여주고, 안도감을 주는 것이기도 하다. 하지만 이런 의문도 든다. 요즈음의 학교에서도 '문지기론'은 여전히 언론학의 기본일까? 세상은 둘 또는 그 이상으로 갈라져서 자기가 믿고 싶은 것만 믿는데 저널리즘 어쩌고 하는 것은 무슨 의미가 있을까? 이런 환경에서 우리가 행해야 할 저널리즘이란 뭔가? 그것은 그냥 목에 힘주고 서 있는, 지금은 그저 구경의 대상인 옛 궁궐 앞 문지기와 같은 게 아닐까?

가끔 얘기한다. 나는 레거시 미디어 시대의 말석에 앉아 버티다가 운 좋게 디지털 시대로 넘어온 사람이라고. 그래서인지 디지털 미디어 시대의 특성을 내가 열거하면서도 적응이 안 될 때가 있다. 미디어의 파편화, 진실의 개인화, 그 원인이기도 하고 결과이기도 한 자기확증편향. 독자 여러분은 적응을 다 하셨는지. 반세기도 전에 나왔던 포스트모더니즘이 포스트트루스(Post-Truth)라는, 좀더 디지털 냄새를 풍기는 이름으로 바뀌어 기존의 기준들을 해체해가고 있는 게 지금의 시대다. 이런 세상에서 '본래적 의미의 저널리즘'을 운운하는 것은 어떤가.

용기 있게 말하자면, 나는 그것이 가능한 일이라고 믿는다. '본래적 의미의 저널리즘'은 살아남을 것이다. 대중 미디어가 태동했던 '페니프레스'(Penny Press)의 시대에 온갖 선정주의가 만연했어도 오히려 이른바 정론지가 필요했던 것처럼. 한국사회가 아무리 양단, 혹은 그 이상으로 나뉘어서 지금과 같은 비합리적 쟁투를 계속한다 해도, 우리가 버틸 수 있는 것은 합리적 시민사회가 존재하기 때문이다.

거창하게 쓸 필요 없이, 이는 그냥 자연스러운 것이다. 디지털 시대에 미디어가 수익구조로 들어서기 위해서도 더욱 그렇다. 똑같이 쏟아내는 저급하고, 극도로 뻔하게 정치편향적인 기사에 굳이 돈을 낼 필요는 없다. 그런 것들은 어차피 공짜로 넘쳐나고 있지 않은가. 만일 기사 가치에 따라 시청자나 독자들에게 비용을 청구하고 싶다면 그럴 만한 가치가 있는 기사를 써야 하는 시대가 올 것이다. 그것은 언론사나 그에 속한 개인의 이익을 위해 저널리즘을 '정치운동'과 맞바꾸어 편 가르기에 몰두하거나, 혹은 '끝없는 상업성'에 갖다 바치는 것이 아닌, 우리 모두가 아는 '정론'에 복무하는 것으로 살아남을 수 있는 시대다. 그런 시대가 온다고 어떻게 장담하느냐고? 그러지 못한다면 그것이야말로 합리적 시민사회에 대한 믿음을 버리는 것과 같다. 그다음은 정말 암흑이다.

이 책이 주로 다룬 것은 저널리즘의 한 방법론으로서의 '어젠다 키핑'(Agenda Keeping)이다. 이 표현은 내가 주장하긴 했지만 완전히 창의적인 것은 아닐 것이다. 그 이전에 의제설정 기능(Agenda Setting)은 이미 전통적인 미디어 이론으로 널리 알려져 있다. 그러나 미디어가 단지 의제를 세우는 데에 그치지 않고, 그 의제를 꾸준히 지켜냄으로써 선한 기여를 할 수 있다는 믿음은 그것과는 좀 다른 얘기다. 다만, 실제로 적용해서 그 성과를 얻어내지 않는 한, 이상적이고도 취약한 주장에 지나지 않을 것이다. 여기에는 성공도 있고 실패도 있을 수밖에 없다. 책의 1부에 주로 그 얘기를 담았다. 저널리즘에 대한 또 다른 고민들은 어젠다 키핑을 생각하기 훨씬 이전부터 해왔던 것이고, 내가 JTBC로 옮겨온 것도 그 결과물이긴 했다. 물론 그뒤로도 고민의 무게를 늘리는 일이 수두룩했다. 2부에는 그런 고민들과 함께, 저널리즘의 새로운 방법론은 없는가를 모색한 과정도 다뤘다.

다음은 책을 쓰면서 유의했던 내용들이다.

1) 이 책은 처음부터 끝까지 내가 참여한 '장면'으로 구분해서 썼다. 내가 직접 참여하지 않은 일까지 쓰면서 주관적·개인적 사념(思念)으로 흐르는 우(愚)를 피하기 위해서였다. 극히 일부의 경우를 제외하곤 거의 모든 '장면'은 나의 시계(視界) 속에 들어와 있던 것이다. 그러다보니 책에서 다룬 사안들에 대해 특별히 후배 기자들에게 당시에 겪은 일을 따로 물어 쓰지 않았다. 훗날 같은 사안에 대해 그들 중 누구든 자신의 시각으로 기록하게 될 터인데, 내가 미리 그것을 가로채기 싫었다.

2) 이미 드러나고 알려진 이름 외엔 가능한 한 밝히지 않았다. 함께 일했던 후배 기자들 역시 이름을 쓰는 것은 꼭 필요한 경우로 최소화했다. 나로선 그게 예의라고 생각했다. 다만

내가 쓴 내용의 사실 확인을 하는 차원에서 미리 의견을 구했거나 상황상 꼭 필요한 경우엔 이름을 밝혔다. 또한 직함은 해당되는 시점을 기준으로 썼다. 그러니까 같은 사람이라도 시기에 따라 직함이 바뀔 수 있고, 현직, 전직 등으로 달리 쓴 경우도 종종 있다.

3) 사건의 전개 과정을 모두 적지는 않았다. 역사서나 설명서가 아니기 때문이다. 다만 이야기의 맥락을 파악할 수 있을 정도의 사건 흐름은 정리해 넣었다.

4) 책에서 JTBC는 대부분 JTBC 뉴스나 보도국을 칭한다. 그렇다고 뉴스 이외의 분야, 즉 예능이나 교양, 드라마 등을 저널리즘의 영역에서 제외하는 것은 아니다. 나와 가깝게 생활해 온 그 분야의 동료들은 나의 이 말을 이해해주리라 믿는다. 때로는 드라마가, 예능이, 교양이 뉴스가 이룩한 저널리즘보다 훨씬 강렬하게 저널리즘을 실천해왔으며 그들의 성취가 세상을 변화시킨다는 것을 나는 잘 안다.

책을 내는 데에는 이지영 씨와 박주용 씨, 그리고 안재경 씨의 도움이 컸다. 책에 담긴 모든 일을 가능하게 했던 후배들에게 감사한다. 내가 아는 한 그들은 정말 '최선을 다'했으며, '내일도' 그렇게 할 것이다.

2021년 11월
손석희

차례

어젠다
키핑을
생각하다

1부

2014년 4월 26일, 팽목항에서

1

프리퀄: '2012년 S그룹 노사전략'

[장면 #1] 대한민국의 앵커는 무슨 휴대폰을 써야 하는가

정확한 날짜는 기억나지 않지만 2015년 초의 어느 날이었을 것이다. 소포가 하나 전달돼왔다. 열어보니 삼성의 신형 휴대폰이 들어 있었다. 간단한 메모도 함께…

'대한민국을 대표하는 앵커께서 아이폰을 쓰시는 건 좀 어울리지 않습니다.'

소포를 보낸 사람은 삼성의 잘 아는 임원이었다. 그가 삼성으로 직장을 옮기기 전부터 오랜 기간 아주 가끔씩 밥은 먹던 사이였다. 각각 언론사와 재벌기업에 속해 있다보니 거북한 일도 있었으나 그것으로 친분을 해치진 않았다. 그렇다고 서로 도움을 줄 일

도 하지 않았다. 그냥 개인 대 개인이었다.

나는 뉴스를 진행할 때 스튜디오의 데스크 위에 휴대폰을 올려놓곤 했는데 눈썰미가 있는 사람은 그게 무슨 기종인지 쉽게 알 수 있었다. 그도 그걸 보다가 어느 날인가 문득 자신의 회사 폰을 보낼 생각을 했을 것이다. 하지만 나로서는 손에 익지 않은 다른 회사 제품을 쓰는 것이 선뜻 내키지 않았다. 게다가 공교롭게도 이미 새로 나온 버전의 아이폰을 구입한 터였다. 크기도 기존의 모델보다 더 크게 나온 것이었다. 그날 저녁 「뉴스룸」의 데스크 위에는 커다란 신형 아이폰이 놓였다. 그도 당연히 보았을 것이다. 그날 받은 폰을 돌려보내지 않은 것에 대해선 너무 탓하지 마시길. 그때는 김영란법도 나오기 전이었다. 굳이 다시 돌려보내는 건 결례라는 생각도 들었다. 안 그래도 당혹감을 느꼈을 터이므로 마음 한편으로는 미안함도 있었던 것이다.

그런데 그날 그가 휴대폰을 보내온 것은 가만 생각해보면 나름의 뜻이 있어서일지도 모르는 일이었다. 일종의 개인적 관계 복원의 표시랄까… 나만 그렇게 생각한 것일 수도 있으나, 그로부터 일년여 전에 있었던 일을 생각하면 내 추측이 꼭 틀리지만은 않았을 것이다.

[장면 #2] **"손 사장, 그거 내보낼 수 있어요?"**

JTBC로 와서 처음으로 「뉴스9」을 진행한 지 3주일 정도가 지난 2013년 10월 초순이었다. 정의당의 심상정 의원으로부터 전화가 왔다. 중요한 문건이 하나 있으니 직접 사람을 보내달라는 것이었다. 뭐냐고 물었더니 '그냥 삼성 관련 건'이라 했다. 그러면서 덧붙였다. '손 사장이 못 낼 거면 얘기를 해달라. 그러면 다른 언론에라도 줘야 한다'는 것이었다. 심 의원이 내가 못 내리라고 한 것은 그 이유가 뻔했다. JTBC는 어차피 삼성과의 관계가 있는데 낼 수 있겠느냐는 뜻이었다. 그러면 그는 왜 그 문건을 내게 보내주겠다는 걸까. 그 또한 뻔해 보였다. 일종의 역발상인 것이다. 삼성과 뗄 수 없는 관계라고 세간에 인식돼 있는 JTBC가 내면 반향(反響)이 더 있으리라고 봤을 것이었다. 내가 삼성 관련 보도에 거리낄 것이 없다고 공언을 해왔으니 일종의 시험을 해보고 싶다는 생각도 있었을까?

그러나 그가 간과했던 것이 있다. 첫째, 나는 이미 JTBC로 올 때부터 언젠가는 삼성 관련 이슈를 제대로 다룰 수밖에 없을 것이라고 생각하고 있었다. 일반의 인식 속에서 삼성과의 고리를 끊지 않으면 JTBC라는 매체의 뉴스는 생존할 수 없다고 봤다. 그 시기가 심 의원으로 인해 앞당겨졌을 뿐이었다. 둘째, 적어도 형식적으로 JTBC와 삼성 간에는 아무런 고리가 없었다. 삼성이 중앙일보나 JTBC의 지분을 갖고 있다거나 하는 것도 없었다. 물론 중앙일보의 태생이 삼성 쪽에 있고, 그때까지만 해도 삼성의 광고 집행이 중앙일보나 JTBC의 주요 재원인 것은 맞았다. 그리고 그것이야말로 가장 큰 변수일 수 있다는 추정도 타당했다. 물론 지금은 적어도 JTBC에 삼성은 광고를 거의 하지 않지만 말이다. 그리고, 세상이 다 아는 것처럼 사주(社主) 간의 인척관계는 부정할 수 없는 사실이었다. 그러나 그것을 극복하지 못하면 언론매체로서의 JTBC는 삼성 관련 이슈가 나올 때마다 끊임없이 오해받고 공격당할 것이었다. 셋째, 내가 JTBC로 올 때 대외적으로 삼성 문제를 공정하게 다룰 것이라고 공언했을 뿐 아니라, 대내의 최고 경영진에게도 그렇게 공언한 바가 있었다.

문건은 테이프로 칭칭 감싼 누런 대봉투 속에 있었다. 엔간히 중요한 문건인 모양이라고 생각했다. 그리고 그건 틀린 생각이 아니었다. 그 안에 든 문건은 삼성의 노조 무력화 전략이 담긴 것이었다. 제목은 '2012년 S그룹 노사전략'이었고, 여기서 S는 당연히 삼성의 이니셜이었다. 그리고 그 문건이야말로 향후 7년이 넘도록 삼성을 괴롭히고, 관련된 전·현직 임원들이 징역형을 받게 했으며, 결국엔 삼성의 그 유명한 무노조 경영을 포기하게 한 단초(端初)이기도 했다. 또한 내겐 그때까지 존재하지 않았던 이른바 '어젠다 키핑'의 개념을 머릿속에 그리게 한 시초가 되기도 했다. 물론 그 당시엔 그런 결과로 이어지게 될 줄은 상상하기 어려웠지만.

'2012년 S그룹 노사전략', 즉 삼성그룹의 노조 무력화 전략은 무려 110페이지에 달했다. 이 문서에 따르면 '문제 인력'을 감시하는 수준은 심각해 보였다. 일부 계열사의 경우 개인적 취향, 사내 지인, 자산, 심지어 주량까지 체크해서 이른바 '100과 사전'을 만들었다. 누가 봐도 위법이었다. 그런가 하면 이들에 맞설 인력을 양성한다는 계획도 있었다. 이른바 '사내 건전 인력'을 사업장마다 선발해서 조합 활동을 방해하고 회사에 우호적인 여론을 형성한다는 것. 물론 이들에게는 적절한 인센티브를 주는 내용이 포함돼 있었다. 그러니까 흔히 말하는 블랙리스트와 화이트리스트가 동시에 존재하도록 하는 것이었다.

담당 취재부서장이었던 사회2부장에게 문건을 넘기고 확인 취재에 들어가달라고 했다. 취재는 철저하게 보안을 지키는 가운데 진행됐다. 원래 이런 경우는 주변 취재까지 마치고 핵심으로 들어가는 법이다. 아마도 이 취재의 하이라이트는 삼성의 홍보실에 JTBC의 기자들이 찾아가 해당 문건의 진위 여부를 확인한 순간이었을 것이다. 그날 홍보실에 들어간 기자들 중엔 훗날 내 후임으로 「뉴스룸」의 앵커를 맡은 서복현도 있었다.

삼성 입장에서 보자면 JTBC의 기자들이 다른 것도 아닌 노조 무력화 관련 문건을 들고 그룹의 핵심으로 찾아온 것은 그전에는 상상할 수 없는 일이었을 것이다. 기자들이 찾아가 해당 문건을 들이밀었을 때 홍보실 담당자의 반응은 한마디로 당혹이었다. 전해 들은 바로 그는 문건을 훑어보자마자 혀를 쑥 내밀었다고 한다. 나는 그 얘기를 듣고 게임이 끝났다고 생각했다. 보도를 사흘쯤 남겨놓았을 때 심상정 의원으로부터 전화가 왔다.

"손 사장님, 아무래도 어렵나보지요? 그러면 제가 『한겨레』 쪽에 넘길까 하구요."

"아니요, 그러실 필요는 없을 것 같네요. 저는 아예 심 의원님까지 모셔서 심층적으로 다룰까 하는데요?"

심상정 의원은 다시 생각해봐도 그때 속칭 '밀당'을 했던 것 같다.

[장면 #3] "뱉어놓은 말이 있으시니…"

2013년 10월 14일. 그날은 월요일이었다. 당일의 뉴스 런다운
(리포트 편집순서를 기록한 리스트로 보도국 내 기자들에게 온라인으로 공지된다)
에는 톱뉴스가 공란으로 돼 있었다. 톱뿐 아니라 그 밑으로 몇개
의 공란이 이어졌다. 취재 자체도 극비였고, 뉴스가 나갈 때까지
관련된 사람들 외에는 모두 모르도록 했다. 보안 유지 때문이었다.
그 이후로도 「뉴스룸」에서 이런 경우는 몇번 더 있었다. 세월호 때
도 그랬고, 태블릿PC 때도, 미투 때도 그랬다. 그럴 때마다 보도국
안팎에선 '뭔가 또 큰 게 있구나' 하곤 했다.

최고 경영진에게도 당일 오전에야 알렸다. 돌이킬 수 없다는 뜻
이기도 했다. 그사이 삼성 내부는 긴박하게 돌아갔을 것이고, 그런
분위기는 이쪽에서도 파악하고 있었겠으나 나는 어느 쪽의 반응
이든 굳이 알려 하지 않았다. 분명한 것은 처음에 부임할 때 내게
보도에 관한 한 전권을 맡긴 최고 경영진의 약속은 그때 첫 시험
대에 올랐다는 것이고, 그 약속은 지켜졌다는 것이다. 어느 임원이
뒤늦게 보도 내용을 파악하고 내게 했던 말은 지금도 기억에 남아
있다.

"뱉어놓은 말이 있으시니…"

[장면 #4] "반론은 마지막에…"

뉴스가 시작되기 두시간쯤 전에 나는 그로부터 전화를 받았다. 서로의 영역을 존중하는 사이였던 그가 일과 관련해 처음으로 연락을 한 셈이었다.

"그냥 한가지만 부탁하자면 우리 측 반론을 맨 마지막에 넣어줬으면 합니다. 심상정 의원이 우리 반론 다음에 출연하면 또 재반론을 할 텐데 그때는 우리에게 더는 기회가 없을 테니까요."

편집권과 관련된 일이기는 했으나 그리 어려운 부탁은 아니었다. 그리고 보도 내용에 대한 반론은 대개 맨 마지막에 넣어왔으므로 굳이 그런 부탁을 하지 않아도 됐을 참이었다. 그렇게 해서 그날의 뉴스는 노조 무력화 문건에 대한 보도와 심상정 의원 출연, 그리고 삼성 측의 반론 등 모두 다섯 꼭지로 나갔다.

삼성의 반론 요지는 얼핏 보기에도 다급함이 드러났다. '그 문건은 삼성이 만든 것이 맞다. 바람직한 조직문화에 대해 토의하기 위한 것이었다. 삼성은 그동안 노조를 필요로 하지 않는 기업경영을 추구해왔으며, 애플, 구글도 노조 없이 글로벌 기업이 됐다. 이 문건은 종업원을 인격적으로 대하고, 조직 분위기를 활성화하자는 데 중점을 뒀다'는 것. 내 입으로 보도하면서도 억지스럽다는 느낌을 지울 수 없었다. 이른바 '100과 사전'이 휴머니즘의 영역에 속하게 됐다니…

그렇게 해서 JTBC와 삼성의 불편한 관계가 본격적으로 막을 올렸다. 내가 JTBC 뉴스를 시작한 지 꼭 한달 만이었다. 훗날 국정농단 사건이 벌어지면서 삼성과의 관계는 점점 더 악화되었다.

[장면 #5] 어젠다 키핑의 프리퀄

"소식 들으셨겠지만 삼성 노조와해 사건 관련해선 항소심대로 확정됐습니다."

마침 이 글을 쓰는 중에 법조 취재를 담당했던 기자 오이석으로부터 문자가 왔다. '노조와해 공작' 혐의로 재판에 넘겨진 삼성의 전·현직 임원들이 대법원의 최종적인 유죄확정 판결을 받았다는 소식이었다. 2021년 2월 4일의 일이니 무려 7년 4개월 만이었다. 내가 뉴스를 시작한 지 한달 만에 보도한 일이 뉴스를 떠나고도 일년여가 지나서야 마무리 지어진 것이었다.

우여곡절도 많았다. 2013년 10월 첫 보도 이후 민주노총 등이 이 문건을 근거로 당시 이건희 회장 등 십여명을 고발했고, 삼성은 곧바로 문건의 존재에 대해 부정했다. 사건을 맡은 검찰은 해가 두번이나 바뀐 2015년 1월에야 결과를 내놓았는데 '출처가 안 밝혀지니 무혐의'라는 것이었다. 그 이후로 검찰은 당연히 별다른 수사도 하지 않았다. 그러다가 2016년 12월 29일에 대법원이 노조간부 해고 무효소송에서 이 문건의 존재를 인정했다.

더 극적인 것은 그다음이었다. 2018년 2월에 검찰이 이명박 전 대통령의 뇌물 혐의를 수사하던 중에 수천건의 노조와해 전략 문건을 발견했다. 이 가운데 문제의 'S그룹 노사전략' 문건이 포함돼 있었던 것이다. 출처 불명이라며 수사를 하지 않았던 검찰은 자신들이 '무혐의' 처리한 지 3년이 지나서야 본격적으로 수사에 나섰다. 그해 9월에 32명의 삼성 임직원들이 무더기로 기소되었다.

국정농단 사태의 와중에 뇌물공여 혐의로 이재용 부회장이 구속까지 되면서 궁지에 몰렸던 삼성은 2020년 1월에 사내 '준법감시위원회'를 출범시켰다. 법원이 '내부 준법감시체제를 만들고 재벌체제의 폐해를 시정하라'고 요구한 것에 대한 대응이었다. 그해 5월에는 이재용 부회장이 국민들에게 사과하고 무노조 경영을 포기한다는 선언까지 나왔다. 그러나 「뉴스룸」은 바로 한달 뒤, 노조 탄압과 관련해 유죄나 실형을 선고받은 임직원들이 되레 영전한 사실 등 삼성의 이중성을 파고들었다. 보도국 내 기동취재팀이 집요하게 달려든 결과였다.

2013년 10월의 노조 무력화 문건 첫 보도를 기점으로 JTBC가 삼성 문제를 본격적으로 다루기 시작했을 때, 이른바 평자들은 그 목적성을 의심했다. '손석희가 간을 보기 시작했다'는 말도 나왔다. 내가 사주와 시청자들을 상대로 떠보기에 들어가긴 했는데 결국 JTBC의 한계를 극복하지는 못할 것이라는 주장이었다. 부정적인 면을 강조하려 했던 것이겠지만, 그 역시 결과로 말하면 되는 일이라 생각해 신경 쓰지 않았다.

원컨대는 언론의 비판이 일등 삼성의 건전한 발전에 도움이 되기를 바란다. 물론 삼성의 발전을 위해 비판한다는 것은 낯간지러운 얘기다. 그냥 서로 각자의 영역에서 최선을 다하다보면 결과가 좋게 나오는 것 아니겠는가. 거기에 어떤 감정 따위가 개입돼 있을 리 없다.

JTBC는 그 이후 삼성에 대한 문제제기를 끊임없이 이어갔다. 그때까진 아직 성근 개념이긴 했지만 나로서는 어젠다 키핑이었다. 황유미 씨 백혈병 사망과 삼성, '반올림'과 삼성, 최순실과 삼성, 삼성바이오로직스 사건 등등 삼성이 「뉴스룸」에 키워드로 등장한 이슈들은 셀 수 없었다. 그리고 꼭 JTBC의 보도 때문이라고 볼 수는 없겠지만, 그 가운데 상당수는 그래도 '변화'로 연결되었다.

다만, 우리는 사안이 있을 때마다 놓치지 않고 끈질기게 보도하는 것이 결국 모두에게(심지어는 그 보도의 대상에게까지도) 이로운 보도라고 생각하는 데에까지는 다다랐지만, 사안이 있건 없건 보도의 장을 열어둠으로써 그 장에서 새로운 뉴스가 발굴되고, 그것이 결국 공익적 어젠다를 사람들에게 제시할 수 있다는 데에까지는 미치지 못했다. 그런 본격적인 어젠다 키핑의 개념을 실천하게 된 것은 다음 해에 일어난 세월호참사 때였다.

그는 휴대폰을 보내온 이후에는 한번도 연락을 해오지 않았다. 내 추측대로 그것이 화해의 제스처였다면 결과적으로 통하지 않은 셈이 돼서 마음이 상했을 것이다. 오랜 인연이었는데 지금도 개인적으로는 미안한 일이다.

삼성 문건을 보도한 날, 뉴스제작부의 기자 이세영이 늦은 저녁 자리에서 내게 말했다.

"선배, 앞으로도 절대 변하지 마십쇼."

그에게 내가 뭐라 대답했는지는 정확하게 기억나지 않는다. 아마 이렇게 말했을 것이다. '나처럼 마음이 약한 사람은 잘 변하지 않는다. 변한다는 건 그때까지의 자기 자신을 부정하는 것인데 그게 어디 쉬운 일인가. 나는 변한 다음 비난받는 것이 무서워서라도 잘 못 변한다.'

2

그 배, 세월호

[장면 #1] 팽목항으로 간 날은 오바마가 온 날이었다

2014년 4월 24일 뉴스를 끝내고 밤늦은 저녁을 먹는 시간이었다. 참사 9일째… 세월호에 대한 세간의 관심은 조금씩 떨어져가는 듯했다. 게다가 바로 다음 날 오바마 미 대통령이 한국에 오기로 돼 있었다. 모르긴 몰라도 정부는 오바마의 한국 방문 뉴스로 세월호 뉴스가 좀 덮이길 바라고 있었을 것이다.

약간의 자괴감이랄까. '이래서 이 참사는 또 묻히는 걸까' 하는 생각이 내내 머릿속을 떠나지 않았다. 모여 있는 몇몇에게 나는 불쑥 말했다.

"우리가 아예 팽목항에 가서 방송하는 게 어떨까?"

앞뒤를 잘 재고 한 말은 아니었다. JTBC 뉴스는 한번도 스튜디오 바깥에서 앵커가 진행해본 적이 없었다. 하긴 이제 태어난 지 2년 좀 넘은 방송사였고, 중계차 규모도 공중파에 비할 바 아니었다. 중소형 중계차 딱 한대를, 그것도 자력으로 구축한 지 석달쯤 된 뒤였으니까 몇번 써보지도 않은 처지였다. 현장에는 세트를 세우기도 어려울 것이었다.

"뭐 안 될 것도 없지요. 선배가 그렇게 결정을 해주면 최대한 준비를 해봐야지요."

제작부 기자 이세영이 받았다. 그 역시 이것저것 재지 않고, 가능하다 싶으면 실행에 옮기는 편이었다. 더 고민하지 않기로 했다. 이 없으면 잇몸으로라도 해야 한다는 생각뿐.

"그럼 내일 가지."
"당장 내일이요? 현장 세트도 없고. 금방 안 될 텐데요."
"세트 없어도 돼. 재난 상황이잖아. 비 오면 비 맞고 하면 되지. 그냥 천막이나 쳐줘."

제작부의 프로듀서 김진우는 좀 걱정스러운 눈치였으나, 이내 해볼 만하다는 표정을 지었다. 그는 훗날 남북정상회담과 싱가포르 북미회담, 대통령 선거방송 등 큰 이벤트의 옥외방송을 다 치러냈는데, 그 긴 커리어의 시작이 팽목항에서 천막을 구해오는 것이었다. 그 밤에 보도국과 기술 파트는 비상이 걸렸다. 현장 중계 팀은 앵커가 서 있을 자리를 구하는 것조차 녹록지 않아 동분서주했다. 그리고 다음 날, 그러니까 오바마가 한국으로 오는 날, 우리는 팽목항으로 향했다.

[장면 #2] 노란색 꽃잎들

산에는 봄꽃들이 피어 있었다. 붉은 철쭉이 한창인 곳도 있었고, 아직 벚꽃의 무리가 그 흔적을 희끄무레 남기고 있는 곳도 있었다. 다섯 시간 가까이 우리는 남도의 끝으로 달려갔다. 누가 딱히 말하지도 않았지만 차는 무척 서두르고 있었다. 봄꽃들은 미처 그 감흥을 불러내기도 전에 우리의 시선을 스쳐 지나갔다. 그 감흥이야말로 사치라는 걸 모르랴.

이윽고 먼 길을 달려 진도로 들어섰을 무렵부터 꽃의 색깔은 노란색으로 바뀌기 시작했다. 팽목항에 가까워질수록 그 노란 꽃들은 무성하게 피어 봄바람에 흔들렸다. 그것은 노란 리본들이었다.

진도군 팽목항에 와 있습니다.
무심하게 피어 있는 봄꽃들 사이로
바다에 갇힌 아이들을 기다리는
노란 리본의 간절한 행렬을 쫓아오다보면
이곳 팽목항에 당도합니다.

팽목항 도착 첫날, 「뉴스9」의 오프닝 첫 구절이었다.

[장면 #3] 진혼사

CNN의 키 큰 친구 둘이 간이화장실 안을 서성거렸다. 그리 깨끗하지 못했던 화장실에 좀 당황한 기색이었다. 속으로 말했다. '여기에 적응하지 못하면 하루도 못 버틸걸.'

현장은 당연히 열악했다. 많은 취재팀과 그들이 타고 온 버스들이 항구 쪽에 뒤엉켜 있었다. 수습된 시신들이 들어오는 항구 쪽에 그렇게 몰려 있는 것은 어쩔 수 없는 일이었을 것이다. 그에 비하면 JTBC 중계차는 멀찌감치 떨어져 방파제가 바라보이는 주차장 쪽에 자리를 잡았다. 차라리 그게 나을 것 같았다. 2000년 서울 워커힐 호텔에서 남북 이산가족 만남을 현장에서 진행할 때 생각이 떠올랐다. 8월 15일, 무더위 속에서 아스팔트에 신발이 달라붙던 날, 그래도 그날은 행복한 날이었다. 그리고 14년 만의 현장 진행. 내가 있는 곳은 그냥 가만히 서 있어도 가슴이 먹먹해지는 곳이었다.

제작진이 빌려놓은 버스를 임시 대기실로 쓰기로 하고 그 안에 PC를 설치하고 나니 잠시 머릿속이 하얘졌다. 여기서 나는 이제부터 무엇을 할 것인가. 정신을 가다듬고 주위를 둘러보니, 급히 빌린 듯한 버스가 하필 관광버스여서 창문마다 빨간색의 커튼이 쳐져 있었다. 참사의 현장 한가운데에 그 화려함이 대비되는 분위기 속에서 나는 앉아 있었다.

세월호참사 열흘째. 현장에서의 첫 방송은 그렇게 다가오고 있었다. 진도체육관에 모여 있던 실종자 가족들도, 전국의 시청자들도 우리가 팽목항에서 방송을 준비하고 있다는 것을 아는 사람은 거의 없었다. 서울서 만들어 보낸 런다운을 들여다보고, 수정하고, 새로 끼워 넣는 사이에 밤이 되었다. 항구를 먼 배경으로 한 중계 현장으로 향하면서 나는 첫 오프닝부터 자칫 감정에 빠지면 안 된다고 계속 되뇌었다. 이상하게도 세월호참사 첫날부터 나는 이전과는 달리 나도 모르게 감정을 내비치곤 했으므로.

중계현장에는 물론 세트란 게 있을 턱이 없었고, 허술하게 친천막이 전부였다. 원고를 놓을 곳도 없어서 태블릿PC를 들고 서서 진행하기로 했다. 4월 말이었지만 바닷가의 밤바람은 차가웠다. 태블릿PC를 든 손이 곱을 정도로… 팽목항에서의 첫 방송은 그렇게 시작되었다.

사족

화장실에서 서성거리던 CNN의 친구들이 만들어낸 리포트*를 나중에야 보게 되었다. 학생들의 시신이 뭍으로 올라온 날, 그들은 뭐라 말할 수 없는 그 참담한 풍경을 담담하게, 특별한 설명 없이, 그러나 모두를 숙연하게 만드는 리포트로 그려냈다. 그것은 희생자와 가족들에게 바치는 위로이며 진혼사와도 같은 것이었다. 나는 화장실에서 봤던 그들에게 속으로 던졌던 말들을 거두어들였고, 마음 깊이 사과하지 않을 수 없었다.

• 「Children's bodies recovered from ferry」, CNN 2014.4.20.

[장면 #4] '나라면 어땠을까'

그로부터 9일 전, 2014년 4월 16일 아침. 그 배 세월호는 침몰했다. 그날 밤 「뉴스9」의 첫머리는 예기치 못했던 나의 사과말로 시작하고 있었다.

저는 지난 30년 동안 갖가지 재난보도를 진행해온 바 있습니다. 제가 배웠던 것은 재난보도일수록 사실에 기반해서 신중해야 한다는 것과, 무엇보다도 희생자와 피해자의 입장에서 사안을 바라봐야 한다는 것이었습니다.

오늘 낮에 여객선 침몰사고 속보를 전해드리는 과정에서 저희 앵커가 구조된 여학생에게 건넨 질문 때문에 많은 분들이 노여워하셨습니다. 어떤 변명이나 해명도 필요치 않다고 생각합니다. 제가 그나마 배운 것을 선임자이자 책임자로서 후배 앵커에게 충분히 알려주지 못한 저의 탓이 가장 큽니다. 깊이 사과드립니다.

속보를 진행했던 후배 앵커는 지금 깊이 반성하고 있고 몸 둘바를 몰라 하고 있습니다. 사실 저도 많은 실수를 했었고, 지금도 더 배워야 하는 완벽하지 못한 선임자이기도 합니다.

오늘 일을 거울삼아서 저희 JTBC 구성원 모두가 더욱 신중하고 겸손하게 정진하도록 하겠습니다. 다시 한번 사과의 말씀을 드립니다.

낮에 속보를 진행하던 후배 기자가 단원고 생존자 학생에게 던진 질문이 하루 종일 비난의 대상이 되었다. 동료 학생이 숨진 것을 알고 있느냐는 것이었는데 당시 상황에서 부적절한 질문이 아니었느냐는 힐난이었다. 사과문을 쓰면서 '나라면 어떻게 질문했을까'를 내내 생각했다. 그 후배는 매우 유능한 기자였는데도 아차 하는 순간 그 질문이 나간 것이었으리라. '나라면 어땠을까…' 머릿속에 어떤 질문이 떠올랐을 때 그것이 몰고 올 파장을 미리 예견한다는 것은 오랜 시간 '질문'을 업으로 해온 나에게도 쉬운 일이 아니었다. 나도 그래서 수없이 실수하고 비난받고 그랬던 것이다.

후배 기자는 한동안 그 트라우마에서 벗어나지 못했을 것이다. 그러나 어찌 보면 참사 첫날의 그 실수와 사과가 그 이후 세월호 참사를 보도하는 JTBC 뉴스에 나침반이 되어준 것일지도 몰랐다. 우리는 좀더 조심스러워졌고, 좀더 실종자 가족들 편에서 생각하게 되었다. 그리고 그런 자세는 우리가 생각한 것보다 훨씬 더 크게 세월호참사와 관련한 거의 모든 보도에 선한 영향을 끼쳤다.

그리고 바로 다음 날, 세월호참사 당시 언론과 정부에 대한 불신을 실체적으로 보여준 인터뷰가 기다리고 있었다.

[장면 #5] '기레기'의 기원은

4월 17일, 우리는 실종자 가족 한 사람을 섭외했다. 김중열 씨.

"일단 정리가 안 되고, 지휘체계도 없고, 뭔가를 하고자 하는 의욕조차도 없는 것 같습니다, 지금으로서는. 단순히 그냥 시간만 보내려고… 그런 느낌밖에 못 받고 있습니다."

첫 질문에 대한 그의 대답이었다. 믿어지지가 않았다. 전날 참사가 터졌고, 300명 가까운 사람들이 배 안에 있는데 의욕조차 없다니. 그러나 반론을 위한 질문은 그가 현장에서 보고 겪고 분석한 현실 앞에 무용지물이었다.

"분명히 지금 여기서는 방송과는 다른 상황이 벌어지고 있습니다. 국민들은 그걸 좀 아셔야 합니다. 지금 방송이 전부가 아닙니다. 방송에서 보이는 화면이 이곳 상황의 전부가 아닙니다. 예를 들어 방금 전 8시 30분경 우리나라에서 가장 공영적이어야 할 방송에서 조명탄을 환하게 밝히고 있는 그런 상황의 구조 장면을 내보내고 있을 당시에, 오늘 저녁때 투입됐던 민간인 구조사와 구조팀이 두 팀이 기다리고 있는데 조명탄이 없어서 작업을 못하고 대기를 하고 있었습니다. (중략) 그 외에도 여러가지가 많지만 그거는 저희가 여기서 얘기해봐야 어차피 이쪽에서 없어진다고 생각하기 때문에 더 이상은 말씀 안 드리겠습니다."

대개의 경우 실종자 가족들은 당황하여 말의 두서가 없기 마련이지만, 그는 그렇지 않았다. 현장의 상황과 언론에 대한 불신을 차근차근 명확하게 전해주고 있었다. 여기에 옮기는 그의 말은 내가 독자들의 이해를 돕기 위해 고쳐놓은 것이 아니다. 토씨까지 그대로인 것이다. 그리고 훗날에도 문제가 됐던 해경의 행태가 참사 다음 날의 이 인터뷰에 고스란히 담겨 있었다.

"첫날 저녁때 저희가 여기서 기다리다 못해 학부모들끼리 십시일반 돈을 거둬 어선을 빌려 사건 현장을 갔었습니다. 그때 당시에도 방송에선 구조활동이 한창이라고 했었는데 저희가 갔을 당시에는 침몰한 배 주위 100미터 반경으론 배가 한척도 없었습니다. 저희가 바로 배 옆까지 접근할 때까지 누구 하나 제지하는 배들도 없었고, 주위 수 킬로미터 반경으로 조명탄 터뜨리기에만 바빴습니다."

정말 놀랍지 않은가. 그가 말하는 '첫날 저녁'은 바로 세월호참사가 일어난 날의 저녁을 말하는 것인데 그때까지도 본격적인 구조에 나서기는커녕 멀리서 조명탄만 쏘아댔다는 것이다. 그 한번의 인터뷰로 세월호참사 초기에 정부가 어떻게 대응했는지가 그대로 드러났다. 김중열 씨는 "해양경찰은 이런 핑계, 저런 핑계 대면서 시간만 보내고 있다"고 했고, 그가 말하는 사이에 화면 밑의 자막에는 희생된 학생들의 시신이 올라오고 있다는 속보가 떴다. 나는 도저히 그걸 보고 있기가 힘들어서, 생방송 중이었지만 뉴스 스튜디오 조정실에 "그 자막은 넣지 말라"고 했다. 아마 시청자들도 내가 왜 그랬는지 이해했을 것이다.

그로부터 4일 뒤인 4월 21일에 나는 다시 김중열 씨를 찾았다.

그날 탑승자 가족 대표단은 구조 당국에 조류가 느려지는 2~3일 내에 수색을 마무리해줄 것을 요청했다. 김중열 씨를 다시 찾은 것은 가족들 심경을 듣기 위한 것이었다. 그가 가족 대표단은 아니었지만 당시의 상황을 가장 잘 전해줄 것 같아서였다. 그러나 그와의 인터뷰는 결국 성사되지 못했다. 나와 인터뷰를 시작하려는 그 순간에 그의 딸이 뭍으로 올라왔다는 소식이 전해졌기 때문이었다.

인터뷰는 시작도 못한 상태에서 침묵이 흘렀다. 갑작스럽게 전해진 소식이라 어찌 대처를 해야 할지 난감한 상황이었다. 먹먹해져서 다음 말을 잇기가 어려웠다. 내게는 길게만 느껴졌던 침묵 후에 겨우 다음 순서로 넘어갈 수 있었다.

확언할 수는 없지만 내가 아는 한 '기레기'란 단어가 본격적으로 세간에 돌기 시작한 것은 세월호참사 때부터였다. 그리고 아마 김중열 씨가 인터뷰에서 주장한 내용이 그 단초 중 하나이지 않았을까 생각한다. 언론에 대한 불신은 세월호참사를 내내 관통했다. 그리고 그 너머까지도.

[장면 #6] 다이빙벨은 '지푸라기'와도 같았다

다음 날부터 팽목항에서 현장 진행을 하기로 결정한 4월 24일 밤, 그 직전에 끝난 「뉴스9」에는 인양 전문 업체인 '알파잠수기술공사'의 이종인 대표가 급히 연결됐다. 그는 해경으로부터 연락을 받고 '다이빙벨'(diving bell)을 싣고 팽목항으로 떠나기 직전이었다.

"누구한테 전화가 왔습니까?"

"해양경찰청장님한테 전화가 왔습니다."

(중략)

"뭐라고 하면서 요청을 하던가요? 해양경찰청장이."

"주변에 (실종자) 가족분들이 많이 같이 있었던 것 같아요. 그러면서 하여튼 뭔가 협조되고 준비를 할 테니까 같이 의논해서 작업할 수 있도록 출동해주십시오라고 한 것 같습니다."

그는 그날이 세번째 인터뷰였다. 참사 다음 날인 4월 17일과 이튿날인 18일의 인터뷰에서 그는 자신의 회사가 갖고 있는 다이빙벨이 구조작업의 대안이 될 수 있을 것이라 확신했다. 종 모양으로 생긴 다이빙벨은 물속에 들어갔을 때 내부에 공간이 생긴다. 그 공간으로 공기를 주입시키고 잠수부들이 드나들면서 구조작업을 할 수 있다는 원리였다. 선체에 가까이 근접한 상태에서 마치 엘리베이터처럼 오르락내리락하면서 배의 출입구로 잠수부들이 출입을 하게 된다는 것이었다. 많게는 4명이 들어가 2명씩 교대로 휴식을 취하면서 하루 20시간가량을 연속으로 작업한다는 설명이었다. 논리적으로는 틀린 것이 없어 보였다. 그러나 좀더 확인해야 할 것들이 많았다. 그가 스튜디오에 직접 출연한 두번째 인터뷰에서 나는 그것들에 대해 물었다.

"그런데 그런 기술이 실제로 활용된 바가 있습니까?"

"활용이 됐죠."

"언제 활용이 됐습니까?"

"수시로 어떤 침몰사고가 나서 한 70미터… 이건 수심이 깊을 경우 대비해서 제가 2000년도에 제작을 한 것인데 아이디어는 그리스 시대부터 있는 거고요."

(중략)

"그래서 그걸 건의는 해보셨습니까?"

"지금 저희가 장비가 있고, 그런 기술이 있고, 수심 100미터까지 작업을 했다는 사실은 우리나라 군까지 알려져 있는 사실입니다."

그리고 이어진 대화에서, 그로부터 며칠 후, 즉 4월 24일에 해경청장으로부터 요청을 받고 갔음에도 일이 잘 풀리지 않은 이유가 이미 나왔다.

"장비를 가지고 계시면 혹시 가시면 안 됩니까?"

"가면 안 돼요. (중략) 지금 구조작업 체계에서 해경이든 책임을 지고 하는 사람들이 있어요. 그러면 나타났듯이 (해경 등이) 어떤 주도를 하고 있는 그런 체계에서는 우리가 낄 수가 없어요. 그리고 이런 작업을 하려면 분명히 선행되어야 되는 게 전체적인 지금 수색 구조작업(중략)에 대한 전체 지휘를 민간인, 예를 들어서 제가 들어가면 제가 해야 된다는 거예요."

해경이 주도하고 있는 구조작업에 민간인 업체가 끼어들어서 작업을 이끌 수 없다는 게 요지였다. 게다가 현장에서는 이미 해경의 의뢰를 받은 또 다른 구난업체 '언딘'이 구조작업에 나서고 있는 상황이었다. 물론 그가 비록 구조작업에 대한 의지는 있지만 확신이 없어서 그렇게 전제를 깔았을지도 모를 일이었다. 또한 그가 대표로 있는 알파잠수는 민간업체였으므로 혹여나 본인의 사업적 홍보를 위해 나서는 게 아니냐는 세속적 의심도 벌써부터 생겨나고 있었다. 그러나 이런 현장에서 민·관·군 사이의 갈등은 과거의 예에서도 볼 수 있는 것들이었으므로 나는 그 정도로 이해했다. 문제는 서로 잘하려고 하다가 생기는 갈등이 아니라, 일종의 주도권 싸움이 된다면 누가 피해를 볼지는 명약관화하다는 점이었다. 더구나 세월호의 경우는 참사 당일부터 제대로 된 구조작업이 전혀 이뤄지지 않고 있다는 것이 김중열 씨 주장뿐 아니라 후속 취재를 통해서도 드러났다.

실종자 가족들의 참담함은 극에 달하고 있었다. 이른바 골든타임은 지나가고 있었다. 언론의 입장에서 어떤 대안이 있다면 제시해야 한다고 생각했고, 나는 방송을 통해서도 그 점을 강조했다. 그런 상황에서 나와의 두번째 인터뷰가 있은 지 일주일이 지난 4월 24일에야 해경청장이 직접 협조를 요청한 것이었다. 이종인 씨는 그보다 사흘 전인 4월 21일에도 출항을 허가받아 현장 투입을 시도했으나 이미 투입된 다른 구조대에 방해가 된다는 이유로 해경이 그를 되돌려 보낸 바 있었다. 그러다가 해경청장이 직접 전화를 했다는 것이니 한시가 급해 보였다. 다이빙벨은 '물에 빠진' 우리에게 '지푸라기라도' 돼야 하는 상황이었다.

앞서 말한 대로 다음 날 나 역시 제작진과 함께 팽목항으로 향했다. 그날 늦은 오후 팽목항에서 만난 다이빙벨은 향후 일어날 엄청난 논란을 알지 못한 채 항구에서 대기하고 있었다.

[장면 #7] "다이빙벨을 사용한 것은 실패입니다"

4월 25일, 팽목항에서의 진행 첫날, 뉴스 시간이 시작된 밤 9시 이후에도 다이빙벨은 현장에 투입되지 못하고 있었다.

"정확하게 위치가 어디십니까?"

"지금 침몰선에서 한 2마일 정도 떨어져 있습니다. 접근하려고 준비하고 있습니다."

"몇시에 들어갑니까? 오늘 하루 종일 못 들어간 상황이기 때문에 그게 좀 궁금한데요."

"아까 여기 왔을 때 관계자들하고 현장에서 회의했고요. 협조를 얻어서 작업자들이 5시 반쯤에 작업하는 것까지 하고 저희한테 자리를 어느 부분을 할애해주기로 했습니다. 그래서 거길 들어가려고 대기 중인데 아직 선박이 붙어 있고 그래서 소통관계도 있고 그래서 하여튼 지금 들이밀고 들어가는 중입니다."

그는 작업이 늦어진 것에 다른 이유는 없다고 했지만, 나로서는 느낌이 좋지 않았다. 그와의 두번째 인터뷰가 생각났기 때문이다. 실제로 그는 해경이 불러놓고도 협조를 하지 않는다고 주장하기도 했다. 그리고 우려대로 다이빙벨은 그날도 투입되지 못했다. 결국 그로부터 닷새가 지난 5월 1일에서야 다이빙벨은 물속으로 들어갈 수 있었다. 그리고 결과는 실패였다.

새벽에 투입된 다이빙벨은 오전 11시쯤 사고해역에서 철수했다. 두 사람의 잠수부가 들어가 각각 20여분밖에 수색하지 못했고, 성과는 없었다. 선내까지는 들어갔으나 구조작업을 위해 이미 설치된 각종 가이드라인(진입에 필요한 유도선 등을 말함)이 많아 작업에 어려움을 겪었다는 것이었다.

"수색을 못했어요. 그래서 다이빙벨을 사용한 것은 실패입니다. (중략) 진심으로 죄송합니다. 기대를 저버려서 죄송합니다."

그는 솔직하게 실패를 인정했다. 몇차례 인터뷰를 통해서 만나본 그는 이리저리 변명을 둘러댈 성격으로 보이진 않았다. 그러나 그런 솔직함 때문이었을까? 그는 다음 발언 때문에 한바탕, 아니 꽤 오랫동안 설화(舌禍)를 겪었다.

"사업하는 사람으로서도 그렇고, (실력을) 입증받을 수 있는 좋은 기회잖아요. 이런 질타를 받고 여러가지 앞으로 사업하는 데에도 문제가 있을 것입니다."

말은 틀린 데가 없었다. 그러니까 어린 생명들을 구하는 데에 일조하고 싶다는 의지에 대해 의심할 바는 없었으나, 그로서는 이

작업이 성공했을 경우 세간의 좋은 평가를 기대했던 것도 사실이었을 것이다. 그런데 실패했으니 그로서도 낙담했을 터이고, 위의 발언은 그 심정을 그대로 말한 것이었다. 곧바로 그에 대한 비난이 쏟아졌다. 언론은 물론이고 온라인상에서도 마찬가지였다. 일부 실종자 가족들도 기대가 컸던 만큼 크게 낙망하여 원성을 쏟아냈다. 동시에 JTBC에 대한 원망도 커졌다. 결국 방송통신위원회에 민원이 접수되었고, 방통위에서는 JTBC 보도가 객관성을 잃고 시청자를 혼란스럽게 했다면서 제재조치 명령을 내리는 상황까지 갔다. 그리고 곧바로 이 문제는 법정으로 옮아갔다.

1년 뒤인 2015년 5월 21일, 1심 법원은 JTBC의 손을 들어줬다. 이종인 씨와의 인터뷰 내용을 허위사실로 보기 어렵다는 것이었다. 보도의 정당성을 인정받은 셈이었다. 그리고 또다시 해가 바뀐 2016년 1월 21일에 2심 법원은 이번에는 방통위의 손을 들어줬다. '다이빙벨이 실질적으로 구조작업에 활용될 수 있는지에 대한 의견이 분분함에도, 이종인 대표의 일방적인 주장에 비판적인 질문을 하지 않았다'는 것. 그리고 '다른 의견을 가진 전문가 의견 등을 제시해, 위 주장을 조금 더 객관적으로 바라보려는 시도를 하지 않았다'는 이유였다. 재판부는 다이빙벨이 결국 실패했다는 것도 판결 이유로 들었다. 판결 내용에 토를 다는 건 그리 바람직하지 않다. 당시 상황에서 판사의 주문대로 할 수 있었을지에 대해서도 길게 말할 수 있으나 생략하도록 한다.

다만, 다이빙벨이 세월호참사와 그 이후로 이어진 국면에서 아주 오랫동안 정치적 단어가 되었다는 건 짚고 넘어갈 필요가 있을 것이다. 나는 이것이 당시 비판이 비등했던 구조작업 실패에 대한 책임을 다이빙벨로 돌리려는 시도라고 생각했다. 다이빙벨이 구조작업을 방해했다는 것이다. 그러나 그 주장은 합리적이지도, 상식적이지도 않으며, 사실은 더더욱 아니다. 초기부터 완전히 실패했던 해경의 황망한 구조작업 상황에서 다이빙벨은 하나의 '실패할 수도 있는' 대안이었을 뿐이다. 지푸라기라도 잡아야 하는 상황 아니었던가. 제한된 조건 속에서 작업을 시도했고, 실패했고, 철수한 것이 전부였다. 정치적 이유가 아니었다면 하나의 시도를 그토록 비난하고 깎아내릴 이유가 없어 보인다.

훗날 다이빙벨은 같은 이름의 영화로도 나왔다. 포스터에 타이틀을 거꾸로 쓴 그 영화의 부제는 '진실은 침몰하지 않습니다'였다. 필경 나도 등장했을 것이다. 그러나 나는 그 영화를 보지 않았다. 보고 싶지 않았다. 내게는 위로도 비난도 필요 없이, 더구나 어떤 방향으로의 정치적 해석도 필요 없이, 오직 그때는 아이들만 생각했었다는 기억만 남기고 싶었다.

[장면 #8] **칠흑의 바다에 막내를 묻고**

세월호참사라는 의제를 오랫동안 유지했던 것은 우리의 의지만으로 가능했던 일은 아니었다. 세월호참사가 조금씩 톱뉴스에서 내려오기 시작했을 때 우리는 팽목항으로 내려갔고, 그때부터 실종자 가족들이 의지할 곳은 JTBC가 되었던 것 같다. 가족들이 머물고 있던 진도체육관 내 공청 텔레비전의 채널도 점차 뉴스전문

채널에서 JTBC로 바뀌기 시작했다. 처음에 실종자 가족들이 보냈던 불신의 눈초리도 시간이 지나면서 조금씩 호의적으로 변해갔다. 가족들은 우리에게 마음을 열어주었고 아이들의 유품도 우리를 통해 공개했다. 기꺼이 출연도 했으며, 자신들의 아픔을 말해주었다. 또한 각종 제보도 들어오기 시작했다. 아마도 우리가 팽목항으로 가지 않았다면 일어나지 않았을 일들이다.

팽목항에서의 두번째 방송을 진행 중이던 4월 26일 밤에 내가 임시 대기실로 쓰던 버스에 실종자 가족 한 사람이 찾아왔다. 제보나 인터뷰를 위해 온 것이 아니었다. 그냥 누군가 들어줄 사람이 필요하다고 했다. 단원고 2학년 이승현 군의 아버지 이호진 씨였다. 나는 그때 방송 중이었으므로 그를 보지 못했다. 그 버스 안에 뉴스제작부의 작가 박수주가 없었으면 아마 이후의 만남은 없었을 것이다. 얘기를 전해 들은 나는 다시 연락을 드려보라 부탁했다. 따지고 보면 우리가 팽목항으로 온 것이 꼭 방송만을 위해서는 아니라는 생각이 들었다. 그날 밤 늦게 빨간 커튼이 드리워진 관광버스의 뒷좌석에서 그와 마주 앉았다. 이틀째 현지 생방송을 끝내고 몸은 피곤했으나 정신은 용수철처럼 팽팽해져 있었다. 시간이 아무리 오래 걸리더라도 그의 말을 다 들을 준비가 돼 있다고 생각했다. 그러나 그건 내가 잘못 생각한 것이었다. 들을수록 듣기 힘든 얘기들이었으므로… 그 밤에 3남매의 막내를 저 멀리 칠흑의 바닷속에 둔 아버지의 얘기를 듣기가 어찌 쉬운 일이겠는가.

30분쯤 지났을 때 나는 그에게 녹화를 해도 되겠느냐고 조심스럽게 요청했다. 힘들어도 시청자와 함께 듣는 것이 더 의미가 있으리라고 생각했다. 그는 잠시 망설이다가 내 청을 받아들였다. 그의 삶은 이미 송두리째 바뀌어버렸지만, 그 인터뷰가 그의 바뀌어버린 삶에 또 다른 영향을 끼치게 되리라는 걸 그때는 알기 어려웠다.

[장면 #9] "열달을 품어서 낳았는데 한달도 안 돼서 인양을…"

"지금의 현실은 생각조차 못했고요. 그냥 단순하게 배가 침몰해서 당연히 구조될 거라는 생각으로 왔었지요. (중략) 그런데 여기 와서 보니 그런 희망이 조금씩 사라지기 시작했고요. 어느 순간에는 이건 최악의 경우도 생각을 해야 되겠다는 그런 생각이 들었습니다. (중략) 선미 부분이 가라앉았을 때, 그때는 뭐라고 말로 표현이 안 될 정도였습니다. 절망감은 그때 다 온 것 같습니다."

짧은 말들이었지만, 팽목항에 도착해서 이틀 동안 절망으로 가는 시간들을 얘기하고 있었다. 그리고 그 역시 그전의 김중열 씨처럼 현실과 괴리된 언론을 소환했다.

"배가 침몰되는 당일부터 해서 조금만 더 사실적이고 조금만 비판적인 보도를 언론들이 내보내줬다면 생존해서 만날 수 있었던 아이들이 있었을 거란 생각은 지금도 변함이 없습니다. (중략) 아이를 살릴 수 있는 가장 최적의 기간이었는데 그때 그 시간을 너무 무의미하게 보낸 것 같아요. 그 시간에 아이들은 발버둥치고 있었을 겁니다. 배 안에서… 이미 명을 다한 아이도 있었을 거고, 흔히 이야기하는 에어포켓이 있었는지 없었는지 모르지만, 그 안에 서서 엄마 아빠를 찾았을 것이고, 살려달라고 고함도 쳤을 것이고, (중략) 그 부분이 너무 한스러워요. 가장 중요한 그 이삼일 동안에 방송은 눈을 감아버렸어요."

그리고 참사가 일어난 지 불과 열흘이 지난 그 시점에 벌써부터 인양을 한다는 얘기가 나오는 것에 분노했다. 인양은 구조나 수색을 더 이상 하지 않는다는 것을 의미했기 때문에 실종자 가족들로서는 도저히 받아들이기 어려운 일이었던 것이다. 게다가 인양하면서 실종자들이 유실될 가능성이 있어서 더 반대가 컸다.

"어느 순간이 되면 아이들이 얘기해줄 것 같아요. 우리들은 다 좋은 세상 왔으니까 이제 우리 찾지 마시고 안 찾아도 된다고 아이들이 얘기해줄 것 같아요. 저는 그때 인양해도 늦지 않다고 봅니다. (중략) 열달을 품어서 낳았는데, 한달도 안 됐는데 인양을 한다는 것은 너무 잔인한 것 같아요."

묻는 사람도 대답하는 사람도 너무나 힘들었던 인터뷰의 말미에 그는 결국 눈물을 보였다. 녹화된 인터뷰는 다음 날인 4월 27일에 방송되었다. 내가 가장 공감했던 것은 그의 마지막 말이었다.

"아이들이 다 엄마 아빠를 만날 수 있었으면 그게 마지막 바람인데, 자꾸 그런(아이를 못 찾을 수도 있다는) 생각이 들고 내 아이가 거기 포함될지도 모른다는 생각을 하면 어떻게 말로 표현이 안 될 것 같아요. 공포스럽고 무서운 생각도 들고, 그때 되면 어떻게 해야 할지… 그 부분에 대한 생각은 생각만 해도 그냥 대책도 없고…"

그로부터 사흘 뒤인 4월 30일의 오전, 전날 밤의 방송을 마지막으로 우리는 서울로 향하는 길에 있었다. 팽목항에 있는 동안 질척였던 날씨는 닷새 전 내려올 때처럼 맑았다. 고속도로 위로는 햇빛이 쏟아져 내렸다. 닷새 동안의 치열했던 시간들이 우리 뒤로 멀어져갈 때쯤, 함께 갔던 박수주 작가가 이호진 씨로부터 온 전화를 받았다. 전화기 너머로는 그의 가라앉은 목소리가 들려왔다.

"우리 승현이… 만났어요…"

[장면 #10] 인간의 얼굴을 한 저널리즘

그해 7월 25일. 한여름의 낮은 덥고 또 더웠다. 나는 그날 팥빙수를 사 들고 목포의 옥암동 성당 앞에 서 있었다. 전날인 7월 24일은 세월호참사 100일째가 되는 날이었다. 나는 석달 만에 팽목항을 다시 찾아 특집 뉴스를 진행했다. 그때까지도 우리 뉴스의 톱은 늘 팽목항 연결이었지만, 100일이 된 만큼 다시 현장으로 갔던 것이다. 그리고 다음 날 아침 팽목항을 출발해 서울로 오는 길에 목포에 들른 것이었다. 그곳에는 나와 인터뷰했던 이호진 씨가 머물고 있었다.

그로부터 17일 전인 7월 8일에 이호진 씨는 다른 동행들과 함께 경기도 안산 단원고를 떠나 도보순례를 시작했던 차였다. 진도 팽목항까지 내려갔다가 다시 대전까지 올라오는, 900킬로미터에 달하는 고통의 순례길이었다. 8월 15일 대전에서의 마지막 일정은 당시 한국을 방문한 프란치스코 교황의 미사에 참석하는 것으로 돼 있었다. 교황은 그날 성모승천대축일 미사를 대전에서 집전했다.

40일 가까이 900킬로미터를 걷는 강행군의 동행은 그의 딸 아름이와, 같은 단원고의 희생자인 김웅기 군의 아버지 김학일 씨였다. 이들이 대장정에 나선 이유는 세월호 특별법을 제정해야 한다는 것과, 희생자와 실종자들이 이대로 잊혀져선 안 된다는 것이었다. 그냥 걸은 것이 아니라 노란 리본들이 달린 십자가를 지고 가는 고행길이었다. 나는 이들이 순례길에 나서면서 말한 이유들보다 더 절박한 것이 있음을 알 것 같았다. 아마도 그렇게 하지 않으면 견딜 수 없어서 그 길에 나섰을 것이다. 그 외에는 할 수 있는 일이 없었으므로. 참사 당시 아무것도 할 수 없었던 분노와 미안함을 그들은 발이 터지고 뼈마디가 닳는 고행으로 삭여내지 않으면 안 되었을 것이다.

팥빙수는 그 험한 고행길에 건넨 작은 위로였다. 이호진 씨는 떠나기 전 "순례길에 만날 수 있으면 팥빙수나 한 그릇 사달라" 했고, 나는 그렇게 하기로 약속했다. 옥암동 성당의 마당에서 그가 나를 맞았을 때 팥빙수는 속절없이 반쯤은 녹아 있었다.

사족

이호진 씨와 이아름 양, 그리고 김학일 씨는 예정대로 8월 15일 대전에 도착해 프란치스코 교황이 집전한 미사에 참석했다. 그리고 이틀 뒤 교황은 서울에서 이호진 씨를 다시 만나 세례했다. 세례명은 교황을 따라 프란치스코였다.

교황은 전날인 8월 16일에는 서울 광화문광장에서 열린 순교자 시복식(순교자를 '복자'로 추대하는 예식)을 집전한 자리에서 세월호 유가족들을 특별히 위로했다. 김영오 씨 등 유가족들은 그때 세월호 특별법 제정을 요구하면서 이미 34일째 단식 중이었다. 이후로 몇몇 철없는 자들의 '폭식투쟁'이 그 옆에서 벌어지곤 했다. 참담하고도 뜨거운 여름이었다.

요즘도 이호진 씨는 자주 문자를 보낸다. 대부분 그냥 안부 인사다. 나도 빼놓지 않고 답신을 보낸다. 가끔씩 그의 부인 박미연 씨도 끼어든다. 나와 네가지의 공통점이 있다고 이호진 씨가 늘 신기해하는 부인이다. 그중에는 생일이 같다는 것도 있다. 아름이는 때로는 장난스러운 문자도 보내곤 하는데 대꾸를 하다보면 기분이 좋아진다. 그럴 때면 그 참담했던 날 밤에 아버지가 관광버스 안에서 나와 인터뷰하는 내내 바깥 버스 벽에 기대 서 있던 모습과, 뜨거웠던 그해 여름 900킬로미터를 이겨내고 까맣게 타버렸던 작은 얼굴을 기억한다.

세월호라는 어젠다를 왜 지키려 했을까를 가끔씩 생각한다. 인간의 얼굴을 한 저널리즘이 될 수만 있다면… 그건 그리 어려운 일이 아니다.

우리가 팽목항에서 방송한 지 사흘째 되던 날 날아든 '바다에서 온 편지'가 이미 그걸 가르쳐주었다.

[장면 #11] 바다에서 온 편지

"사장, 한 아이 휴대폰을 찾았는데 거기 사고 났을 때 선체 내부 상황이 담겼습니다."

"아… 어떻게 찾았지?"

"수습된 아이의 학부모 한분이 저희들한테 가져왔다고 합니다."

팽목항에서의 방송 사흘째였던 4월 27일이었다. 세월호 취재를 책임지고 있던 사회2부장 강주안의 목소리가 다급했다.

"방송에 내도 된대?"

"내길 원하십니다. 그래야 진실을 알릴 수 있다구요."

"근데 사진인가, 동영상인가?"

"동영상입니다."

"내용은?"

"불안해하기도 하고, 서로 챙겨주기도 하고 그럽니다. 움직이지 말고 대기하라는 방송 소리도 들리구요."

잠시 먹먹해지면서 고민에 빠졌다. 영상을 그대로 냈을 때 실종자 가족이나 시청자들이 받을 충격이 클 것 같아서였다. 영상 속에는 아직 바닷속에 있는 아이들도 등장할 것이었다. 자칫 우리보도가 센세이셔널리즘에 빠졌다는 비판이 나올 수도 있었다. 전화기를 붙든 채 고민의 시간이 길어졌다. 늘 선택의 시간을 겪어야 했지만, 이번에는 더 어려웠다. 그러나 피해갈 수는 없는 일이었다. 그래서 내린 결론은 영상을 공개한다는 것이었다. 무엇보다도 전화기를 들고 온 아버지 박종대 씨가 원하는 일이었다. 그것이 아들의 죽음을 헛되지 않게 하는 일이라 생각했을 터였다. 그렇게 함으로써 당시의 상황을 알리고 진실에 가까워질 수 있다면 그런 고통은 참아내겠다 결심했을 것이었다. 다만, 공개하는 방식에 대해선 다른 방안을 생각해냈다.

"어떻게 할까요?"

"내자구. 그게 맞는 것 같아. 근데 동영상 그대로 내지 말고, 정지화면으로 편집해서 냈으면 해."

"예? 정지화면으로요?"

"몇가지 주요 부분을 정지화면으로 이어붙이고, 목소리는 변조하지. 아직 못 돌아온 아이들이 있는데 그 부모들이 보면 너무 힘들 것 같아서…"

"…네, 그게 맞는 것 같습니다. 그렇게 하겠습니다."

강주안 부장은 잠시 고민하는 것 같더니 이내 내 생각에 동의해주었다. 그렇게 해서 단원고 2학년 박수현 군이 담은 사고 당시 친구들의 모습은 세상에 남겨지게 되었다. 비록 정지화면과 변조된 목소리였지만, 그것은 많은 사람들을 울린 첫번째 '바다에서 온 편지'가 되었다.

[장면 #12] "현재 위치에서 절대 이동하지 마시고…"

박수현 군의 휴대폰 영상은 정확히 사고 당일 오전 8시 52분 27초부터 시작되고 있었다. 이 시간은 다른 학생이 119에 사고 신고를 한 시간과 거의 같았다. 후에 청와대는 세월호사고가 난 시간을 8시 52분으로 발표했다. 그러나 그 시간은 틀렸다. 박수현 군의 영상은 이미 배가 기울어져 아이들이 위기감을 느끼고 있을 때 찍은 것이었다. 청와대로서야 가능하면 사고 시간을 늦게 잡고 싶었을지도 모른다. 구조작업이 늦어진 것에 대한 비난이 쏟아지고 있었기 때문이다.

"야, 누가 구명조끼 좀 꺼내와봐."
"아 뭘 꺼내."
"야, 나 진짜 죽는 거 아냐?"
"수학여행 큰일 났어."

박수현 군의 영상에는 고등학교 2학년 사내아이들의 장난기와 불안이 교차하는 순간이 담겨 있었다. 그때까지도 상황의 심각성을 제대로 알지는 못하고 있었던 것이다.

"내 거 입어."
"너는?"
"나? 가져와야지."

"전화 안 터진다고?"

"어, 안 터져."

"녹음, 녹음해."

"녹음이야. 지금 동영상이야."

"엄마, 으, 아빠 아빠 아. 내 동생 어떡하지?"

아직까진 최악의 상황이 닥치리라 믿고 싶진 않지만, 점차 공포가 실체를 드러내는 목소리들이었다. 그리고 많은 사람들이 분노했던 그 선내 방송 소리가 들려왔다.

"단원고 학생 여러분 및 선생님 여러분께 다시 한번 안내말씀 드립니다."

"조용히 해봐. 조용히 해봐."

"현재 위치에서 절대 이동하지 마시고 대기해주시기 바랍니다."

이 방송 안내는 동영상 내내 간헐적으로 계속되고 있었다. 동영상은 16분 만에 끝났다. 살아 돌아올 수도 있었을 시간이었다.

[장면 #13]   바다에서 온 편지 2, 3, 4… 그리고…

우리가 박수현 군의 영상을 고심 끝에 정지화면과 변조된 음성으로 내보낸 뒤 수사당국은 곧바로 이를 근거로 침몰 정황에 대한 수사에 들어갔다. 그리고 바로 다음 날인 4월 28일에 우리에겐 또하나의 동영상이 도착했다. 단원고 박예슬 양의 것이었다. 박수현 군의 것보다 50분가량이나 더 지난 아침 9시 40분경의 영상이었다. 그의 아버지 박종범 씨도 같은 생각이었다. 가슴 아프지만 공개해서 진실을 밝히기를 원한다고… 그리고 나는 이날부터 아이들의 휴대폰에서 복원된 동영상들을 '바다에서 온 편지'로 이름 지어주었다.

박예슬 양의 영상은 이미 잔뜩 기울어진 선실 내의 모습을 보여주었다. 마침 밖에서는 구조헬기 소리가 들렸고, 아이들은 안심이 된 듯 가벼운 장난을 치는 모습까지 담겨 있었다. 그러나 그것이 공포심을 이기기 위한 몸짓이었음을 우리는 안다.

"엄마, 보고 싶어…"
"살 건데 무슨 소리야."
"살아서 보자."

영상은 9시 41분 28초에 그렇게 끝났다. 그 직후에 선장 이준석과 항해사들은 해경의 도움으로 탈출했다. 그러나 영상 속의 아이들에겐 아무도 오지 않았다.

'바다에서 온 편지'는 끊임없이 우리에게 전달되었다. 암흑의 바다에서 뭍으로 올라온 아이들의 휴대폰에는 담담하게 대하려 해도 도무지 그럴 수 없는 영상들이 담겨 있었다. 다시 박수현 군이 찍은 사진들(5월 5일), 김시연 양이 남긴 영상(5월 9일), 당일 9시 39분

에 극적으로 어머니와 통화했던 박준민 군이 남긴 문자와 사진들
(5월 12일), 아직까지 장난기들이 남아 있던 사고 직후의 김완준 군
이 남긴 친구들의 영상(5월 14일), 그리고 바로 다음 날 전해진 신승
희 양이 남긴 사진(5월 15일)… 그 속에는 아이러니하게도 "바다의
안전은 해양경찰이"라고 인쇄된 현수막이 찍혀 있었다. 그렇게 그
때까지 일곱번의 '바다에서 온 편지'가 시청자들에게 배달되었다.

위의 영상들에 들어 있는 모습과 대화들을 여기에 다 적지는 못
한다. 너무 아픈 내용들이기 때문이다. 실종자 가족들이야말로 그
영상을 대하기가 누구보다 힘들었겠지만, 그들이 쉼 없이 우리에
게 전한 뜻은 '진실은 밝혀져야 한다'는 것이었다.

그리고 바다에서 온 첫번째 편지가 배달된 후 꼭 한달 만인 5월
27일에 전해진, 여덟번째이자 마지막 편지를 여기에 옮긴다. 김영
은 양. 그는 참사가 일어나고 그래도 일찍 부모의 품으로 돌아간
편이었지만, 유품 중에 휴대폰은 발견되지 않았다. 그러다가 한참
뒤 발견된 다른 친구의 휴대폰에서 김영은 양이 부모에게 남긴 마
지막 인사말이 복원된 것이었다. 아마도 자신의 전화가 안 되자,
친구의 전화를 빌렸을 것이다. 배가 완전히 침몰하기 직전에 남긴
그의 인사말은 모두를 망연자실하게 했다.

"엄마, 엄마 미안해. 아빠도, 너무 미안하고. 엄마 정말 미안
해. 그리고 사랑해 정말."

방송이 나가는 동안 스튜디오는 숙연해졌다. 감정을 추스르기

가 어려웠다. 시청자들도 마찬가지였을 것이다. 나는 이 목소리를 마지막으로 더 이상 '바다에서 온 편지'는 전하지 않기로 했다. 더 이상 무슨 말을 전할 것이 있었겠는가.

[장면 #14] 유병언 근영(近影)

그해 여름이 가는 동안에 세월호의 또 다른 이슈는 유병언 가족이었다. 유병언은 과거 세모그룹의 회장이었으며, 당시엔 세월호의 선주인 청해진해운의 실질적 소유주였다. 수사당국은 그를 검거하는 데에 집중하고 있었고, 이에 대해선 사건의 본질인 침몰 원인 규명이 먼저라는 비판도 따랐다. 세간에선 갖가지 음모론도 돌고 있던 터였다. 유병언은 청해진해운의 소유주일 뿐 아니라 기독교복음침례회, 속칭 '구원파'의 핵심 인물이기도 했다. 구원파에서는 그가 평신도에 지나지 않는다고 주장했지만, 그걸 믿는 사람은 거의 없었다.

참사가 일어난 지 한달 반도 더 지난 2014년 6월 초에 지인으로부터 연락이 왔다. 유병언이 신도들을 대상으로 강연하는 영상을 줄 수 있다는 것이었다. 참사 이후 유병언이 수사선상에 오른 내내 그에 대한 영상자료는 너무 오래된 것들밖에 없었다.

"언제 찍은 거지요?"
"십몇년 된 거예요. 그래도 이게 가장 최근 영상일 겁니다."
"방송에 낼 만해요?"

"거의 방송화면만큼 깨끗해요."

"직접 찍은 건가요?"

"아니요. 다른 사람이 갖고 있던 건데 출처는 말하기가 좀…"

"아, 그렇지요. 그건 말씀 안 하셔도 됩니다. 유병언이 맞기만 하면 돼요."

"네, 이거 그 양반 입장에서는 용기 내서 드리는 겁니다."

바로 다음 날 영상자료를 받았다. 보관하고 있던 사람이 아니라, 나의 지인을 통해서였다. 나는 지금도 그 영상을 갖고 있던 사람이 누구인지 모른다. 다만 그가 그렇게 자신을 드러내려 하지 않은 이유를 알 것 같았다.

1987년 8월 29일에 그 유명한 '오대양 집단자살 사건'이 터졌을 때 오대양의 교주였던 박순자는 원래 구원파였으며, 당시에 빌려쓴 사채 170억원의 일부가 기독교복음침례회로 들어갔다는 정황 때문에 유병언도 조사를 받은 적이 있었다. 유병언은 그때 연안운송을 주로 하던 세모그룹의 회장이었다. 결국 오대양사건과는 무관하다 하여 풀려났지만, 오대양과 유병언은 이후로도 끊임없이 세간의 입에 오르내렸다. 경기도 용인에 있는 공장의 천장에서 오대양 신도 32명의 사체가 발견된 날, 나는 뉴스특보의 진행자였다. 그날 이후 한동안 유병언과 세모그룹, 기독교복음침례회, 구원파, 오대양 등의 단어들은 한데 어우러져 언론의 주목을 끌었다. 내가 거의 매일 그 소식을 전했음은 물론이다. 그 이후로도 오대양사건에 대한 수사는 두번에 걸쳐 다시 이뤄졌지만, 유병언은 무혐의였다. 다만, 별건 수사로 사기혐의로 구속된 적이 있었을 뿐이다. 집단자살이냐 집단타살이냐를 놓고도 논란이 계속되었지만, 추가 수사에서도 집단자살로 결론지어졌다.

세월호참사가 터진 이후 유병언의 이름이 등장하자마자 오대양을 떠올린 것은 당연했다. 더구나 청해진해운은 세모그룹이 부도를 내고 사라진 후 그 뒤를 이어서 설립된 회사로, 세모의 주력 사업이었던 연안운송을 이어받았다. 그러니 그 어두운 과거를 아는 사람이라면 유병언이 등장하는 영상을 제공하면서 신분을 밝히기 꺼려지는 게 당연했을 것이다.

유병언의 강연 영상은 2014년 6월 6일에 방송되었다. 꽤 오랫동안 그 영상은 각양각색의 장면으로 편집되어 보도에 활용되었다. 지금까지도 유병언의 모습으로 언론에 등장하는 것은 모두 그 영상에서 나온 것들이다.

"혹 여러분들께서는 성경을 공부할 때마다 지난번 공부했던 것을 다시 한번 더 이어 보고 오시는지 조금 의문 가져봅니다."
"같은 기독교끼리 쥐어짜고, 집어삼키고 하는 데는 '이단 심문소' 이상으로 강한 게 오늘날 기독교에 산재해 있습니다."

2001년에 제작된 이 영상에서 유병언은 신도들을 휘어잡기도 하고, 기존의 교회에 대한 반감을 쏟아내기도 했다. 구원파 측 설명과 달리 영상 속의 그는 그렇게 평범해 보이지 않았다.

그로부터 일주일 뒤인 6월 12일에 전남 순천에서 무연고 사체가 발견됐고, 한달이 더 지난 7월 22일에 그 사체는 유병언이라고 공표되었다. 그의 사체는 대부분 부식이 진행돼서 거의 백골화 상태였다. 이미 그보다 훨씬 전에, 아마도 세월호참사가 일어난 직후에 사망했을 가능성이 대두되었다. 몇달 동안 그를 검거하겠다고 전국을 뒤진 경찰도, 이를 쫓아다니며 중계식 보도를 했던 언론도 모두 민망한 노릇이었다. 동시에 또다시 온갖 음모론이 비등점을 향해 갔다.

앞서 말했듯 세월호라는 어젠다를 유지하고 기억하는 것은 의지만 가지고는 안 되는 것이었다. 유가족들과 시청자들의 도움과 격려가 없었다면 불가능한 일이었다. 이호진 씨나 아이들의 휴대폰 영상을 전해주었던 유가족들, 그리고 유병언의 영상을 찾아 제공한 사람들은 JTBC 뉴스와 마음을 열고 함께해주었고, 이들 덕분에 많은 사람들이 세월호를, 그 배와 함께 떠나버린 꽃 같은 아이들을 오랫동안 기억할 수 있었다.

[장면 #15] "우리를 절대 용서하지 마소서!"

JTBC의 세월호 보도가 이어지면서 예상치 못한 곳들에서 파열음이 나왔다. 아니, 그것은 냉정하게 보면 충분히 예상할 수 있는 일이었다. 첫번째는 KBS였다.

2014년 5월 7일, KBS의 젊은 기자들은 「반성합니다」란 글을 사내에서 공유했다.

- KBS 기자는 '기레기(기자+쓰레기)'로 전락했다.
- 사고 현장에 가지 않고 리포트를 만들거나, 매 맞는 것이 두려워 실종자 가족들을 만나지 않고 기사를 썼다.
- 우리는 현장에 있었지만 현장을 취재하지 않았다.
- 유가족들이 구조가 제대로 이뤄지지 않고 있다며 울부짖을 때 우린 현장에 없는 정부와 해경의 숫자만 받아 적은 채 냉철한 저널리스트 흉내만 냈다.
- 대통령 방문 때 실종자 가족들의 혼란과 분노를 다루지 않고 육성이 아닌 CG(컴퓨터그래픽) 처리된 대통령의 위로와 당부만 전했다.

올라온 내용 하나하나가 통렬했다. 동시에 참사 초기 언론보도가 왜 그렇게 나왔는지를 그대로 드러내주었다. 그런데 같은 날 MBC에선 이른바 '칼럼'이 방송됐다. "분노와 슬픔을 넘어서"라는 제목으로 일종의 해설 방송을 한 것인데, 그 내용이 과연 논란이 될 만했다. '칼럼'은 실종자 가족들이 '해양수산부 장관과 해경청장을 압박'하고 '총리에게 물을 끼얹고' '잠수부를 죽음으로 떠민 조급증'을 보여줬다고 일갈했다. 시청자들은 분노했다. MBC 보도국도 이 '칼럼'에 대해 부글부글 끓었던 모양이다. MBC가 고향인 나로서는 굳이 묻지 않아도 그 분위기를 알 수 있을 것 같았다. 결국 닷새 뒤인 5월 12일에 MBC 보도국의 기자들이 성명서를 냈다. 제목은 "참담하고 부끄럽습니다"였다.

국가의 무책임으로 자식을 잃은 부모를 위로하지는 못할망정, 그들을 훈계하면서 조급한 비애국적 세력인 것처럼 몰아갔습니다. 비이성적, 비상식적인 것은 물론 최소한의 예의조차 없는 보도였습니다. (중략) 결국 정부에 대한 비판은 축소됐고, 권력은 감시의 대상이 아닌 보호의 대상이 됐습니다.

바로 다음 날인 5월 13일 MBC의 지역 계열사 기자들 모임인 '전국MBC기자회'의 성명문도 같은 반성을 얘기하고 있었다.

JTBC는 어제도 머리기사로 세월호참사 소식으로 문을 열었습니다. 바다로부터 보내온 다섯번째 편지라는 기사가 첫 기사였습니다. 단원고 2학년 5반 고 박준민 군의 안타까운 사연이 소개되었는데, 박군의 휴대전화가 복원되면서 박군이 세월호가 침몰하기 전 어머니와 주고받은 문자 메시지들이 알려져 마음을 아프게 했습니다. (중략) 만약 세월호 침몰과 관련해 언론이 정확한 보도를 했더라면 박군이 살았을지도 모른다는 생각에 같은 기자로서 참으로 부끄럽고 죄스러웠습니다. (중략) 세월호 참사와 관련한 이런 '보도 참사'들이 고쳐지지 않는다면 MBC는 절대 국민들로부터 용서받을 수 없을 것입니다. (중략) 과거 우리의 어두웠던 시절 언론인들이 보여줬던 눈뜨고 볼 수 없었던 기회주의와 보신주의의 행보는 이를 여실히 보여주었고 현재도 진행 중입니다.

그리고 그 성명문의 마지막 문장은 절박했다.

하늘나라에 가 있는 희생자들이시여, 우리들을 절대 용서하
지 마소서!

어찌 보면 이명박정부 이래 집요하게 진행됐던 공영방송 길들
이기의 폐단을 공영방송의 구성원들 스스로가 드러내고, 반성하
도록 한 사건이 세월호참사였던 것이다. 그리고 이런 파열음들은
그로부터 며칠 후 벌어질 커다란 폭발의 전조였다.

[장면 #16] "어려운 걸음"

2014년 5월 21일은 한국 언론사에서 처음 보는 장면이 있었던
날이다. 국가 기간 공영방송의 노조위원장이 다른 방송사의 메인
뉴스에 출연해 자사의 사장을 비판했던 것이다. 심지어 그는 이후
한번 더 나오기도 했다.

사건의 발단은 당시 KBS 보도국장의 발언에 있었다. 그는 세월
호참사 후인 4월 말경에 "세월호사고는 300명이 한꺼번에 죽어서
많아 보이지만, 연간 교통사고로 죽는 사람 수를 생각하면 그리
많은 것은 아니다"라고 말한 것으로 알려지면서 논란에 휩싸였다.
세월호 실종자 가족들도 KBS를 찾아가 항의했다. 결국 그는 며칠
후인 5월 9일 기자회견에서 사퇴 의사를 밝혔다. 그런데 그 기자
회견에서 더 큰 파장이 일었다. 그는 세월호참사 보도에 청와대의

외압이 있었다고 폭로하면서 이를 받아들인 당시 KBS 사장이 퇴진해야 한다고 주장했던 것이다.

당연히 파장은 일파만파였다. 보도국의 부장단이 잇달아 보직을 사퇴했다. '사장이 퇴진하고 청와대는 사과해야 한다'는 것이었다. KBS 기자협회는 여세를 몰아 5월 19일부터 제작거부에 들어갔다. 그러니까 5월 21일은 당시 사장이 퇴임을 거부하고 제작거부가 본격화된 시점이었다. 또한 그날은 KBS 이사회가 사장의 해임안 상정을 보류한 날이기도 했다. 사내의 불만이 고조될 수밖에 없는 분위기였다. 제작거부에 이어 총파업 투표를 시작한 언론노조 KBS 본부(보통 '새노조'라 불린다)의 권오훈 위원장에게 출연 의사가 있느냐고 타진했다. 전례가 없는 일이었으므로 사양해도 어쩔 수 없다고 생각했다. KBS 문제를 JTBC에서 다루면서 당사자를 스튜디오로 와달라고 하면 십중팔구는 안 나오리라 봤던 것이다. 그러나 이것이 한 방송사 문제가 아니라 언론의 문제라고 하면 혹시 나올까 싶기도 했다. 그런데 그는 의외로 흔쾌히 나오겠다는 것이었다.

스튜디오에서 만난 그는 그리 긴장한 표정이 아니었다. 그런 강단이 당시의 KBS 사태를 돌파하는 데에 도움이 되었으리라고 생각했다. 권 위원장은 인터뷰에서 '사장에 대한 KBS 구성원들의 평가는 이미 끝났다. 세월호참사와 관련해서는 정부가 책임 있게 구조를 못했다는 비판이 나오는데 그에 대해 청와대로부터 해경 비판을 자제해달라는 요청을 국장이 받고, 사장도 직접 지시한 것이 문제다'라는 요지로 주장을 이어갔다.

보도국 모두가 숨죽이고 이 인터뷰를 지켜봤다. 아마 KBS 쪽도 마찬가지였을 것이다. 보기에 따라선 있을 수 없는 일이 벌어진 것이었으니까. 나는 인터뷰를 시작할 때와 마칠 때 모두 "어려운 걸음을 하셨다"고 했다. 그리고 보름 뒤인 6월 5일에 권오훈 위원장은 두번째로 출연했다. 이번엔 화상 연결이었다. 그날 KBS 이사회는 사장에 대한 해임 제청안을 7대 4로 가결했다. 당시 여당 쪽에 유리한 인사가 7명이었는데 결과는 반대로 나온 것이었다. 그만큼 당시 KBS의 상황이 위중했다. 모두 350명이 넘는 보직 간부들이 사장에게 반대해 사퇴했고, 파업투표도 압도적으로 찬성이 많이 나와 이미 파업에 들어간 뒤였다. 그날의 인터뷰는 이를테면 긴박하게 흘러왔던 KBS 사태를 정리하는 것이기도 했다.

닷새 뒤인 6월 10일에 박근혜 당시 대통령은 KBS 이사회가 올린 사장 해임 제청안을 받아들였다. 한달 넘게 이어진 KBS 상황을 정리하지 않고서는 정부에 대한 비난을 피할 수 없다는 판단에 서였을 것이다.

저널리즘의 측면에서는 눈여겨볼 부분이 너무나 많은 사건이기도 했다. 정치권력의 공영방송 보도 개입과 방송사 내부에서 터져나온 폭로, 노조위원장의 타 방송 출연, 그리고 결국 사장 퇴진까지 가는 과정에서 한국 언론의 뼈아픈, 그러나 또다시 일말의 희망을 갖게 하는 장면들이 이어졌던 것이다.

돌이켜보면 나는 KBS 노조와 인연이 꽤 깊었다. 1990년 노태우 정부하에서 일어났던 KBS 민주화운동 때 나는 MBC 노조의 교육부장이었고, 조합원들과 함께 KBS 노조를 지원했다. 당시 언론사상 처음으로 소위 '백골단'이 KBS로 투입돼 조합원들이 강제 연행되고 연일 집회가 열렸을 때도 현장에 함께 있었다. KBS에 경찰이 진주하고, 노조 집행부가 MBC로 피신했을 때는 아나운서국 숙직실을 내주기도 했다. 그로부터 2년 뒤, MBC에서 장기간 파업이 벌어졌을 때 같은 상황이 벌어졌고, 이번에는 MBC 노조가 KBS 노조의 도움을 받기도 했다. 그로부터 20여년 후인 2014년에 정치 권력과의 갈등으로 KBS 노조위원장이 내가 진행하는 뉴스에 출연했으니 감회가 남다를 수밖에 없었다. 동시에 내가 늘 얘기하는 '공영방송의 사나운 팔자'가 아직까지도 끝나지 않았다는 것이 씁쓸하기도 했다.

이 모든 것의 중심에 세월호참사가 있었다. 지금 생각해봐도 세월호라는 어젠다를 지켜내지 않으면 안 되었던 순간들이었다.

[장면 #17] 287일

2014년 11월 1일. 세월호참사 200일이 되는 날까지 「뉴스룸」은 거의 하루도 빼지 않고 진도 팽목항을 연결했다. 이 기간 동안 매일 앵커의 오프닝 멘트는 '세월호참사 ○○일째입니다'였다. 기자 서복현과 김관은 팽목항이 근무지였다. 이미 100일쯤 지났을 때, 현장에서 특별한 뉴스가 안 나오는데 이제 그만해도 되지 않을까 하는 얘기들이 안팎에서 나왔다. 그러나 밀어붙였다. 미련하다 해도 할 수 없었다. 세간에서 세월호는 잊혀져가는 것 같았다. 200일째를 맞는 날 앵커 멘트도 그런 분위기를 담고 있었다.

조금씩 우리 기억 속에서 잊혀져가고 있습니다만, 200일 동안 참 많은 분들이 분노했고, 또 가슴 아파했습니다. 그리고 여전히 바다만 바라보고 있는 실종자 가족들은 오늘도 팽목항에 남아 있습니다.

중간중간 실종자들을 수습했다는 소식도 전해졌고, 사고 원인과 관련된 얘기들이 나왔지만 세월호가 세상에서 점점 잊혀져가는 것은 틀림없어 보였다. 경기도 안산의 분향소에는 추모객의 발길도 끊겼다. 아이들의 영정만이 남아 있을 뿐이었다. 광화문에서도 참사의 진상을 규명하라는 목소리가 이어졌지만, 당시의 국회 상황으로는 요원해 보였다. 그래도 우리는 고집스럽게 현장을 연결했다. 급기야는 JTBC가 그렇게 팽목항을 매일 연결하는 것은 박근혜정부를 곤란하게 하려는 정치적 의도가 있는 것이란 해석도 나왔다. 그 기획자가 손석희라는 허황된 얘기도 그럴듯하게 포장돼서 돌아다녔다. 이해는 됐다. 하나의 이슈로 하나의 현장을 200일 동안 하루도 빼지 않고 연결한다는 것은 누가 봐도 일반적이지 않았을 터이므로… 사람들도 지쳐가는 것 같았다.

고심 끝에 200일을 기점으로 매일 팽목항을 연결하는 것을 멈췄다. 그러나 아주 떠날 수는 없었다. 그때까지 아직 돌아오지 못한 실종자는 아홉명이었다. 그다음 날인 11월 2일, 남아 있던 두 기자 대신 기자 박상욱이 팽목항으로 내려갔다. 그때부터는 매일 연결하지는 못했지만, 어떻게든 뉴스거리가 생기면 연결했다. 참담했던 봄도, 뜨거웠던 여름도 모두 지나가고 한거울 팽목항에는 한줌의 실종자 가족들과 JTBC 기자와 바닷속 세월호만이 남아 있었다. 박상욱 기자는 다음 해 1월 27일까지 석달 가까이 버티고 철수했다. 참사 당일부터 287일간의 팽목항 지키기가 막을 내리던 날이었다. 그리고 세상이 세월호를 결코 잊지 않았음을 그보다 훨씬 먼 훗날에 알게 되었다.

[장면 #18] "사장이 날 잊어버렸나봐요"

2016년에서 2017년으로 넘어가는 사이, 촛불집회를 관통한 것은 세월호였다. 사람들을 광장으로 모이게 한 것은 국정농단에 대한 분노였지만, 세월호의 아이들에 대한 미안함이기도 했다. 그리고 대통령에 대한 탄핵 이후 마침내 세월호는 수면 위로 모습을 드러냈다.

3년 가까이 우여곡절을 겪으면서 지지부진했던 세월호 인양작업은 공교롭게도 박근혜 당시 대통령에 대한 탄핵이 결정된 후 본격적으로 궤도에 올라 3월 22일에 해저에서 살짝 들어올리는 시험 인양에 성공했다. 다음 날 드디어 침몰한 지 1,073일 만에 세월호는 수면 위로 그 모습을 드러냈다. 3년간의 바다 밑 시간들은 세월호를 더욱 처참한 모습으로 만들어놓았다. 3월 30일 반잠수선에 얹혀 그 모습을 다 드러낸 채 옆으로 누운 세월호를 보면서 만감이 교차했다. 세월호의 전체 모습을 본 것도 그때가 처음이었다. 반쯤 잠긴 모습을 화면으로 본 게 전부였으므로. 그날 「뉴스룸」의 리포트에 나온 희생자 유가족 김병준 씨의 한마디가 그런 느낌을 대변했다.

"벅차오르는 눈물을 감당할 수 없었어요. 저희는 저 배를 지금까지 못 봤잖아요. 저희 애가 민정이인데 더 보고 싶고, 생각나고…"

김병준 씨를 비롯한 유가족 몇 사람은 사고해역이 바라다보이는 동거차도의 산중턱에서 이미 20개월째 지내오고 있었다. 그리고 그날 세명의 보도국 기자들이 목포신항으로 향했다. 다음 날 사고해역을 떠나 목포신항으로 도착할 세월호를 맞으러 간 것이었다.

2017년 3월 31일, 세월호는 목포신항에 도착했다. 그리고 4월 9일에 마침내 목포신항의 부두에 올려졌다. 참사 1,090일째 되는 날이었다. 뭍으로 올라온 세월호에 대해 선체 조사부터 실종자 찾기까지 끊임없이 뉴스가 이어져 나왔다. 언론들은 또다시 목포신항으로 모였다. 그러고는 시간이 지나면서 다시금 흩어졌다. 3년 전에 팽목항에서 그랬듯이 목포신항에는 한줌의 실종자 가족들과 JTBC 기자들, 그리고 이번엔 바닷속이 아닌 부두에 덩그러니 누운 세월호가 남았다.

이가혁과 연지환 기자가 석달 가까이 지내고 목포신항을 떠났고, 이상엽 기자는 그로부터도 다섯달 가까이 더 버티다가 11월 18일에 떠났다. 이상엽이 그토록 오래 머물렀던 것은 실종자 가족들 때문이기도 했다. 이미 그때는 실종자 가족들과 정이 들기도 했거니와, 그마저 철수하면 가족들이 너무 고립된 느낌이 들 것 같아서 도저히 뺄낼 수가 없었다. 그래서 그가 목포신항을 떠난 날도, 마지막 실종자 가족들이 세월호 곁을 떠나고 이틀 뒤였다. 그 여덟달 가까운 기간 동안 기자들은 현장에서 100건이 훨씬 넘는 리포트를 보내왔다. 현장에서의 마지막 리포트는 공중에서 촬영한 세월호의 모습이었다.

그렇게 해서 팽목항에서의 287일, 목포신항에서의 234일, 모두 521일간의, 아마도 전무후무할 현장 체류가 막을 내렸다. 그 시간들은 언론이 왜 존재하는가를 깊이 고민하게 했던 시간들이었다. 또한 언론이 단지 뉴스만을 위해 존재하는 것이 아니라는 것을 깨닫게 해준 시간들이기도 했다. 굳이 어젠다 키핑을 들먹이지 않더라도, 우리는 그렇게 하지 않았으면 좀더 많이 부끄러웠을 것 같다.

세월호 이후에도, 또한 그 이전에도, 사안이 존재하고 그 사안에 대해서 사람들이 함께 문제의식을 느끼면 어젠다 키핑의 대상이 될 수 있다고 보았다. 국정원 댓글조작 사건이 그랬고, 4대강사업이 그러했다.

공분(公憤)이란 것에는 감정뿐 아니라 논리도 들어가 있다고 믿는다. 사람들이 명분 없는 감정만 가지고 공분을 느끼진 않기 때문이다. 그러나 오랜 시간이 지나면 그 공분의 감정이 사그라들 때가 오는 것이다. 세상에는 그 어젠다만 존재하는 것도 아니고, 감정이란 것은 사람을 지치게 만들기도 한다. 그렇게 시간이 지나 어쩔 수 없이 감정이라는 부분이 걷어내지고 논리만 남아 있을 때, 그때가 사실은 매우 애매한 지점이 되는 것이다. 이 어젠다를 계속 끌고 갈 것인가, 그러기엔 사람들이 너무 지쳐 있는 것이 아닐까, 그래서 시청자들이 우리 뉴스를 떠난다면 그 어젠다를 이어간다는 것이 무슨 의미와 효력이 있는 것일까.

그때는 결정해야 했다. 감정은 사그라지고 논리만 남아 있을 때, 그마저 닫아버리면 어찌 되는 것인가. 우리 사회에는 감정도 안 남고, 논리도 안 남는 사회가 되는 것이 아닌가. 그러면 분명히 존재하는 어젠다에 대해서 우리 사회가 할 수 있는, 언론이 할 수 있는 일은 무엇인가. 아무것도 없을 것 같았다. 껍데기만 남는 것이다. 그러면 (좀 격한 표현이긴 하지만) 기자들은 어디 가서 앵벌이 해오는 것밖에 안 되는 것 아닌가. 그래서 적어도 논리적으로 우리가 거기에 문제가 있다고 판단이 되는 한 계속하자는 것이었다. 그러면 언제 끝낼 것인가. 이에 대해선 사실 자신이 없었다. 하지만, 적어도 그런 언론이 있었다는 것을 사람들이 기억해준다면 된다고 생각했다.

사족

가장 오래 현장에 머물렀던 기자는 앞에 쓴 대로 이상엽이다. 그는 목포신항에서 234일을 오롯이 버텨냈다. '총각이니까 괜찮을 거다'라는 말도 안 되는 억지 핑계로 그를 계속 그곳에 두었다. 물론 실종자 가족들이 그를 무척 좋아했다는 게 더 큰 이유이긴 했지만.

어느 날인가 그가 동료들에게 "사장이 날 잊어버렸나보다"라고 했다는 얘길 전해 듣고도 모른 척했다. 물론 나는 잊지 않았다. 세상이 세월호를 잊지 않은 것처럼…

[장면 #19] 어젠다 세팅 못지않게 어젠다 키핑이 중요하다

세월호참사가 있은 지 1년여가 지난 2015년 5월 30일에 나는 성공회대에서 열린 언론정보학회 정기학술대회 기조연설자로 초대되었다. 이 자리에서 공식적으로는 처음 어젠다 키핑을 언급했다. 그날 발언의 요점은 다음과 같았다.

 - 어젠다 세팅 못지않게 어젠다 키핑이 중요하다. JTBC 뉴스가 세월호 관련 보도를 200일 할 수 있었던 것도 어젠다 키핑 때문이다.
 - 생방송 오프닝에서 '우리는 의제를 세팅하는 것도 중요하지만 지켜나가는 것도 중요하다'고 선언했다. 보다 구체화시키는 작업을 했다고 생각한다.
 - 그러나 어젠다 키핑에는 좀 어려운 함수관계에 있는 것이 있다. 시청자들이 느끼는 피로감이다. 「뉴스룸」을 진행해오면서 가장 고심했던 것은 어젠다를 유지해나가면서도 그 정당성을 확보하는 것이었다.

그리고 같은 해 9월 21일 서울 동대문디자인플라자에서 열린 '중앙 50년 미디어 컨퍼런스'에서도 다시 어젠다 키핑을 제안했다. 사실 그 컨퍼런스는 디지털 미디어 시대에 대비하자는 것이 주제였는데 나는 거꾸로 가장 레거시 미디어적인, 그중에서도 가장 디지털과는 동떨어진 해법을 제시한 셈이 되었다. 일반적인 생각으로는 디지털만큼 이슈의 지속력이 짧은 미디어도 없으므로. 그러나 꼭 그럴까.

미디어가 지속적으로 화두를 던지면 시청자들은 이를 서로 주고받으면서 네트워킹을 하게 된다. 이것이 JTBC「뉴스룸」이 지향하는 것이다. 때로는 지루하다는 인식도 있어서 반성하고 있다. 물론 손해 보는 상황도 발생한다. 그럼에도 디지털 시대에 필요한 것은 어젠다 키핑이라고 생각한다. 모든 것이 빨리 바뀐다고 해도 저널리즘이 미래적 가치로 지켜야 할 것이 어젠다 키핑이다.

컨퍼런스의 주제가 디지털 미디어의 미래였으므로 디지털의 강점인 네트워킹을 끌어들이긴 했으나, 그렇다고 틀린 얘기는 아니었다. 나는 실제로 우리가 끝까지 이슈를 끌고 나가면 결국 디지털의 강점인 네트워킹이 사람들 사이에 우리가 제시하는 어젠다를 유지시켜줄 것이라고 생각했다.

내가 이름 지은(나 이전에 누군가가 그런 개념과 명칭을 공표한 적이 있을 수 있고, 만일 그렇다면 나는 흔쾌히 이 표현을 그에게 돌려드리겠다) 어젠다 키핑은 물론 어젠다 세팅에 근원을 둔 개념이다. 미디어를 공부하거나 미디어에 종사하는 사람이 아닐지라도 누구나 상식적으로 알 수 있을 정도로 어젠다 세팅은 언론의 핵심적 기능이다. 매스미디어, 즉 레거시 미디어에서 디지털 미디어 시대로 넘어왔다지만, 미디어 환경이 바뀌어도 모두가 쟁탈하려는 것은 기본적으로는 어젠다 세팅 기능일 것이다. 그래야만 미디어는 존재할 가치가 생기니까. 그러나 의제를 설정하고 사회적 변화가 뒤따르면 다행이지만, 그러지 못하는 경우는 어떻게 할 것인가. 내 생각에 의제 설정이 사회적 변화로 연결되지 못하는 경우는 다음의 몇가지이다.

첫째, 의제 설정의 주체인 미디어가 그것을 실현할 만한 영향력이 없는 경우이다. 가령 『뉴욕타임스』라면 그런 걱정이 별로 없을 것이다. 그 경영진이었던 맥스 프랭클(Max Frankel)이 했던 말을 보자.

『뉴욕타임스』는 미국 최고 권력집단의 '내부조직'으로, 가장 똑똑하고 능력 있으며 막강한 영향력을 가진 미국인들이 모인 곳이다. 『뉴욕타임스』의 사설이나 칼럼은 개인적 의견으로 무시되거나 묻힐 수 있지만, 이 신문에 게재되는 그날그날의 뉴스는 절대 그럴 수 없다. 이들은 미국 국민들의 인지적·정서적 아젠다의 프레임을 설정한다.●

언론사 자체의 영향력이 『뉴욕타임스』만큼은 아니더라도 적어도 그 사회 내에서 괄목할 지위에 있지 못하다면 어젠다 세팅의 효과는 떨어질 수밖에 없다.

둘째, 미디어가 어젠다 세팅을 해도, 사회적 공감대가 떨어진

● 맥스웰 맥콤스 『아젠다 세팅』, 정옥희 옮김, 엘도라도 2012, 5면.

다면 변화는 일어나지 않는다. 예를 들어 이명박, 박근혜 씨에 대한 사면을 여야의 정치인 모두가 주장한 바 있고, 일부 보수언론이 이를 의제화했지만, 이것이 상황의 변화로 이어지진 못했다(이 책이 나온 이후에 언젠가는 그런 상황이 혹 있을 수도 있지만). 또한 2015년에 있었던 한·일 간의 일본군 '위안부' 합의는 어땠는가. 즉, 미디어가 의제를 설정할 때는 흔히들 '무엇을 생각할지'(what to think)보다는 '무엇에 대해 생각할지'(what to think about)를 목적으로 한다지만, 공감대를 형성하지 못한다면 실패할 수밖에 없다.

셋째, 의제 설정 기능을 가진 세력(개인이든 집단이든)에 의해 보다 강력한 의제가 설정될 경우이다. 이것은 이른바 프레임(frame) 전략과도 통한다. 즉, 생각의 방향을 바꿈으로써 기존의 의제를 잊게 만들거나, 다른 측면으로 생각하게 하는 경우이다. 당연히 선거 국면에서 많이 쓰여왔고, 과거 북풍이니 총풍이니 하는 것들이 그 예일 것이다. 물론 실패한 사례도 있다. 특이하게도 가장 강력한 의제 설정자인 대통령에 의한 의제 바꾸기가 실패한 사례도 있다. JTBC의 최순실 태블릿PC 보도가 나온 날 아침에 박근혜 당시 대통령은 '개헌'을 발표했지만 '국정농단'이라는 지배적 어젠다를 바꾸진 못했다. 글쎄… 이 경우 거꾸로, 개헌이라는 어젠다를 태블릿PC가 대체했다고 해야 할지도 모르겠다.

넷째, 어젠다 자체가 갖는 힘이 시간이 지나면서 대중의 피로감 또는 무관심으로 소멸될 경우 미디어는 더 이상의 역할을 하기 어려워진다는 것이다. 이것은 방송 뉴스의 경우 매우 현실적 제약이 되기도 한다. 시청률이 떨어지는 것이다.

JTBC는 위의 첫번째 이유부터 해당되는 매체였다. 출범한 지 얼마 되지도 않았고, 뉴스 개혁을 통해 새로 태어나는 노력을 했다지만, 분명히 지배적 채널은 아니었다. 신뢰도와 영향력은 적어도 지표상으로는 올라가고 있었어도, 어젠다 세팅의 효과를 담보할 만한 힘은 없었다. 나는 이런 약점을 '어젠다를 지켜내는' 것으로 극복하고 싶었다. 아무리 힘이 미약한 뉴스라도, 분명히 공적 이익이 되는 이슈를 끝까지 붙잡고 간다면, 언젠가는 그 진심을 알아줄 것이라고 믿었다. 삼성 문제가 그랬고, 뒤이은 국정원 댓글조작 사건, 4대강 탐사보도가 그랬다. 그중에서도 세월호참사는 특별했다.

그 보도는 아마도 유일무이하게 200일 동안 쉬지 않고 단일 뉴스프로그램에서 현장을 연결하는 방법으로 지속되었다. 앞서 말했듯이 JTBC의 메인뉴스가 「뉴스9」에서 「뉴스룸」으로 바뀌는 긴 시간 동안 나의 오프닝 멘트는 예외 없이 "오늘은 세월호참사 ○○일째입니다"였다. 그 단위는 점차 두자리를 거쳐 세자릿수로 올라갔다. 그 긴 시간 동안 한국사회에서 일어났던, 세월호를 둘러싼 진영 간의 싸움은 점입가경으로 흘러갔고, 사람들은 지쳐갔지만, 우리는 버텨내야 한다고 생각했다. 그리고 이 모든 것의 출발점은 우리가 팽목항으로 갔던 날에 있었다.

3

태블릿PC, 스모킹건으로 연
판도라의 상자

[장면 #1] '경비견'

내가 다 늦게 대학원 공부를 하게 되었던 미국 미네소타 주립대의 저널리즘·매스커뮤니케이션 학과(School of Journalism & Mass Communication)는 원래 실용적인 저널리즘 공부보다는 연구·조사 쪽이 강한 편이었다. 역사가 오래다보니 자연스럽게 오래된 학풍에서 벗어나지 못하다가 내가 몸담고 있던 시기에 실용적 측면을 강조하게 됐는데, 이 얘기는 나중에 다시 잠깐 언급하게 될 것이다. 아무튼 내가 그 학교로 가기 얼마 전에 연구·조사 쪽의 꽤 유명한 교수들이 시류에 밀려 학교를 그만두었다고 들었다. 그중의 한 사람이 필립 티치너(Phillip J. Tichenor) 교수였다. 그는 이미 '지식격차 가설'(Knowledge Gap Hypothesis)로 꽤 유명한 학자였다. '지식격차 가설'은 간단히 말하면 '미디어를 통해 공급되는 정보들은 사회경제적 계급의 고하에 따라 확산되는 속도가 다르며, 결국 이로 인해 사회경제적 계급의 격차도 더 벌어질 수밖에 없다'는 것이다. 1970년에 나와서 그때까지도 별반 이견이 없는 가설로 통하고 있었다. 물론 요즘처럼 인터넷에 의해 미디어 환경이 근본부터 바뀐 상황에서도 여전히 통할지는 의문이지만.

그가 1998년 가을학기의 어느 날, 학과 후배 교수의 초청을 받아 강의실을 찾았을 때 나는 그 수업의 학생이었다. 나는 그 유명한 '지식격차 가설'을 연구자 본인의 설명으로 듣게 되나보다 하고 약간의 흥분을 느꼈다. 그러나 그는 전혀 다른 연구 내용을 들고 강의실을 찾았다. '언론의 경비견 모델 가설'(Guard Dog Model Hypothesis)이었다. 그로부터 3년 전인 1995년에 그가 내놓은 것이었는데 나는 지금까지도 그 가설이 유효한 가치가 있다고 믿는다.

미디어학에서 전통적으로 미디어는 '개'에 비유돼왔다. 대표적인 것이 감시견(watchdog)과 애완견(lapdog)이다. 감시견으로서의 언론은 이른바 제4부의 역할을 맡아 입법, 사법, 행정의 3부를 감시하고 비판함으로써 시민사회에 복무한다는 것. 애완견 언론은 말 그대로, 주인의 무릎에 앉아 귀여움을 받는 강아지처럼, 정치권력이나 경제권력 등 지배 엘리트층에 충성한다는 것이다. 그렇게 함으로써 정치적·경제적 지배계급의 현상 유지를 위해 이용되는 도구라는 것이다. 여기까지는 모두가 잘 아는 것이고 설명하기도 쉬운 모델들이다. 그렇다면 경비견으로서 언론의 역할은? 이건 조금 복잡하다. 티치너 교수는 이를 다음과 같이 설명했다.

1. 전체 사회가 아니라, 기득권과 영향력 있는 집단을 위해 경비견 노릇을 하는 것. 그렇게 함으로써 기존의 사회시스템을 지켜내도록 하는 것.
2. 그 시스템에 대한 모든 잠재적 침입자를 감시하고, 지배세력이 미처 알지 못한 침입자에 대한 경고음을 울리는 존재.
3. 그런데 그런 상황은 때로는 지배그룹 내의 부조화에 의해 일어나기도 한다는 것.
4. 경비견으로서의 언론은 지배세력에 의존하긴 하지만 복종하지는 않으며, 지배세력 간의 불화가 일어날 경우 그 갈등을 정치화하기도 한다.
5. 이 과정에서 언론은 권력 엘리트들에게 문제 해결자를 자임하면서 권력의 현상 유지를 위한 해법을 제시하는 역할을 한다.
6. 결론적으로 경비견으로서 언론의 목적은 특정한 지배집단을 위해 경비를 서는 것이 아니라 지배 시스템을 지켜내는 것이며, 이 시스템에 위협이 되는 존재를 향해 짖는 것이다. 기득권화된 언론 자체가 생존하려면 그 시스템이 지켜져야만 하므로 이는 당연한 것이다.

이 가설이 나온 지 5년 만에 이를 적용해 설명할 수 있는 좋은 사례가 생겼다. 2000년의 미국 대통령 선거에서 조지 부시와 앨고어(이들, 혹은 이들이 대표하고 있는 집단을 기존 시스템 내의 두 지배 엘리트 집단으로 치환해서 생각해보자)가 플로리다주의 재검표를 놓고 싸우다가 결국 법원까지 갔을 때였다. 당시 『뉴욕타임스』의 입장을 보면 언론의 경비견 역할이란 걸 이해할 수 있을 것 같다. 전통적으로 『뉴욕타임스』는 민주당 후보를 지지해왔으며, 2000년의 선거에서도 마찬가지였다. 그러나 싸움의 막판에 『뉴욕타임스』는 앨 고어를 향해 '항복하라'(give it up)고 했다. 『뉴욕타임스』는 두 후보 간의 싸움이 결국 미국의 선거 및 사법 시스템에 대한 위협이 될 수 있다고 봤을 것이다. 그래서 혼란이 길어지고 혹시라도 결과가 뒤집힐 경우, 그 시스템 자체가 커다란 손상을 입게 된다고 판단했을 것이다. 앨 고어는 결국 포기하고 승복했다.

그리고 이 가설이 나온 지 대략 20년 만에 한국에선 적어도 내가 보기엔 가장 이 가설에 적합한 사례가 꽤 긴 시간 동안 진행되었다. 이는 동시에 자연스럽게 어젠다 키핑에 대한 얘기가 되기도 한다.

[장면 #2] 밝음

2017년 4월 23일 일요일 아침. 나는 사직공원 쪽에서 광화문광장으로 걸어가고 있었다. 차를 타고 갈 수도 있었지만 일부러 좀 멀리 내려서 걸었다. 4월의 햇빛이 밝았다. 그 밝음 때문에 걷기로 했는지도 몰랐다. 뉴스 시간 외에는 거의 입을 일이 없는 양복 재킷과 넥타이 등으로 약간의 갑갑함을 느끼고 있었지만, 그 정도는 참아낼 만했다. 구름이 몇 개 떠 있던 맑은 하늘과 따뜻한 바람, 햇빛, 그 햇빛을 받아내던, 건물 창문에 비친 행인들의 얼굴. 사람의 기억이 점점 그 용량이 줄어들어 마지막엔 거의 남지 않는 것이라면, 그 아침의 거리에서 가졌던 느낌은 그래도 끝까지 자주 꺼내 보는 것들 중의 하나가 될 것 같았다. 그것은 오랜 질곡과 어두움의 시간이 어느 정도 정리가 되어간다는 생각에 느끼는 잠시의 밝음 때문이었는지도 모른다(비록 또 다른 질곡이 다시 시작되는 것이 당연하다 해도).

보름 뒤면 대통령 선거일이었다. 「뉴스룸」은 광화문광장에서 선거방송을 할 예정이었고, 그날은 그 예고 영상을 찍기로 되어 있었다. 2016년 10월 24일의 태블릿PC 보도와 이어진 촛불집회, 국정농단 보도, 대통령 탄핵, 그리고 헤아릴 수 없이 많은 이슈들이 겨울에서 봄을 거치며 일어난 지 꼭 6개월째 되는 날이기도 했다. 나는 그렇게 잠시 걸으면서 주마등처럼 지나가는 장면 장면들을 떠올리고 있었다. 신기하게도 잠깐의 산책 동안 번잡스러웠던 머릿속이 차분하게 가라앉았다. 그러한 느낌은 6개월 전 태블릿PC를 보도하던 날 방송을 앞두고 방송사 근처의 상암동 길을 걸었을 때와 같은 것이었다.

[장면 #3] 전야1: '시작'?

"손 선배, 저희가 태블릿PC를 하나 입수했는데요. 이게 좀 중요한 것 같습니다. 최순실이 썼던 걸로 보입니다."

이른바 '스모킹건'(smoking gun)에 대한 취재부서장의 첫 보고는 그렇게 시작되었다. 2016년 10월 18일 화요일, 내가 일주일간의 휴가를 마치고 돌아온 다음 날이었다. 그로부터 엿새 뒤인 10월

24일에 이 스모킹건은 세상에 모습을 드러냈다. 그 일주일은 이를 테면 폭발 전야와도 같은 시간이었다. 그러나 국정농단 사건의 전야는 언론이 그것을 전야라고 인식하지 못했던 훨씬 전부터 시작되었다.

이미 많은 책들이 당시 국정농단 사건 보도의 기원, 즉 최초 보도에 대해 기술하고 있다. 『박근혜 무너지다』(정철운, 메디치미디어 2016), 『탄핵, 헌법으로 체크하다』(오대영 외, 반비 2017), 『정직한 언론』(설진아, 에피스테메 2018) 등이다. 이 책들이 공통적으로 최초 보도로 꼽는 것은 TV조선의 '미르재단' 의혹이다. 그럴 수도 있겠다. 그러나 나는 거기에 전적으로 동의하지는 않는다. 그 얘기는 다음 장면에서 다루기로 한다. 일단 적어도 현상적으로 최초 보도라 꼽히는 것은 2016년 7월 26일 TV조선이 "청와대 안종범, '문화재단 미르' 500억 모금 지원"이라는 제목으로 보도한 뉴스였다. 청와대 안종범 정책기획수석이 경제수석이었을 때 문화재단 미르가 500억 가까운 모금을 하는 데에 지원을 했다는 내용이었다. 삼성, 현대, SK, 롯데, LG 등 30개 기업이 돈을 대 불과 두달 만에 486억원을 모았다는 것이었다. 이 모금활동은 전국경제인연합회가 주도했으며, 안 수석이 이에 개입했다는 것이 골자였다.

TV조선의 관련 보도는 거기서 끝나지 않고 8월 2일의 「900억 모금한 기업들… 팔 비틀렸나?」「미르와 케이스포츠, 한뿌리 쌍둥이?」 등으로 이어졌다. 그들은 매우 취재량이 많았던 것으로 보였다. 그러나 그 이후 점차 멈칫거리는 것 같았다. 아마도 박근혜정부에 대한 '조선'의 공격은 다른 사건과의 함수관계에 있는 것으로 보였다. 그것은 그 직전에 시작되었던 우병우 당시 청와대 민정수석과 '조선'의 갈등, 그리고 이어진 『조선일보』 송희영 당시 주필에 대한 집권세력의 반격에 기인한다는 분석도 가능할 것이다.

TV조선의 미르재단 보도가 있기 일주일쯤 전인 7월 18일에 『조선일보』는 우병우 수석의 처가가 지난 2011년 게임회사인 넥슨에 1300억원대의 부동산을 매각하는 과정에서 진경준 검사장이 중간 역할을 했다는 의혹을 보도했다.● 박근혜정권이 들어서기 전이었으니 두 사람이 각각 민정수석과 검사장이 되기 전의 일이었다. 넥슨은 이 땅을 이듬해에 팔았지만 금전적으로는 손해를 본 불리한 거래였다. 진경준은 박근혜정부 들어서 검사장급으로 승진해 법무부 출입국본부장을 맡고 있었으나 2016년 봄에 불거진 넥슨 비상장 주식 불법차익 사건으로 물러났고, 뇌물 혐의로 구속되었다. 미공개 정보를 이용해서 넥슨의 비상장주식에 투자해 120억원의 불법차익을 얻은 대표적인 검찰비리 사건이었다. 그런데 진경준이 이 사건이 불거지기 전에 승진하는 과정에서 우병우 민정수석이 진경준의 비리의혹을 눈감아준 게 아니냐는 게 『조선일보』의 문제제기였다. 청와대 민정수석실의 업무가 고위 공무원을 인사검증하는 것인데, 우 수석이 진경준의 비리의혹을 몰랐을 리 없다는 취지였다. 그러니까 과거에 처가의 부동산 거래를 매개해준 것에 대한 대가 아니냐는 의혹이었던 것이다. 당연히 관련 기사와 속보들이 타 언론에서도 쏟아져 나왔다.

● 「우병우 민정수석의 처가 부동산… 넥슨, 5년 전 1326억원에 사줬다」 『조선일보』 2016.7.18.

물론 박근혜정부도 이미 그전부터 가만있지 않았다. 그해 6월에 검찰에 '부패범죄특별수사단'이 꾸려져 이른바 대형비리를 수사하겠다고 하더니 8월에 그 타깃이 대우조선해양 사장 연임로비 사건임이 드러났다. 여기에는 로비스트인 박수환 뉴스커뮤니케이션스 대표와 '유력일간지' 및 '유력언론인'이 등장하는데 그것은 『조선일보』와 그 신문의 송희영 주필이었다. 박수환 대표는 남상태 사장의 대우조선해양으로부터 20억원이 넘는 계약을 따냈고, 송 주필은 남상태 사장의 연임을 돕기 위한 칼럼을 썼다는 것이었다. 새누리당 김진태 의원은 8월 29일 기자회견을 통해 송 주필의 이름을 공개하며 『조선일보』에 대한 공격의 선봉에 나섰다. 이른바 '호화요트 접대' 등의 문구가 등장했다. 결국 바로 다음 날 『조선일보』는 송 주필의 사표를 받았다. 박수환과 송희영 둘 다 항소심까지 가는 송사 끝에 2020년 1월 모두 무죄 판결을 받긴 했지만, 그 판결에 대한 논란도 여전히 남았다.

당시 『조선일보』는 위축된 것이 틀림없어 보였다. 김진태 의원의 실명공개 이후 이틀 동안에 송 주필 사표수리와 사과문 게재까지 숨가쁘게 이어간 『조선일보』는 9월 1일자 사설에서 "정권이 다 (조선일보에) 달려들었다"고 주장했다. 그리고 미르재단이든 케이스포츠재단이든 후속보도는 중단됐다. 가장 가까운 사이인 줄 알았던 최대 보수신문은 보수집권세력에 의해 '부패언론'이 되었고, '척결대상'이 되었다. '조선'이 시작은 해놓고 철퇴를 맞아 확전을 하지 못하는 상황이 계속되었다. 그런데 엄밀하게 따져보자. '조선'이 정말 '시작'한 걸까?

[장면 #4] 전야2: '형광등'

"박 전 대표를 보면 빛이 난다… 형광등 100개쯤 켜신 것 같습니다."

"특별히 무슨 관리를 받으시는 것도 있나요?"

2011년 12월 1일 종합편성채널들의 개국 날, TV조선의 진행자들은 당시 박근혜 전 한나라당 대표를 스튜디오에 불러놓고 그렇게 말했다. 화면의 자막은 "형광등 100개를 켜놓은 듯한 아우라"였다. 이를테면 나는 두가지에 놀랐다. 하나는 유력 대선주자를 개국 첫날 불러서 저렇게 말할 수 있다는 것에 놀랐고, 또 하나는 그것이 어떤 은유도 아닌, 정말로 그의 피부를 보고 한 말이라는 것에 놀랐다고나 할까. 나는 내 눈과 귀를 의심했지만, 그것은 실제였다.

그랬던 보수언론이 왜 박근혜정부를 공격했을까? 개국 일성으로 '형광등 100개의 아우라'라는 찬사를 바치며 그를 치켜세웠던 '조선'은 왜 그토록 박근혜정부와 척을 지게 되었을까? 『미디어오늘』의 기자 정철운은 "박근혜정부는 보수세력과도 권력을 공유하지 않았"던 데에서 그 원인을 찾았다(앞의 책 40면). 권력을 가진 자나 집단은 원래 그 권력을 '공유'하려 하지 않는 것이 당연하다. 같은 권력의 카르텔 안에서 '공생'한다면 모를까. 정철운의 분석에 따르자면 『조선일보』를 비롯한 보수언론은 이미 박근혜정부의 집권 초부터 이전 정부와는 다른 환경 속에 있었다. 보수언론을 상대로 벌인 끊임없는 소송전이 그랬고, 정보 분배에서 특혜도 없었

으며, "지면(紙面) 권력을 이용한 조중동의 우회적인 '인사 청탁'이
거의 먹히지 않았다"는 것이다. "노무현정부는 조중동의 여론 통
제를 거부했지만, 박근혜정부는 조중동을 아예 무시했다"는 것이
정철운의 분석이었다(같은 책 32~33면). 어찌 보면 박근혜정권은 모
든 언론에 '공평'하게 권위적이었으며, 그것이 박근혜정부 초기부
터 권력 카르텔 내의 정치권력과 언론권력 사이에 감돌았던 전운
(戰雲)의 원인이었다는 것이다.

　그런 전운 속에서 국정농단 보도의 효시(嚆矢)는 '조선'이 아닌
다른 언론에서 나왔다. 그것은 '조선'과 청와대의 갈등이 구체화되
기 훨씬 전이었다. 2014년 11월 27일에 『세계일보』가 단독으로 쓴
「정윤회 '국정개입'은 사실」이라는 기사였다. 정윤회는 최순실의
남편이었으며 정유라의 아버지이기도 하다. 박 대통령의 측근 중
의 측근으로 이른바 문고리 3인방(정호성, 안봉근, 이재만)을 천거했다
고 알려지기도 했다. 2000년대 초반부터 박근혜의 총재비서실장,
입법보좌관 등을 지내기도 했지만, 그는 늘 베일에 가려진 듯한
인물이었다. 그즈음부터 말 목장을 운영했다 하니 그의 딸 정유라
가 승마선수가 된 것은 우연이 아닐 것이다.

　『세계일보』는 청와대 공직기강비서관실의 감찰보고서를 입수
해 소문으로만 떠돌던 정윤회의 국정 개입이 사실이라고 보도했
다. 이 보고서에 따르자면, 정윤회가 문고리 3인방을 비롯한 청와
대 내외의 인사들 10명과 정기적으로 만나며 청와대와 정부의 동
향에 대한 의견을 나눴다는 것이다. 이른바 '십상시'(十常侍, 중국 후
한 말 권력을 휘두른 환관들을 칭한다)란 별칭으로 세상에 알려진 사건이

었다. 당시에 나왔던 '김기춘 비서실장 교체설'이 바로 이들에 의해 만들어진 루머라고 이 보고서는 말하고 있었다. 지금 더불어민주당의 조응천 의원이 당시 이 문서 작성을 주도한 공직기강비서관이었다. 그러니까 적어도 민간인 비선의 국정개입 의혹은 최순실 이전에, 그의 남편이었던 정윤회까지 거슬러 올라간 것이다. 내연하고 있던 보수언론들과 박근혜정부의 갈등은 이 사건으로 이미 균열이 시작됐다고 봐야 할 것이다.

이 장면의 시작에서 던진 '보수언론이 왜 박근혜정부를 공격했을까'란 질문을 다시 가져와보자. 내가 보기엔, 아니 정확하게는 티치너 교수의 가설에 의한다면, 언론의 경비견 모델이야말로 그 답을 얻는 데 가장 적절한 분석틀이 될 것이다. 가드독, 즉 경비견으로서의 언론은 이미 그 자신이 기득권 세력으로서, 체제 내의 정치권력에 끊임없이 외부로부터의 위협을 알리고, 경우에 따라서는 (자신의 이익이 걸려 있는) 체제의 유지를 위해 그 정치권력을 공격할 수 있다는 것. 즉, '지배세력 내의 부조화에 의해 그 갈등이 정치화'된 경우인 것이다. 이제 박근혜정부로는, 이미 기득권의 체제 내에 들어와 있는 보수언론도 안전하지 않다는 것을 안 이상, 그 위험요인에 대한 공격은 계속된 것이다. 이 장의 첫 장면에서 언급한 경비견 모델의 6가지 역할 및 행태를 상기해주시길.

다시 정철운 기자의 표현을 빌리자면 "보수언론은 기득권 동맹에서 박근혜를 퇴출시켰다"(같은 책 19면).

[장면 #5] 전야3: '배신'

아마도 결정적인 것은 2016년 4월 총선이었을 것이다. 박근혜 정부는 세월호참사 이후 민심을 잃어가고 있었고, 내내 공천 파열음으로 시달렸다. 특히 그 전해에 있었던 당시 유승민 새누리당 원내대표와 청와대 간의 갈등은 '지배세력 내의 부조화'를 세상에 내놓고 알린 사건이기도 했다. 2015년 4월 8일 국회 교섭단체 대표 연설에서 유 원내대표는 박근혜 대통령의 '공약가계부'를 전면 부정하고 나왔다. 그는 "(공약을) 더 이상 지킬 수 없다"고 말했고, 한발 더 나아가 "증세 없는 복지는 허구"라고 주장했다. '공약가계부'는 2013년 5월 31일에 발표된 것으로, 박근혜정부의 140개 국정과제 이행을 위해 세입확충, 세출절감 등 재원마련 계획을 설계한 정책이다. 이에 들어가는 돈이 모두 134조 8천억원인데, 국민으로부터 직접적으로 세금을 걷는 것이 아니라 세입확충을 통해 50조 7천억원, 세출절감을 통해 81조 1천억원을 마련한다는 내용이었다. 이 '공약가계부'가 나온 지 1년 반 만에 집권 여당의 원내대표가 직접 나서서 부정해버린 것이었다.

이 연설은 반대편인 야권으로부터 칭송을 받았다. 그 바람에 그에겐 '배박'(배신한 친박)이란 수식어가 따라붙었고, 이 '배신'이란 표현은 박 대통령이 직접 사용하기도 했다. 유승민 원내대표는 박 대통령에게 공개적으로 사과했지만 소용없었다. 당내의 친박과 비박, 혹은 반박 간의 갈등은 극대화되었다. 보수언론들은 이런 분란을 보며 박 대통령의 리더십에 대해 불안감을 느꼈을 터였다.

집권당 내부의 이런 갈등은 그해 6월 국회법 개정안으로 다시 정점으로 향했다. 개정안은 정부의 시행령이 법률과 배치될 경우 과거엔 '국회가 그 내용을 정부기관에 통보하도록' 했던 것을 '국회가 내용의 수정·변경을 요구할 수 있도록' 바꾸었다. 국회 권한이 강화된 것이다. 박 대통령은 6월 25일 여야 합의로 넘어온 이 개정안에 거부권을 행사했다. 그리고 이를 합의해준 여당의 유승민 원내대표를 몰아붙였다. 사실상 사퇴를 압박한 것이었다. 다음 날인 6월 26일, 조선, 중앙, 동아는 일제히 사설 등으로 대통령이 너무 일방적이라고 비판하고 나섰다.* 박 대통령을 중심으로 한 집권세력에 대한 보수언론의 의구심 혹은 불안감은 이제 돌이키기 어려운 국면으로 넘어갔다.

그런 상황에서 다음 해에 치러진 4·13 총선의 결과는 여당의 입장에선 참담했다. 새누리당 122석, 더불어민주당 123석, 국민의당이 38석이었다. 당초 장담했던 과반은커녕 원내 1당을 야당인 더불어민주당에 넘겨줬다. 더불어민주당은 호남 출신들이 당내 불화로 대거 국민의당으로 넘어가면서 호남을 잃었지만, 수도권을 거의 다 차지했다. 총선 결과는 박근혜정부가 레임덕으로 들어가는 관문이 되었다. '지배세력 내의 부조화'는 점차 극에 달했다. 보수언론들은 이 부조화를 적극적으로 '정치화'시켰다. 그 과정이 예를 들면 앞선 '장면3'에서 다룬 '전야1'인 셈이다.

• 「여야에 날 선 비판 퍼부은 대통령, 국회만 탓할 자격 있나」 『조선일보』; 「거부권 사태, 파국으로 흘러선 안 된다」 『중앙일보』; 「'배신의 정치', 국민이 대통령과 국회에 할 말이다」 『동아일보』.

이상이 평자들이 정리하고 분석한 것에 나의 생각을 얹어놓은 국정농단 보도의 기원이다. 즉, '지배세력 내의 부조화'를 분석의 근간에 두면 그 기원은 좀더 멀리, 깊게 자리잡고 있었다는 것이다.

그러나 이런 분석도 따지고 보면 그저 현상적인 것에 기초했을 뿐이다. 나는 국정농단 사태와 이어진 보도의 가장 본질적인 기원은 따로 있다고 생각한다. 바로 세월호참사다. 정권 초부터 비극은 시작되고 있었던 것이다. 세월호참사는 시민사회의 뿌리 깊은 곳까지 깊은 상처를 남기면서 대중의 각성을 촉구했다. 그 결과의 하나로 기성 언론들은 '기레기'라는 별칭으로 상징되는 불신의 대상이 되었다. 훗날 촛불집회에서 시민들이 가장 크게 외친 것도 세월호와 '7시간'으로 상징되는 박근혜정권의 무능이었다.

2014년 4월 16일에 일어난 이 비극은 한국의 현대사를 바꿔놓은 분수령이었다. 그 거대한 변화의 흐름 속에서 정권의 부침(浮沈)은 사실 한 장면 정도에 지나지 않을지도 모른다. 한 정권의 패망과 또 다른 정권의 출현은 단지 그 흐름 속의 필연적인 한 과정이었을 뿐이다. 그러므로 세월호 이후에 정권 내에서 불거져나온 갖가지 모순들을 누가 먼저 보도했는지 따지는 것은 부질없는 일이다.

[장면 #6] 전야4: "오장육부"

'조선'이 송희영 주필 건 등으로 침묵에 들어갔을 때, 국정농단 보도의 장을 열어간 언론은 『한겨레』였다. 『한겨레』는 상대적으로 집권세력의 반격으로부터 자유로웠기에 '조선'이 물러난 싸움터에 거리낌 없이 뛰어들 수 있었을 것이다. 그리고 이 장에서 말해온 어젠다 키핑의 관점에서 보자면, 보수언론이 중단한 어젠다를 진보언론이 이어간 흔치 않은 사례가 되기도 하였다.

『한겨레』의 관련 보도는 2016년 9월 20일에 나왔다. '조선'의 침묵 이후 3주일 가까이 지난 시점이었다. 『한겨레』는 '조선'이 "정권이 다 달려들었다" 운운하며 보도를 접었던 바로 그날, 즉 9월 1일에 특별취재팀을 꾸려 한달 가까이 재계, 스포츠계 등을 다각도로 취재해서 그 결과물을 내놓았다. 이 단독 기사에서 『한겨레』는 "미르와 K스포츠는 지난해 10월과 올해 1월 재벌들이 800억원에 가까운 거금을 내 만든 것"이며, "취재 결과 박근혜 대통령의 비선실세인 최순실 씨가 재단 설립과 운영에 깊숙이 개입한 정황이 드러났다"고 보도했다. 동시에 이 재단들이 얼마나 박 대통령의 보살핌을 받았는지를 "대통령의 각별한 애정… 해외순방 때 동행하는 미르와 K스포츠"란 제목의 기사에 담았다. 무엇보다도 최순실이란 존재에 대한 증언이 눈길을 끌었다. 이 신문은 청와대 관계자의 말을 빌려 "권력의 핵심실세는 정윤회가 아니라 최순실", "문고리 3인방은 생살이고, 최순실은 오장육부", "생살은 도려낼 수 있지만, 오장육부는 목숨"이라고 보도했다.

그렇게 해서 이날은 최순실이란 이름이 본격적으로 지상(地上)에 올라온 날이 되었다. 그것도 매우 처절한 비유로.

[장면 #7] '정모 양'

『세계일보』가 정윤회의 국정개입 의혹을 처음으로 보도하기 7개월쯤 전이었다. 2014년 4월 8일. JTBC는 이제는 아무도 기억하지 않는 단독 보도를 냈다. 「정윤회 씨 딸 출전 승마대회, 이례적 경찰 수사… 왜?」였다. 이 보도는 모두 3개의 관련 리포트로 나갔다. 첫번째가 당시 야당이었던 새정치민주연합 안민석 의원의 국회 대정부 질문 내용이었다. 그는 박근혜 대통령의 최측근인 정윤회 씨가 자신의 딸을 국가대표로 만들기 위해 승마계에 개입했다는 의혹을 제기했다. 그는 정씨의 딸이 마사회 소속 선수들만 쓸 수 있는 마구간을 사용하는 특혜를 받았다고도 주장했다. 그날의 보도에는 모두 '정모 양'으로 나왔지만, 바로 정유라였다.

JTBC의 단독 보도는 위의 리포트 바로 다음에 이어졌다. 그보다 전해인 2013년 4월에 열린 전국승마대회 마장마술 부문에 정유라가 출전해 2위를 차지했는데, 그때 1등을 차지한 선수가 특혜를 받았다는 의혹이 불거져 경찰이 수사에 착수했었다는 내용이었다. 그 선수와 정유라는 라이벌 관계였고, 이 때문에 정윤회 측이 수사의뢰를 한 게 아니냐는 추측이 나왔다는 것이었다. 이런 문제로 수사까지 간 것 자체가 이례적이었다. 경찰은 이 건을 가지고 무려 넉달이나 수사했지만, 결국 손에 쥔 건 없었다. 이미 1년이나 지난 사건이었으나 우리는 이 보도를 키우기로 했고, 리포트 2개에 이어 기자를 출연시키기까지 했다. 당시 50분짜리 「뉴스9」이었던 시절에 모두 7분 가까운 시간을 이 사건에 집중했다. 박근혜정부 초기 서슬이 퍼렇던 그 시기에 정윤회는 일종의 금기어였지만, 취재를 하다보면 뭔가 얘기가 이어질 것 같아서였다.

그러나 더 이상의 무엇이 나오기 힘든 스토리였을까? 그로부터 며칠 동안, 관련된 얘기가 더 없느냐고 담당 부서를 채근했지만 소득은 별로 없었다. 쥐어짠다고 기사가 나오는 것도 아니었다. 승마협회 이슈에 국한돼 있는 한 더 이상의 진척은 있을 수 없다는 것을 그때는 알지 못했다. 그때 만일 우리가 그 어젠다를 더 깊고 길게 가져갈 수 있었다면, 정윤회와 정유라, 최순실, 승마, 이화여대 등으로 엮인 질곡의 문턱을 넘어 들어갈 수 있었을까? 그러기엔 우리의 안목이나 문제의식이 모자랐는지도 모르겠다. 그리고 변명일지 모르겠지만 그럴 겨를도 없었다. 며칠 후 세월호가 바다에 잠겼다. 정윤회와 정유라는 잊혀졌다. 그들의 부인이자 어머니인 최순실의 존재는 당시의 우리로선 알 수 없었다.

그러나 악연은 필연이었을까? 그로부터 2년 반 뒤인 2016년 10월, 마침내 우리는 최순실의 존재를 그의 태블릿PC 속에서 발견해냈다. 아마도 언론 역사에서 가장 극적인 발견 중의 하나로 기록될 그 스모킹건은 우연에 의한 것이 아닌, 세월호참사 보도, 즉 집요했던 어젠다 키핑이 가져온 결과물이기도 했다. 10월 18일, 그것을 증명해줄 증인이 우리에게 문을 열어주었다.

[장면 #8] 게이트키퍼

"그걸 어디서 입수했다는 거지?"

장면3으로부터 좀 멀리 돌아왔다.

"우리 기자가 최순실과 관련 있는 '더블루케이'라는 회사를 찾아가봤는데, 이미 이사 갔고 거기 남아 있던 책상 속에 있었답니다. 거기 청와대에서 흘러나간 연설문이 다 들어 있습니다."
"근데 그 태블릿PC가 최순실 거라는 걸 어떻게 알게 된 건가?"
"그 안에 기록에 다 남아 있습니다. 본인 셀카 사진도요."
"확인을 더 해봐야 하지 않나?"
"저희가 눈에 띄지 않는 장소 한군데를 빌려서 계속 분석을 하려고 합니다."

그날 이후 모두 7명의 기자가 회사 근처 호텔방을 빌려 분석에 들어갔다. 철저한 보안이 필요했다. 호텔 측에서는 방 하나에 장정 같은 남자들이 모여서 며칠 밤을 지내니 혹시 정보기관 사람들이 아닌가 의심했다는 얘기도 들렸다. 물론 같은 보도국 내에서도 비밀을 유지했다. 여간해선 밤에 잠이 오지 않는 법이 없는 나도 그날은 여러 생각이 겹쳤다. 나는 그 태블릿PC를 보지 못했고, 일선에서 취재한 기자들과 논의하지 않았으며, 단지 담당 취재부서장과만 얘기하고 있었다. 사실 나는 늘 그런 편이었다. 내가 개입되면 왜곡되거나 위축될 수도 있다는 점 때문에 가능한 한 자율에 맡겼고, 문제가 생기면 최종적으로는 내가 책임을 지는 구조였다. 그전에 정부나 대기업과 대립각을 세우는 모든 보도에서 그랬다.

그런데 이번에는 대립각 정도가 아니라 정권에 치명상을 입힐 수 있는 내용이었다.

태블릿PC를 발견한 다음 날인 10월 19일에 최순실게이트를 취재해온 기자 심수미가 「뉴스룸」에 출연했다. 태블릿PC를 보도한 것이 아니라, 박 대통령의 연설문을 최순실이 자주 고쳐줬다는 고영태의 증언을 전하기 위해서였다. 고영태는 케이스포츠재단에 관여한 인물이고 최순실의 최측근이었는데, 그 이름이 그날 처음으로 뉴스에 등장한 것이었다. 그날 「뉴스룸」은 1부에서만 국정농단과 관련된 리포트를 무려 12개나 냈다. 뒤이어 2부에선 업데이트 형식으로 속보를 전하고, '최순실게이트, 시작부터 어디까지 왔나'를 정리했으며, '팩트체크'와 '비하인드 뉴스'까지도 전부 최순실 관련 아이템으로 채웠다.

그러나 그날 뉴스의 가장 핵심은 고영태가 증언한 최순실의 대통령 연설문 고치기였다. 심지어는 '그게 취미'라는 증언까지 나왔다. 이미 태블릿PC라는 결정적 증거물을 확보하고 있었지만, 고영태의 증언은 이를 뒷받침해줄 수 있는 내용이었다. 청와대는 '봉건시대에나 있을 수 있는 일'이라고 일축했다. 청와대에서 인정할 것이라고는 우리도 생각하지 않았다. 그러나 우리는 이미 확실한 '팩트'를 가지고 있었고, 상대방의 반론에 따라 하나씩 하나씩 단계별로 그 팩트를 풀어 반론에 반론을 하는 방식을 취했다. 이걸 두고 "상대 대응에 따라 대처하는 '신개념 보도'"라는 평도 있었다지만 (설진아, 앞의 책 286면) 우리로선 한꺼번에 풀어놓을 경우 생기는 리스크를 줄이는 방법이기도 했다. 그것은 정부에 비판적 보도를 해온 JTBC 입장에서 갖게 된 조심성이기도 할 것이다. 그리고 이런 방식의 보도가 결과적으로 어젠다 키핑에 상당히 효율적인 방법이 되기도 했다.

물론 심 기자의 그날 보도가 갑자기 고영태나 미르재단 관계자를 만나서 나온 얘기는 아니었다. 『한겨레』가 9월 들어 최순실을 세상에 드러내고 취재를 이어가고 있을 때, JTBC는 그보다는 조금 늦게 9월 말쯤 탐사팀을 중심으로 특별취재팀을 만들어 가동했다. 취재는 주로 미르재단과 케이스포츠재단 등에 집중되었다. 자연히 청와대와 최순실, 최의 최측근이었던 공연 연출가 차은택, 그리고 재단에 돈을 댄 재벌 등을 상대로 이어졌다. 모두가 나중에 국정농단의 결정적인 고리로 밝혀진 인물들이었다. JTBC 기자들은 재단 관련자들을 대부분 찾아다녔고, 심수미 기자가 고영태를 만난 것도 뉴스에 등장시키기 훨씬 전인 10월 5일이었다.

취재 성과가 본격적으로 나오기 시작한 10월 들어서 「뉴스룸」에는 거의 매일 최순실과 재단이 관련된 뉴스가 톱 군(群)으로 올려졌다. 그다음은 정유라의 이화여대 특혜 입학 관련 뉴스가 하루에도 몇개씩 올라갔고, 뒤이어 당시 백남기 농민 사망사건이 주요 뉴스로 다뤄졌다. 그 와중에 송민순 전 외교부 장관의 회고록이 주요 사건으로 등장하기도 했다. 노무현정부 말기에 UN의 북한 인권결의안 표결 때 참여정부가 북측에 의견을 물어본 후 기권했고, 당시 청와대 비서실장이었던 문재인 전 더불어민주당 대표가 개입했다는 내용이었다. 이 회고록은 한동안 큰 파장을 몰고 왔다. 하지만 우리는 그것이 박근혜정부의 전형적인 프레임 바꾸기라고 봤다. 그 프레임에 따라 공영방송들을 비롯한 모든 방송들이 온통 송민순 건으로 뉴스를 덮었을 때도 JTBC 뉴스의 주된 아이템들은 최순실게이트였다. 내가 보기엔 어젠다를 바꿀 상황이 아니었다. JTBC의 최순실게이트에 대한 취재는 본격적인 궤도에 오른 지 오래였다. 그 어떤 사건도 이 흐름을 바꿀 수 없다는 걸 알고 있는 상황에서 곁가지에 힘을 쓴다는 건 있을 수 없었다. 정철운 기자의 조사에 따르면 10월 14일부터 17일까지 메인뉴스에서 '송민순 회고록'보다 '최순실 비선실세 의혹'을 더 많이 보도한 방송사는 JTBC뿐이었다(정철운, 앞의 책 193면). 특기할 만한 것은 국정농단 보도를 시작했다고 운위되는 TV조선도 그 기간에 보도한 송민순 건이 19건이고, 최순실게이트 건은 불과 4건이었다.

송민순 건의 막바지였던 10월 17일에 JTBC는 결국 미르재단 의혹과 관련해 「미르 운영은 차은택, 그 뒤엔 '회장님' 최순실」이라는 단독 기사를 내보냈다. 바로 다음 날엔 「K스포츠 설립 전 회사 창설… 개인 돈벌이 정황」이라는 단독 보도로 쐐기를 박았다. 세간과 언론의 관심을 다시 최순실의 재단들로 돌려놓는 보도였다. 그리고 바로 그다음 날 우리는 태블릿PC를 손에 넣은 것이었다. 그 태블릿PC로 통하는 문의 열쇠를 가진 사람, 즉 게이트키퍼는 「뉴스룸」의 열혈 시청자였다.

[장면 #9] 스모킹건

2016년 10월 18일 '더블루케이'를 찾아간 기자는 김필준이었다.

그해 1월에 갓 입사한 새내기 기자였다. 이제 수습이 떨어지고 몇 개월 지나지도 않았을 때였다. 나는 입사 면접 당시의 그를 기억 하는데, 뭐랄까… 순진한 말투에 안경 너머로 선한 눈빛을 보내오 는 젊은이였다. 그가 입사 1년도 되지 않은 시점에 언론사(史)에 남 을 '최순실 태블릿PC 발견'의 주인공이 될 줄 누가 알았을까. 더구 나 그는 그 태블릿PC의 암호까지 우연히도 단번에 풀어낸 천운의 주인공이기도 했다. 지금부터는 그 믿기 어려운(그러나 사실 그대 로인) 발견의 기록이다. 이는 김필준 기자의 보고를 토대로 한 것 이다. 대화체로 등장하는 장면들도 보고 내용을 옮긴 것이며, 이렇 게 하는 이유는 그간 허황되고도 집요한 태블릿PC 조작설이 끊이 지 않았기 때문이다. 여기에는 객관적 사실만 옮길 뿐, 당시 김 기 자의 느낌이나 개인적 생각은 묻거나 옮기지 않았다. 이 책의 다 른 장면에서도 말했지만 그것은 훗날 당사자가 남겨야 할 몫이다.

그날 아침 일찍 김필준 기자는 『경향신문』의 기사를 접했다. 최 순실 모녀가 독일에 '비덱'이라는 유령회사를 차려놓고 국내 대기 업 돈 80억을 끌어들이려 했다는 내용이었다.• 동시에 독일과 한 국에 비덱과 같은 목적의 비밀회사인 더블루케이를 차려놓고 재 벌들의 돈을 끌어 모으는 창구로 썼다는 것이었다. 이 더블루케이 의 실무 책임자가 바로 앞선 장면에서 최순실의 연설문 고치기를 증언한 고영태였다. 알려진 대로 '박근혜 핸드백'의 주인공이기도 하다. 물론 이들 회사의 표면상 목적은 '스포츠 인재 발굴 및 육성'

• 「K스포츠 '대기업 80억' 요구 사업, 독일의 '최순실 모녀회사'가 주도」·「대기업 돈, K스포츠 통해 '최순실 모녀회사'로 유입 정황」, 『경향신문』 2016.10.18.

이었다. 당시 독일 현지 취재는 『경향신문』과 『한겨레』가 집중하고 있었기에 이들 두 신문이 꽤 많은 정보량을 갖고 있었다. 나는 이들이 한창 독일에서 취재하고 있을 때 공교롭게도 독일을 거쳐 가는 경로로 늦은 여름휴가를 갔었고, 이것이 나중에 많은 오해의 출발점이 되었다. 그 얘기는 뒤에 쓰기로 한다. 특별취재팀을 맡고 있던 손용석 기자는 곧바로 김필준 기자에게 강남에 있던 더블루케이 사무실을 찾아가보라고 지시했다. 보도에는 이미 한달도 더 전에 문을 닫은 것으로 돼 있었지만 뭔가 단서가 남아 있을 수 있다고 본 것이다.

김 기자가 더블루케이를 찾아내 도착한 것은 당일 아침 9시쯤이었다. 일단 4층에 있던 사무실 위치를 확인하고 내려와 건물 관리실을 찾은 것이 9시 16분이었고, 거기서 만난 관리인이 바로 노광일 씨였다. 앞선 장면들에서 '문을 열어준 사람'이라고 했던 그야말로 JTBC의 태블릿PC 보도가 있게 한 장본인이었다. 노광일 씨가 그날 김필준 기자에게 더블루케이의 문을 열어주지 않았다면 태블릿PC는 아마 세상에 나오지 않았을지도 모른다.

"4층에 계신 분들 이사 가셨나요?"
"네, 더블루케이…"
"언제쯤 나가셨나요?"
"9월 10일인가?"
"어디로 이사를 간 건가요?"
"그런 건 얘기 안 했지요."

『경향신문』이 9월 10일에 더블루케이가 문을 닫았다고 쓴 것은 맞는 얘기였다. 그날 아침 첫 만남에서의 대화는 길지 않았다. 김 기자는 4분여의 대화에서 기본적으로 확인해야 할 내용들을 노광 일 씨에게 물었으나 그가 모든 걸 아는 것은 물론 아니었다. 그는 더블루케이 사무실을 나와서 회사에 보고한 후 오전 10시 10분쯤 다시 방문해 노씨를 만났다.

"비상연락망이 있나요?"
"왜 그러시는데요?"
"비상연락망 통해서 번호를 확인하려구요."
"그건 제가 알려드릴 수가 없잖아요."
"알려달라는 게 아니라 확인만 해달라는 거지요."
"아니, 선생이 누구신지도 모르고…"
"저는 JTBC 기자거든요. 더블루케이와 인터뷰하려고 했는데 연락이 안 돼서 찾아온 거거든요."
"JTBC 기자 맞아요?"

대화에서 보듯이 노광일 씨는 김필준 기자에게 처음부터 호의적인 것은 아니었다. 이 두번째 만남에서 JTBC 기자라는 신분을 밝힌 뒤 분위기는 급반전되기 시작했다. 이 대화에서 박헌영 등이 이 사무실에 자주 들렀고, 고영태는 거의 매일 출근했다는 얘기도 나왔다. 박헌영은 알려진 바와 같이 케이스포츠재단과 더블루케이에 모두 관계된 실무자로 주로 최순실의 지시를 받은 인물이었다. 그 역시 후에 태블릿PC에 대해 증언했고, 「뉴스룸」에 출연해 나와 인터뷰하기도 했다. 말솜씨가 조리 있고 거침이 없었던 것으로 기억한다. 노광일 씨는 김필준 기자의 신분을 확인한 후에는 수차례 JTBC 보도에 대한 호의를 나타냈다고 한다. 그는 신문들을 믿지 않으며, 뉴스는 아예 JTBC만 본다고까지 말했다.

"혹시 사무실 안에 좀 들어가볼 수 있을까요?"
"뭐가 없을 건데…"

JTBC 기자에 대한 호의를 확인한 후 김 기자는 그렇게 물어봤고, 노광일 씨는 흔쾌히 응한 것이었다. 두 사람은 엘리베이터를 타고 올라가는 동안 최순실, 정유라, 그밖에 그 사무실에 드나들었을 법한 사람들에 대한 대화를 나눴다. 그 와중에도 김 기자는 혹시 다른 언론사 기자들이 찾아올 것에 대비해, 이 모든 사실을 절대 비밀로 해달라고 부탁했다. 노광일 씨 역시 건물주가 있는 관리인의 입장에서 조심스러울 수밖에 없었지만, 이것이 사회적 공익을 위한 일이라는 명확한 인식을 갖고 있었던 것 같다. 또한 JTBC가 아닌 다른 언론에는 협조하지 않겠다는 약속도 잊지 않았다.

10시 30분에 두 사람은 이제는 아무도 없는 사무실의 문을 열었다. 들어서자마자 김필준 기자의 눈길을 끈 것은 사무실 안에 덩그러니 남겨진 사무용 책상이었다. 왜 그들은 그 책상만을 남겨두고 떠났을까. 아마도 급히 떠나는 바람에 그랬을 것이다. 그래서인지 떠날 때 서랍 안을 다 확인하지 못했던 것이 틀림없었다. 그 서랍 안에 바로 태블릿PC가 들어 있었던 것이다. 그렇게 해서 국정 농단의 스모킹건은 JTBC의 신참 기자 손에 의해 세상으로 나왔다. 다만, 오랫동안 쓰지 않아 배터리가 소진된 상태였고, 당장은 충전기가 없으니 그 내용을 확인할 수 없었다. 회사에 발견 사실을 보고하고 태블릿PC를 챙겨 나온 것이 오전 10시 50분. 그로부터 4시간 반이 지난 오후 3시 30분쯤에 김 기자는 서비스센터에서 충전기를 구매했다. 그사이에 그는 박헌영을 만났고, 더블루케이에서 경리를 담당했던 직원을 만나 주변 취재를 마친 상태였다.

충전기를 구입한 오후 3시 30분 이후 6시까지 두시간 반 동안 김 기자는 태블릿PC에 들어 있는 내용들을 확인하고 이를 촬영해 근거물로 남겼다. 6시 20분에 노광일 씨를 다시 만난 그는 문제의 태블릿PC에 대해 '다양한 내용들이 많더라' 정도로 얘기하고 다시 서랍 안에 넣어둔 채 일단 철수했다. 그리고 이틀 뒤인 10월 20일에 다시 더블루케이 사무실을 찾아가 태블릿PC를 재입수한 뒤 특별취재팀 기자들과 함께 본격적인 확인 작업에 들어간 것이었다. 그 이틀 사이에 노광일 씨가 다른 언론에는 협조하지 않겠다는 약속을 지킨 것은 물론이다. 이 태블릿PC는 「뉴스룸」에서 그 내용을 처음으로 보도하기 20분 전인 10월 24일 오후 7시 40분쯤 검찰에 제출되었다.

태블릿PC와 관련된 많은 가짜뉴스와 음모론에서 입수 경위를 의심하고 있지만, 지금까지 얘기한 것이 오로지 유일한 팩트이다. 또한 그 태블릿PC를 입수해서 어떻게 열어봤는지를 놓고도 의심의 눈초리들이 있었다. 그것은 앞서 잠깐 말했지만 천운에 속하는 일이었다. 김필준 기자가 평소에 휴대폰에서 쓰는 암호 패턴이 L 자형이었는데 최순실 태블릿PC의 암호 패턴도 같은 L자형이었던 것이다. 김 기자는 충전기를 연결한 뒤 반쯤은 습관처럼, 그러니까 딱히 다른 패턴을 떠올릴 겨를 없이 자신이 사용하던 패턴을 그린 것일 테다. 그 순간에 비밀의 문은 열린 것이다. 만일 그 기자가 김필준이 아니었다면, 그 문은 끝까지 열리지 않았거나 훨씬 후에 열렸을 것이다. 어쩌면 그 과정에서 그냥 '별것 없겠지…' 하고 내버려뒀을지도 모를 일이다. 그랬다면 역사는 어떤 길을 걸었을까.

사족1

노광일 씨와는 시간이 훨씬 더 흘러 박근혜 당시 대통령에 대한 탄핵 결정이 난 이후에 처음으로 통화했다. 그가 나에 대해 호의를 갖고 있다는 것을 전해 들어 알고 있었지만, 모든 과정이 끝나기 전에는 문자든 통화든 자제했다. 특별한 이유가 있는 것은 아니었다. 그렇게 하는 것을 그도 원할 것 같았다. 그도 더블루케이의 문을 우리에게 열어준 이후 수없이 많은 고초를 겪었다. 검찰 조사도 받아야 했고, 재판에 증인으로도 나가야 했으며, 신변의 위협을 받기도 했다.

전화기 너머로 들려온 그의 목소리는 매우 침착하고 안정돼 있었다. 그 어떤 과장이나 호들갑도 없는, 그야말로 단단하고 담백한 사람이었다. 나는 그런 단단함이 그 이후의 커다란 사회적 변화를 이끌어낸 것이라고 믿게 되었다. 우리는 짧은 통화에서 세월호 얘기를 했고, 태블릿PC가 가져온 변화를 얘기했다. 그 외에는 그보다 더 짧았던 안부인사 정도였던 것으로 기억한다.

나는 노광일 씨와의 통화 이후, 태블릿PC는 우리가 운이 좋아서 발건한 것이 아니라는 생각을 다시 한번 하게 되었다. 그것은 박근혜정부 내내 대부분의 언론들이 자의건 타의건 정부 비판에 인색했을 때, 힘들게 'No'라고 했던 지난했던 과정의 결과였다. 특히 세월호참사에 대한 보도를 미련하도록 지켜낸 결과였던 것이다.

사족2

노광일 씨는 2017년 10월 24일, 태블릿PC 보도 1년이 되던 날 나와 처음으로 인터뷰했다. 그때도 여전히 '조작설'이 끊이지 않아, 그는 이를테면 증인으로 인터뷰에 응했던 것이다. 나는 "노광일 씨가 저희 기자한테 열어준 더블루케이 사무실 문은 국정농단 사태의 실체로 들어가는 진실의 문"이었다고 했고, 그는 "정말 우연치 않은 게 이렇게 크게 돼서 벅차고 감격스럽다"고 했다. 그날도 그는 매우 침착했으며, 군더더기가 없었다.

[장면 #10] 사망한 백남기 농민이 태블릿PC 보도를 늦추다

"오늘 내도 될 것 같습니다."
"오 총괄은 뭐라지?"
"내는 데에 이상 없을 것 같답니다."

2016년 10월 21일 금요일 오후에 담당 취재부서장은 태블릿PC를 보도해도 문제없다고 보고해왔다. 태블릿PC를 발견한 지 사흘째 되는 날이었고, 아예 회사로 가져와 근처 호텔에서 집중 분석한 지 하루 만이었다. 적어도 그 내용을 볼 때 의심의 여지가 없다는 것이었다. 그러나 만약의 경우를 생각하지 않을 수 없었다. 보도총괄 오병상의 의견을 재차 확인한 것도 그 때문이었다. 오 총괄은 작은 체구에 온화한 성격이지만 판단이 빠르고 담대한 면이 있었다. 내가 부임했을 때 보도국장이었고, 수년 동안 크고 작은 일을 함께 겪은 사이였다. 「뉴스9」에서 「뉴스룸」으로 개편했을 때, 메인뉴스로선 처음으로 100분 뉴스를 제안하고 관철시킨 것도 그였다. 나는 아무리 복잡한 사안도 그만큼 짧은 시간에 이해하기 쉽게 정리해서 설명하는 사람을 보지 못했다. 그래서 마지막으로 오 총괄의 의견을 물어봤던 것이다. 하지만 그때 나는 한걸음만 더 쉬었다 가기로 했다.

"그래? 근데 오늘 금요일인데 주말 사이에 무슨 변수가 있을까?"
"없을 겁니다. 어차피 태블릿PC는 저희가 확보하고 있는 거니까요."
"그러면 월요일에 내자구. 그전까지 더블체크 해보고. 만에 하나라도 문제 생기지 않도록 계속 확인해줘."

그렇게 해서 그 주말에 기자들은 귀가하지 못하고 호텔방을 지켰다. 태블릿PC 안에서 발견한 것들에 대한 더블체크를 지시했지만 사실 그럴 필요도 없을 정도로 명확하긴 했다. 그럼에도 시간을 좀더 끈 데에는 또 다른 이유도 있었다. 기왕이면 주초인 월요일에 보도를 시작해 그 흐름을 이어가겠다는 생각은 내가 아니더라도 누구든 할 수 있었을 것이다. 그보다 내 머릿속에 있었던 것은 고 백남기 농민이었다.

백남기 농민은 그 전해인 2015년 11월 14일에 '민중총궐기 집회'에서 정부를 향해 쌀 수매값을 올리겠다고 한 공약을 이행하라고 요구하다가 물대포를 맞았다. 그날 이후 그는 서울대병원 병상에서 무려 317일을 혼수상태로 있다가 2016년 9월 25일 사망했다. 막 최순실게이트가 열리던 시점이었다.

백남기 농민의 사인(死因)을 두고 그가 병상에 누워 있는 내내, 그리고 그가 사망한 뒤에도 끊임없이 왜곡 시도가 계속됐다. 그가 쓰러지고 닷새 뒤인 2015년 11월 19일에 열린 김수남 검찰총장 인사청문위원회에서 새누리당 의원들은 한 극우 사이트에 올라온 시위대 폭행의혹을 들고나왔다. 당시 '뉴스타파'가 찍은 집회 영상에는 '빨간 우의'를 입은 사람이 경찰의 물대포를 맞고 백씨 쪽으로 쓰러지는 장면이 담겨 있었다. 그런데 극우 사이트에서 그것이 시위대가 백씨를 폭행한 증거라고 주장한 것이다. 새누리당의 일부 의원들이 이를 근거로 같은 주장을 하며 철저하게 수사하라고 나섰다. 그리고 그가 사망하자 서울대병원 측은 사인을 '병사'로 기재해 사인 왜곡 논란을 일으켰다. 원사인이 '외상성 경막하출혈'로 돼 있는데도 불구하고 사망 종류를 '병사'라고 한 것이었다. 이 논란을 바탕으로 경찰은 부검을 하겠다고 검찰에 신청했고, 법원은 부검영장을 발부했다. 부검 이후에 사인이 물대포와 상관없는 것으로 나올 가능성을 모두가 우려했다.

「뉴스룸」은 사건이 발생했던 날 이후 열흘 동안 모두 16개의 리포트로 이 문제를 다뤘다. 그 가운데에는 백남기 농민의 딸인 백도라지 씨와의 인터뷰도 포함됐다. 11월 24일에 박근혜 대통령은 백씨가 참가했던 집회를 "불법·폭력사태"로 규정했다. 사건은 가라앉아갔다. 우리의 어젠다 키핑은 역부족이었다.

이 이슈가 다시 지상으로 올라온 것은 다음 해인 2016년 8월 말이 돼서였다. 세월호 유가족들과 백남기 농민 유가족이 더불어민주당사를 점거하고 진상을 규명하라며 농성에 들어갔을 때였다. 「뉴스룸」은 9월 들어 '물대포 타깃 최초 시연 영상'을 단독으로 보도했다. 그러고는 백남기 농민 사망일이었던 9월 25일부터 다시 한번 취재역량을 사망원인에 집중했다. 국가폭력에 의해 시민이 사망했다면 그것은 당연히 어젠다 키핑의 대상이라고 봤다. 민주언론시민연합(민언련)은 그해 9월 '이달의 좋은 방송보도, 나쁜 방송보도'에서 JTBC의 보도를 '좋은 방송보도'로 꼽았다. 『오마이뉴스』가 낸 분석 기사를 인용한다.

국가폭력의 책임을 은폐하기 위해 사인을 왜곡하는 상황에서 방송사들은 충격적일 정도로 침묵을 지켰다. 사인 왜곡 의혹은 커녕, 백 농민 사망 이후 진행되는 일련의 사태조차 방송사들은 보도하지 않았다. 이런 상황에서 JTBC만이 매일 보도를 내면서 끈질기게 검경과 서울대병원의 사인 왜곡 의도를 드러냈고, 검찰이 애초부터 물대포가 아닌 다른 사인을 만들어내려 했음을 보여주는 단독보도를 하기에 이르렀다. JTBC의 9월 백남기 농민 관련 보도량은 타사를 압도한다. 사망 당일인 25일부터 30일까지 6일간, JTBC는 무려 19.5건을 보도하면서 평균적으로 하루 3건 이상의 보도량을 보였다. 이는 같은 기간 고작 1건을 보도한 MBC나 3~4건에 그친 KBS, SBS 등은 물론 TV조선과 채널A의 6~7건보다도 3배에 가까운 수치다.[•]

민언련과 『오마이뉴스』는 백남기 농민 사망 이틀 뒤인 9월 27일에 「뉴스룸」이 방송한 「사망원인 다른 의견 강조하라」를 가장 결정적인 보도로 보았다. 당시 경찰이 처음 청구했던 부검 영장은 법원에 의해 기각된 후였다. 그런데 검찰이 재청구를 경찰에 지시하면서, 백남기 농민의 사인으로 물대포가 아닌 다른 의견도 있다는 것을 강조하라고 했다는 것이었다. JTBC가 검찰의 수사지휘서를 입수해 이를 공개한 것이다. 그때까지도 검찰은 예의 '빨간 우의 시위자'를 염두에 두고 있었고, JTBC는 검찰이 사인을 왜곡하려는 의도가 있다는 의혹을 검찰의 문서로 내보인 것이었다.

다른 방송사들은 10월 들어서도 침묵을 지키던 중에 JTBC만이 이를 어젠다 키핑하면서 보도를 이어갔다. 10월 29일 경찰이 더 이상 부검 영장을 신청하지 않기로 포기한 날까지 모두 41개의 리포트를 쏟아냈다. 대부분 사인 규명 문제와 서울대병원의 의료기록, 부검 문제 등에 대한 리포트들이었다. 그러는 사이에 10월 24일이 오고 있었던 것이다. 특히 10월 22일과 23일로 이어지는 주말은 경찰의 강제부검이 결국 실시되느냐로 서울대병원에 이목이 집중되고 있었다. 나는 그보다 앞서 우리의 태블릿PC 보도가 나가 그

[•] 「백남기 씨 부검보도, JTBC와 TV조선의 차이」, 『오마이뉴스』 2016.10.23.

의 억울한 죽음이 가려지는 것을 원치 않았다. 그래서 기왕이면 그 주말을 보내면서 지켜본 후 우리 보도를 시작할 생각이었다.

주말 동안 나는 누구에게도 태블릿PC에 대해 얘기하지 않았다. 가족에게도 마찬가지였다. 토요일에는 1년에 한번씩 모이는 팬클럽 모임에 나갔고, 일요일엔 아무것도 하지 않고 집에만 있었다. 내 주변의 모든 것은 그냥 그렇게 평온하게 흘러갔다. 그 일요일은 그 이후로 이어진 길고 긴 질풍과 노도의 날들을 앞둔 마지막 휴일이었다.

사족

백남기 농민은 결국 부검 없이 장례식을 치렀다. 서울대병원은 백남기 농민이 사망한 지 9개월이 지난 그다음 해 6월 15일에 그의 사망 종류를 '병사'에서 '외인사'로 수정하고 유가족에게 사과했다. 매우 이례적인 일이었다. 그러나 따지고 보면 더 이례적인 것은 당초에 엄연한 '외인사'를 '병사'로 기록한 것이었다.

[장면 #11] 폭발

2016년 10월 24일 월요일 오후 편집회의가 끝난 뒤 회사를 나와 상암동 길을 걸었다. 평소 같으면 저녁 「뉴스룸」에 나갈 기사들을 살펴보거나 '앵커브리핑' 원고에 매달려 있을 때였다. 30분 정도 걸었던 것 같다. 그 전날부터 갑자기 기온이 내려갔지만, 낮 동안에는 선선한 전형적인 가을날이었다. 다음 날부터는 비가 예보

돼 있었고… 머릿속은 비어 있는 것 같았다. 태풍 전야의 고요함, 아니면 태풍의 눈 속에서 느끼는 평온함 같은 것이었을지도 모르겠다. 오래전 어느 선배가 내게 했던 말이 생각났다.

"방송장이가 제일 방송이 잘될 때가 어떤 때인 줄 알아? 약간 우울할 때야. 너무 우울해도 안 되고, 너무 기분이 좋아도 안 돼."

무슨 말인지 알 것 같았다. 그래야만 더 침착할 수 있고, 더 정서적으로 안정될 수 있다는 말로 들렸다. 생각해보면 그날의 내가 그랬다. 그것은 아마도 어찌 됐든 '비극'을 보도해야 한다는 사실 때문이었을 것이다.

그날 모든 뉴스의 톱은 '개헌 추진'이었다. 박근혜 대통령은 그날 시정연설을 통해 자신의 임기 내에 개헌안을 마련하겠다고 공표했다. 대통령이 임기 후반으로 가면서 개헌을 추진한다니 공허한 얘기로 들렸다. 더구나 그 개헌안을 청와대가 주도해서 만들겠다는 것이었다. 당시의 정치적 상황이 정상적이었다면 그 발표에 더 무게가 실렸을 것이다. 그러나 그때는 이미 최순실게이트가 가파르게 능선을 타고 오르고 있었고, 백남기 농민 사망 등 곳곳에서 정권에 경고음이 터져 나올 때였다. 순전히 국면 전환만을 염두에 둔 듯한 개헌 추진에 그리 믿음이 가지 않았다. 나는 개헌을 톱으로 할지 최순실 태블릿PC 건을 톱으로 할지 잠시 고민했다. 그러고는 그날의 '헤드라인 뉴스'에는 태블릿PC 건을 톱으로 올리고, 런다운의 톱에는 개헌을 올리기로 했다. 우선 「뉴스룸」은 시작부터 시청자들의 접촉도가 높은 것이 아니라 차차 올라가는 경향을 보여서, 가능하면 많은 시청자들이 들어와 있을 때 태블릿PC 건을 보도하자는 생각이었다. 그러나 '헤드라인 뉴스'에 태블릿PC 건을 톱으로 올려놓음으로써 우리가 그 보도를 사실상 톱으로 정했다는 것을 알리고, 사람들이 그 뉴스를 기다려주기를 바랐다. 또한 태블릿PC에 대한 보도가 시작되는 순간 앞서 나간 개헌 관련 뉴스는 완전히 묻혀버리리라 예측했다.

그렇게 해서 개헌 관련 뉴스가 모두 네 꼭지로 나간 다음 마침내 최순실의 태블릿PC 리포트를 꺼내 들었다. 그것은 흔히 스모킹건이라고 불리긴 하지만, 박 대통령에게는 마치 판도라 상자의 뚜껑을 여는 것과 같았을 것이다.

앞서 전해드린 것처럼 지금부터는 이른바 청와대 비선실세로 지목된 최순실 씨 관련 소식을 집중 보도하겠습니다. 지난주 JTBC는 최순실 씨의 최측근이라고 하는 고영태 씨를 취재한 내용을 단독으로 보도해드렸습니다. "최순실 씨가 유일하게 잘하는 것이 대통령 연설문을 수정하는 것이다"라는 내용이었는데요. 이 내용을 보도하자 청와대 이원종 비서실장은 "정상적인 사람이면 믿을 수 있겠나. 봉건시대에도 있을 수 없는 얘기다"라고 말했습니다. JTBC가 고씨의 말을 보도한 배경에는 사실 또 다른 믿기 어려운 정황이 있기 때문이었습니다. JTBC 취재팀은 최순실 씨의 컴퓨터 파일을 입수해서 분석했습니다. 최씨가 대통령 연설문을 받아봤다는 사실을 확인할 수 있었습니다.

그런데 최씨가 연설문 44개를 파일 형태로 받은 시점은 모두 대통령이 연설을 하기 이전이었습니다.

이 앵커 멘트를 시작으로 「최순실 PC 파일 입수… 대통령 연설 전 연설문 받았다」「발표 전 받은 '44개 연설문'… 극비 '드레스덴'까지」「국무회의 자료·첫 지방자치 업무보고도 사전에…」 등 무려 8개의 리포트가 집중되었다. 기자들의 스튜디오 및 중계 출연도 3번이나 포함됐다. 거기서 그치지 않고 2부에서도 기자 출연까지 포함해 4개의 리포트가 추가됐다. '팩트체크'에서는 「잠적 최순실, 국내 송환 가능?」까지 짚었으니 그날 뉴스는 거의 태블릿PC 관련이었던 것이다. 이 뉴스에 들어간 시간만 30분 가까웠다.

그러나 그것은 말 그대로 단지 시작이었다. 엄청난 양의 속보가 이어지리라는 것은 누구나 짐작할 수 있는 일이었고, 그것은 비단 JTBC만이 할 일도 아니었다. 모든 언론이 달려들 것은 자명했다. 뉴스가 나가는 동안 이미 세상은 폭발하고 있었다.

사족

그날의 '엔딩곡'은 언더그라운드 가수인 '안녕하신가영'의 「우울한 날들에 최선을 다해줘」였다. 앞에 말했던 대로 나는 '약간 우울'했다. 그리고 그 가사에서 눈에 들어왔던 부분은 "예감했던 일들은 꼭 그렇게 되는지…"였다.

존경하는 국민 여러분, 최근 일부 언론보도에 대해 국민 여러분께 제 입장을 진솔하게 말씀드리기 위해 이 자리에 섰습니다. 아시다시피 선거 때는 다양한 사람들의 의견을 많이 듣습니다. 최순실 씨는 과거 제가 어려움을 겪을 때 도와준 인연으로 지난 대선 때 주로 연설이나 홍보 등의 분야에서 저의 선거운동이 국민들에게 어떻게 전달됐는지에 대해 개인적인 의견이나 소감을 전달해주는 역할을 하였습니다. 일부 연설문이나 홍보물도 같은 맥락에서 표현 등에서 도움을 받은 적이 있습니다.

취임 후에도 일정 기간 동안은 일부 자료들에 대해 의견을 들은 적도 있으나 청와대의 보좌체계가 완비된 이후에는 그만두었습니다. 저로서는 좀더 꼼꼼하게 챙겨보고자 하는 순수한 마음으로 한 일인데, 이유 여하를 막론하고 국민 여러분께 심려를 끼치고 놀라고 마음 아프게 해드린 점에 대해 송구스럽게 생각합니다. 국민 여러분께 깊이 사과드립니다.

박근혜 대통령은 태블릿PC 보도가 나간 바로 다음 날 담화문을 내고 국민들에게 사과했다. 의외였다. 추이를 더 지켜보거나 반론을 편 것이 아니라 바로 다음 날 대국민 사과를 할 줄은 예상하지 못했다. 돌이켜보면 이미 이 사과문 하나로 사태는 반전이 불가능한 방향으로 흘러가고 있었다. 그는 왜 그렇게 서둘러 사과문을 냈을까. 혼자 결정한 것이 아니라면 그의 참모들은 왜 거기에 찬성했을까. 나는 그것이 '공포' 때문이었다고 생각한다.

박 대통령은 우리가 확보한 그 태블릿PC에 무엇이 더 들어 있을까를 당연히 알지 못했을 것이다. 그나마 그것을 사용했던 최순실은 알아야 했지만 사람의 기억에는 한계가 있는 법이고, 그래서 그 내용물들이 잘 기억이 나지 않았다면 그는 아마도 더 커다란 공포에 빠졌을 것이다. 후에 밝혀진 일이지만 우리의 보도가 나간 바로 그날 밤에 프랑크푸르트의 최순실과 청와대 간의 통화기록이 열번 이상이나 되었다. 아마도 태블릿PC에 대해 어떻게 대처해야 할지 논의했을 것이다. 결국 다음 날 JTBC가 어떤 보도를 추가로 내놓을지 모르는 상황에서 일단 대국민 사과를 하는 것이 그나마 가장 현명한 대응이라고 판단했을 것이다. 이 모든 추론이 사실과 반대라 해도 마찬가지였다. 만일 최순실이 태블릿PC에 남아 있는 내용을 대부분 기억하고 있었다면 그것 역시 두 사람에게는 '공포'의 이유가 되었을 것이다. 물론 어느 쪽 추론이 맞는지는 본인들만 아는 일이다.

최순실은 이런 공포를 다른 사람과의 통화에서도 드러냈다. 그해 12월 14일과 15일에 더불어민주당 박영선 의원은 국회 국정조사 청문회에서 최순실과 국내 지인과의 통화 목소리를 공개했다. 태블릿PC가 보도되고 사흘 후인 10월 27일에 있었던 케이스포츠재단의 노승일 부장과의 통화였다. 이젠 유명해져버린 그 통화 목소리는 당시의 다급함을 고스란히 담아내고 있었다.

"지금 큰일 났네… 그러니까 고(영태)한테 정신 바짝 차리고 개네들이 이게 완전 조작품이고 애네들이 이거를 저기 훔쳐가지고 이렇게 했다는 것을 몰아야 되고, 이성한이도 아주 계획적으로 하고 돈도 요구하고 이렇게 했던 저걸로 해서 하지 않으면, 분리 안 시키면 다 죽어."

마음이 급해서였는지 대명사가 워낙 많이 등장하지만 그게 무엇을 지칭하는지는 정황상 쉽게 알 수 있는 대화였다. '개네'와 '애네'가 JTBC임은 말할 것도 없었다. 다른 무엇보다도 '큰일 났네'로 시작해 '다 죽어'로 끝나는 상황 설명이 인상적이었다. 이 통화 내용은 당시 '태블릿PC 조작설'이 난무하던 시기에 그 조작설이 얼마나 허황된 것인가를 알려주는 결정적인 정황 증거가 되었다. 조작과 은폐를 시도한 것은 오히려 최순실 쪽이라는 사실이 드러난 것이다. 통화 사흘 뒤인 10월 30일에 최순실은 귀국했고, 다음 날 긴급 체포되었다. 나는 박 대통령의 첫 담화문과 최순실의 통화 목소리에 태블릿PC 첫 보도 직후의 곤혹, 당황, 혼란, 그리고 공포가 모두 담겨 있다고 보았다.

박근혜 대통령은 두번의 담화문을 더 내었다. 11월 4일에 '검찰 조사 및 특검을 수용한다'는 발표가 나왔고, 11월 29일에는 '진퇴 문제를 국회 결정에 맡기겠다'는 내용이었다. 그러나 첫번째 담화문으로 대통령으로서 그의 운명은 이미 결정된 것이나 다름없었다.

첫 담화문이 나온 날, 기분은 여전히 약간 우울했다. 대체 그 보도를 해놓고 신이 날 사람이 어디 있겠는가? 엄청난 특종을 했으니 그럴 만하지 않겠느냐고? 맹세코 그렇지 않았다. 그날 나는 보도국 기자들에게 단체 메일을 보냈다.

어제 이후 JTBC는 또다시 가장 주목받는 방송사가 돼 있습니다. 채널에 대한 관심은 곧바로 구성원에 대한 관심으로 이어집니다. 겸손하고 자중하고, 또 겸손하고 자중합시다.

만나는 모든 이들에게 그렇게 해야 합니다. 취재현장은 물론이고, 길 가다 스쳐 지나는 사람들에게까지도… 사실 이건 가장 신뢰받는 뉴스로 꼽힐 때부터 하고 싶은 말이었습니다. 저 자신이 잘 실천하고 있는지 모르겠으나 JTBC맨이라면 이젠 당연히 그렇게 해야 합니다.

보는 눈 많고, 듣는 귀도 넘쳐나니 언제든 시빗거리가 있으면 엄청나게 큰 반발로 우리를 덮쳐올 것입니다. 게다가 금주 들어 내놓고 있는 단독보도들은 사람들을 속 시원하게 하는 면도 있지만 동시에 깊이를 알 수 없는 자괴감에 빠지게도 하는 내용들입니다. 우리는 본의 아니게 사람들에게 치유하기 어려운 상실감을 던져주고 있기도 한 것입니다.

그러니 우리의 태도는 너무나 중요합니다.

[장면 #13] '저널리즘을 위해 운동을 할 수는 있어도…'

2016년 10월 29일 저녁, 북악산 너머 내가 사는 동네까지 함성소리와 노랫소리가 들려왔다. 동네 집들의 축대와 산언덕에 부딪혀 들려오는 그 소리를 들었다. 태블릿PC 보도가 나간 10월 24일 월요일 이후 그 주말, 그러니까 10월 29일부터 촛불집회가 본격적으로 점화되었다. 그다음 해 박 대통령 탄핵 이후인 3월 25일까지 21차례 이어진 주말 촛불집회의 서막이었다. 2008년 광우병 촛불집회 때 광화문에서 들려오는 「임을 위한 행진곡」 소리를 청와대 뒷산에 앉아서 들었다는 이명박 당시 대통령의 얘기가 얼핏 떠올랐다. 내가 사는 동네는 그 산을 넘어 훨씬 더 뒤편이니 그 함성과 노랫소리는 멀리도 달려온 것이었다.

촛불집회에 대해선 수많은 기록과 분석과 감상이 남아 공유되고 있으므로 여기에 그 경과를 상세히 적진 않는다. 특히 나는 뉴스 앵커라는 처지상 집회장에 어떤 정치적 입장을 가지고 나갈 수는 없었다. 그것은 평소 내 신조인 '저널리즘을 위해 운동을 할 수는 있어도, 운동을 위해 저널리즘을 하진 않는다'는 주장과 닿아 있었다. 가능하면 내 시야에 들어온 일들을 적는다는 이 책의 취지로 볼 때도 내가 보지도 못한 집회상황을 자세히 옮길 필요는 없어 보인다. 그러나 전혀 나가지 않은 것은 아니었다. 뉴스 진행자로서는 집회 상황을 잠깐이라도 직접 겪어보는 체험도 필요했고, 뉴스 책임자로서는 현장을 취재하는 JTBC 기자들을 격려하는 일도 필요했다. 그때마다 나는 촛불집회 쪽도 가보았고, 이른바 태극기집회에도 가보았다. 믿기 어렵겠지만 양쪽 집회 모두에서 나를 알아보는 사람은 없었다. 공교롭게도 집회가 열리는 주말마다 서울에는 미세먼지가 엄습했다. 그래서 어두운 밤에 모자와 마스크를 쓰고 나가면 서로가 누구인지 알아보기가 어려웠던 것이다. 지금부터 적는 것은 다른 책들에서 정리하고 분석한 것과는 다른,

촛불집회와 관련한 나만의 감상과 고민이다.

촛불집회를 말하면서 미세먼지로 시작하는 건 좀 뜬금없을지 모르지만, 나는 집회기간 내내 정말로 미세먼지를 걱정했다. 집회가 계속됐던 그해 가을부터 다음 해 봄까지 희한하게도 주말이면 어김없이 미세먼지가 뿌옇게 달려들었다. 전체 21차례의 촛불집회 가운데 공기가 좋았던 날은 단 하루도 없었다. 그나마 '보통'이었던 날이 닷새였고, 나머지 열여섯 날이 모조리 '나쁨'이거나 '매우 나쁨'이었다(서울시 대기환경정보 자료). 그러니까 결과적으로 보면 그 험한 공기를 뚫고 사람들은 집회에 참여해 세상을 바꾼 것이었다. 그 과정에서 나는 혹시 미세먼지에 대한 나의 걱정이 집회 참가자의 규모와 연관된 건 아닌지를 생각하곤 했다. 그건 저널리스트의 영역은 아닐 테니까.

당연히 참가인원 수에 대한 보도도 고민거리였다. 일일이 세보지 않고서야 참가인원을 알 수 없지 않은가. 게다가 그 인원의 일부는 들락날락하기 때문에 연인원으로 세야 하는데 그것도 현실적으로 불가능했다. 또한 어디까지를 집회인원으로 보느냐도 기준을 잡기 어려웠다. 광장에 있는 사람과 골목에 있는 사람이 구분되는 상황도 아니었다. 주최측 추산과 경찰 추산은 늘 차이가 나서 논란거리였다. 고육지책으로 광화문광장의 면적을 계산하고 평당 몇 사람 정도가 있는지를 센 다음에 곱하기를 하는 방법도 동원되었다. 1987년 시민항쟁 때 시청 앞 광장에서 썼던 방법이었다. 물론 이런 고민은 쓸데없는 것이긴 했다. 광장은 말 그대로 광장이었으므로… 100만이든 200만이든 숫자보다도 참여한 시민들에게 중요한 것은 그 광장에서 경험한 '자각(自覺)의 교감'이었을 것이다. 그럼에도 집회인원 수를 어떻게 보도하느냐에 따라 반응은 엇갈렸다.

'저널리즘을 위해 운동을 할 수는 있어도, 운동을 위해 저널리즘을 하진 않는다'는 내 나름의 오랜 주장은 집회기간 동안 내가 진행했던 「뉴스룸」의 앵커 멘트와 리포트, 각 코너에서도 늘 시험대에 올랐다. '앵커브리핑'의 예를 들어본다. 태블릿PC를 보도했던 날로부터 박근혜 대통령이 탄핵되던 날까지 평일 「뉴스룸」이 있던 날에는 거의 거르지 않고 국정농단을 주제로 '앵커브리핑'을 냈다. 세어보니 모두 72개였다. 그날그날의 소재는 다를 수 있었지만, 같은 주제로 72개가 나갔으니 지금 생각하면 그게 어떻게 가능했나 싶기도 하다. 그 내내 혹시라도 '앵커브리핑'이 어떤 정치적 목적을 가지고 광장에 나온 이들을 독려한다든가 하는 오해를 받지 않으려 했다. 비록 '앵커브리핑'이 앵커의 생각을 담는 에디토리얼(editorial)이라는 성격을 가진 코너이긴 했지만, 그럴수록 그것은 상식과 공감을 필요로 하는 것이었다. 촛불집회가 본격화되기 전인 10월 27일에 낸 '앵커브리핑'의 일부다.

언론에 넘쳐나는 사적이고, 때로는 선정적으로 보이는 문제는, 저희들이 늘 그랬던 것처럼 뉴스룸에서 다루지 않았습니다. 그것이 보다 더 실체에 접근하는 길이라 생각했습니다.

그리고 저희들의 마음도 역시 어둡습니다.

뉴스와 절망을 함께 전한 것은 아닌가.

허락하신다면 마무리는 다음과 같이 하겠습니다.
'땅끝이 땅의 시작이다.'
함부로 힘주어 걷지만 않는다면 말입니다.

　　　　　　　　　—「'막장'… 그러나 '땅끝이 땅의 시작이다'」 중에서

그러나 이렇게 신중하게 접근해도 아예 정치적 목적을 가지고 정반대로 해석해버리는 경우도 있었다. 2016년 12월 9일 대통령 박근혜에 대한 탄핵안이 국회에서 가결된 날, 그리고 그로부터 한 달 뒤인 2017년 1월 11일의 '앵커브리핑'이 그랬다. 나는 이 장의 앞부분에서 적은 대로 그 모든 비극의 시작은 태블릿PC가 아니라 이미 세월호참사에서 비롯됐다고 말했다.

어쩌면 태블릿PC 따위는 필요 없었는지도 모르겠습니다.

(중략)

이 작은 태블릿PC는 엄청난 태풍을 몰고 온 나비효과의 시작은 아니었습니다.

2014년 4월 16일. 시민들의 마음이 그 배와 함께 가라앉던 날.

시민과 다른 시간과 공간 속에서 살고 있었던 그들이 있었습니다.

　　　　　　　　　—「또다시… "뒷일을 부탁합니다"」(2016.12.9) 중에서

문을 닫으면 진공상태와도 같아서 촛불의 함성조차 들리지 않는다는 청와대 관저.

적막한 그곳에서 비상시국에도 '평시'처럼 집무실이 아닌 관저에서 일했다는 대통령.

(중략)

국가는 그렇게 한가로워 보였지만, 이미 3년 전에 사실은 가라앉고 있던 그 배,

즉 대한민국호를 함께 타고 있던 시민들은 직감하고 있었다는 것.

시민들은 이 고통스러운 결과를 이미 보고 있었다는 것.

(중략)

그래서 "어쩌면 태블릿PC들 따위는 필요 없었는지도 모릅니다."

—「태블릿PC 따위가 없었을지라도…」(2017.1.11) 중에서

이 '앵커브리핑'은 엉뚱한 파장을 가져왔다. 태블릿PC가 조작되었다고 주장하던 쪽에서 '그것 봐라. 손석희가 애초부터 태블릿PC는 없었다고 고백한 거다'라고 들고나왔다. 그들은 재판에서까지 저런 주장을 늘어놓았으니 기가 막혔다. 문맥을 전혀 이해하지 못했거나, 눈 딱 감고 억지 주장을 하거나 둘 중의 하나였다. 하긴 '앵커브리핑'은 본의 아니게 이상한 해석으로 흘러 억지 주장의 재료가 된 경우가 가끔 있었는데, 그렇게 공격한 사람들은 이른바 '태극기' 쪽만도 아니었다. 진영을 가리지 않았다. 직설적으로 말

하기보다는 비유를 선호하는 '앵커브리핑'의 화법은 그래서 강점이자 약점이었다.

뉴스가 끝나고 나가는 '엔딩곡'도 마찬가지였다. 2부에서 다시 언급할 기회가 있겠지만, JTBC가 국정농단 보도의 중심에 서면서 사람들은 '엔딩곡' 하나하나에까지 의미를 부여하곤 했다. 그럴수록 곡을 고를 때마다 머리를 싸매게 되었다. 이건 혹시 선동이라 하지 않을까? 이건 혹시 억지라고 받아들이지 않을까? 등등. '엔딩곡'이 가능하면 그날의 뉴스 내용을 떠올리게 하자는 의도는 있었지만 그 역시 상식과 공감이 없으면 저널리즘의 영역에 들어오기 힘든 것이었다.

지금에 와서 생각해보면 적어도 합리적인 사람들은 '앵커브리핑'이든 '엔딩곡'이든 들으면서 나름대로 상상하고, 공감하고, 분노하고, 기억에 남기기도 하고, 잊어버리기도 하고 그러지 않았을까. 그러나 세상이 '합리'에 의해서만 돌아가지는 않으므로 그런 고민들도 필요했을 것이다.

[장면 #14] '길라임'이 '길라임 보도'를 늦추다

2016년 11월 7일이 시작되는 둘째 주로 접어들면서 최순실게이트에 대한 보도는 여전히 쏟아졌지만, 뭔가 새로운 폭발력 있는 보도는 나오지 않고 있었다. 그 주의 중반이었던 것으로 기억한다. 담당 취재부서장이 내 방으로 찾아왔다.

"박 대통령이 '차움'을 다니면서 '길라임'이란 가명을 썼다고 합니다."

"길라임? 그게 뭐지?"

"아, 옛날 드라마에 나온 이름입니다. 「시크릿 가든」이라고…"

"아, 그 드라마…"

들으면서 잠시 당황스러웠다. 이 와중에 옛날 드라마가 등장하다니.

"근데 아무래도 본인 이름 쓰기가 좀 꺼려졌나보지?"

"네, 근데 그 정도 차원에서 다룰 문제는 아닌 것 같습니다."

듣고 보니 간단하지는 않았다. 차움은 차병원 계열의 의료시설로 병원과 헬스클럽 등을 운영했다. 치료보다는 피부관리나 두피관리, 건강검진 등이 주목적인 병원이었다. 회원권 가격이 무려 1억 5천만원이 넘는데, 박 대통령은 대통령이 되기 전인 2011년 초부터 이 병원을 이용하면서 '길라임'이란 가명을 썼다는 것이었다. 게다가 VIP 시설을 쓰면서도 비용을 내지 않았다는 증언까지 나왔다. 더 놀라운 것은 대통령이 된 다음에도 여전히 '길라임'이란 가명으로 이 병원을 출입했다는 것이었다.

"약간 고민이네."

"왜요?"

"이거 너무 선정적이잖아."

"네… 그래도 얘기는 됩니다."

"아무튼 일단 좀 미뤄두자고."

　내가 내세운 보도의 네가지 원칙, 즉 '사실, 공정, 균형, 품위' 중의 마지막 것, '품위'에 맞는가를 떠올려보니 답이 잘 나오질 않았다. 일국의 대통령이 드라마 주인공의 이름을 가명으로 써서 불요불급해 보이는 이유로 초고가의 병원을 출입했다면 그건 격에 안 맞는 일이긴 했으나 너무 가십성이 아닌가 생각했던 것이다. 그가 떨어뜨린 자신의 품위와 그것을 다루는 미디어의 품위는 별개일까를 생각해보았다. 그보다 전에 채동욱 당시 검찰총장이 청와대에 반기를 들다가 혼외자 사건이 터졌을 때도, 우리는 그 내용을 거의 다루지 않았었다. 그보다는 채 총장에 대한 정보가 어떻게 새어나왔는지, 즉 권력의 일탈에 더 집중해서 보도한 기억이 떠올랐다. 그 사건의 본질은 거기에 있다고 본 것이었다. 나는 그것이 뉴스의 '품위'와 연결된다고 보았다. 그렇다면 '길라임'은? 그것이 국정농단 사건의 본질과 연결이 되는가? '길라임'을 보도하지 않는다 해서 국정농단을 밝히는 데에 미흡함이 있는가? 이런 망설임이었다.

　내가 결정을 미루면서 또 주말이 지나갔다. 나름 '단독'을 발제한 기자나 부장은, 내가 묻진 않았으나 아마 애가 탔을 것이다. 그사이에 다른 언론사에서 이 사안을 알아냈다면 당시의 분위기로 봐선 당장 보도가 나올 것 같았다. 월요일도 지나고 화요일이 되었다.

"'길라임'은 어떻게 할까요?"

답이 나올 때가 됐는데 안 나오니 그는 월요일까지도 참았다가 화요일이 돼서 물어온 것이었다. 내가 왜 미적거리는지를 알고 있었으므로 아마 그냥 내지 말자고 했어도 받아들였을 것이다.

"오늘 내자고. 근데 그걸 앞세우긴 그렇고 좀 뒤쪽에…"

그렇게 해서 '길라임' 기사는 11월 15일 「뉴스룸」의 13번째 리포트로 나갔다. 주요 뉴스라고 할 수 없는 순서에 배치된 것이었다. 그 기사가 속해 있던 리포트군의 첫 기사는 박 대통령이 취임 이후에도 차움 병원에서 13번에 걸쳐 최순실 자매의 이름으로 주사제 등의 대리처방을 받았다는 것이었다. 두번째 기사는 주사제 수납을 할 때도 최순실 자매 이름으로 했다는 것이었다. 그 뒤에 세번째가 돼서야 "대통령의 코드네임은 길라임"이란 제목으로 기사가 나갔다. 우리가 이 문제를 얼마나 머뭇거리면서 다뤘는지가 기사 순서 배치에서 드러난 셈이었다. 그러니까 그때까지도 '우리가 혹시 국정농단이라는 어젠다 키핑을 위해 선정적인 소재까지 끄집어내는 게 아닐까' 하는 고민이 머릿속에 남아 있었다는 것이다.

그러나 내가 결국 '길라임'을 내는 데에 동의했던 것은 대통령의 주치의를 제쳐두고 비선에 속하는 사람들이 국가안보와 직결되는 대통령의 건강 문제를 다뤘다는 문제제기 때문이었다. 그리고 비용도 자신이 지불하지 않았다면 뇌물혐의가 적용되지 않느

나는 문제제기도 한몫했다. 무엇보다도 내가 지나치게 '길라임'이라는 드라마 주인공의 이름에 묶여서 사안을 가십성으로만 판단했다는 반성도 하게 되었다.

'길라임'은 예상을 뛰어넘는 엄청난 관심을 불러모았다. 실시간 검색어 1위를 하루 종일 차지하고 있었다. 그에 따른 갖가지 블랙코미디성 얘깃거리들이 나왔으나 굳이 여기에 적지는 않는다. 느낌으로는 태블릿PC를 보도했을 때보다 더 크게 관심이 폭발하는 것 같았다. 온 세상이 '길라임'의 시간으로 역주행했다. 보도를 낸 입장에서는 약간 얼떨떨한 느낌도 들 정도였다.

그러나 이 보도가 가져온 파장은 거기서 그치지 않았다. 주사제라 하더라도 그것이 질병 치료가 아닌, 즉 치료 외적인 목적으로 사용됐다는 의구심은 곧바로 '세월호 7시간'과 연결되었다. 그 시간 동안, 혹은 그 직전에라도 대통령이 직무를 떠나 비공식적인 의료행위를 받지 않았느냐는 의혹이 본격적으로 제기되는 계기가 됐던 것이다.

그럼에도 불구하고 이 보도를 낸 날, 나는 어찌 됐든 다시 '약간 우울'했다.

[장면 #15] '판도라의 상자'?

2016년이 다해가던 12월 31일 오전에 독일 프랑크푸르트에 가 있던 기자 이가혁으로부터 전화가 왔다. 현지시간으로는 그 전날 밤이었다.

"선배, 지금 저희는 아우토반인데요."

"아, 그래. 왜 전화했어?"

"뭐 그냥 연말도 됐고 해서 인사나 드리려구요."

"어디 가는 중인데?"

"네, 멀리 좀 갑니다."

"직접 운전하나?"

"네, 카메라 이학진 선배하고 둘이 교대로 하면서 갑니다."

"꽤 멀리 가는 모양이네?"

그러고 나선 서로 새해 복 많이 받으라는 등의 의례적인 새해 인사를 주고받았던 것 같다. 내가 분명히 기억하는 건 저 대화에서 보는 것처럼, 이가혁은 내게도 끝까지 목적지를 밝히지 않았다는 것이다. 내가 받은 느낌으로 그는 그때 약간 들떠 있는 것 같았다. 그래도 목적지를 말하지 않은 것은 뭔가 보안이 필요한 일인가보다라는 생각만 하고 더 이상 캐묻지 않았다. 담당 사장과 평기자 사이라도 서로 금기는 있는 것이고, 나는 그걸 중시하는 편이었다. 짐작건대는 그도 목적지를 무척이나 얘기하고 싶긴 했을 것이다.

그 둘이 향하던 곳은 덴마크의 올보르였다. 북쪽으로 뻗어나간 반도 형태의 덴마크에서 거의 북쪽 끝에 있는 작은 도시. 프랑크푸르트에서 940여 킬로미터, 차로 가면 쉬지 않고 달려도 10시간이 넘게 걸리는 멀고 먼 거리였다. 그곳에 정유라가 있다는 제보

하나만 믿고 그 길을 달리던 중에 내게 전화를 한 것이었다. 덴마크란 나라도 흔히 가보는 곳이 아닌데다가 그 북쪽 끝의 올보르라면 거의 미지의 도시였다. 정유라는 온 나라가 자신과 그의 어머니, 그리고 최고 권력자가 엮인 일로 들끓고 있을 때, 그 모두와 떨어져서 저 멀리 북쪽의 추운 마을에 그의 아이와 다른 세명의 일행과 함께 고립돼 있었다. 자초한 고립이긴 했지만…

　이가혁 기자 일행은 현지시간으로 12월 31일 아침에 올보르의 외곽 지역에 도착해 제보받은 집을 살펴보고 그곳이 정유라 일행의 은신처라는 걸 확인했다. 결정적인 것은 집 앞에 세워져 있던 폭스바겐 밴이었다. 최순실이 재단 관계자에게 구입을 지시했다는 이 차를 프랑크푸르트에서 눈이 빠지도록 찾아 헤매다가 그 멀리 올보르의 집 앞에서 발견한 것이었다. 만 하루가 지나도록 인기척이 없자 다음 날인 새해 1월 1일 오후에 접촉을 시도했지만 문을 걸어 잠그고 창문까지 이불로 가린 채 일절 반응하지 않았다. 결국 취재진은 덴마크 경찰에 신고했고, 경찰들은 오후 4시에 도착해 그 집의 문을 열게 했다. 집 안에서만 4시간이나 조사를 벌인 경찰들은 저녁 8시에 정유라 일행을 연행했다. 정유라는 이미 인터폴에 수배된 상태였다. 그는 커다란 파카를 입고 그 모자로 얼굴을 잔뜩 가린 채 집에서 나왔다.

　새해 첫날 경찰에 전격 체포됐으니 인간적으로는 안된 일이긴 했다. 하지만 이른바 최순실게이트가 모든 사람들의 공분을 사게 된 계기가 정유라의 이화여대 특혜 의혹이었다. 그리고 이대에서 계속된 집회를 꾸준히 현장 취재했던 기자가 이가혁이었다. 정유라와는 가장 악연이었던 셈이다. 무엇보다도 정유라가 국내로 압송된다면 삼성그룹의 승마지원에 대한 특검의 박 대통령 뇌물죄 수사가 본격화되는 것이었다. 공교롭게도 정유라가 올보르에서 체포된 것은 한국의 대통령이 신년 기자간담회에 기자들을 불러 모아 자신은 그동안 제기된 의혹들에 연루되지 않았다고 강변한 직후였다.

다음 날인 2017년 1월 2일은 월요일이자 새해가 본격적으로 시작되는 날이었고, 그날의 「뉴스룸」에선 정유라의 발견과 체포까지 이르는 과정이 대대적으로 다뤄졌다. 그렇게 해서 새해 벽두부터 다시 숨 가쁜 '게이트 정국'이 시작된 것이었다. 그런데 바로 다음 날부터 우리 보도는 잠시 동안의 논란 속으로 들어갔다. '기자가 참여자냐 관찰자냐' 하는 오래된 논쟁이 다시 시작된 것이다. 즉, 정유라의 소재를 현지 경찰에 신고하고, 연행과정을 보도한 것이 언론 윤리에 어긋난다는 문제제기였다. 『미디어오늘』에서 박상현 '메디아티' 이사의 글을 실은 이후 이튿날인 1월 4일까지 네댓 개의 비평기사들이 나왔다.

박상현 이사는 "나는 어제저녁 JTBC가 언론계에서 돌이킬 수 없는 판도라의 상자를 열었다고 본다"며 다소 강한 어조로 글을 시작했다. "기자는 사건을 보도만 할 뿐 개입하지 않는다는 원칙을 명백하게 어긴 것"이며, "그가 시민으로서 신고하기로 했다면 보도를 포기했어야 했다. 그리고 만약 보도하기로 마음먹었으면 끝까지 관찰자로 남았어야 한다"고 주장했다. 마지막으로 그는 "비록 JTBC는 선한 의도로 문을 열었겠지만, 문이 한번 열리면 그

리로 쓰레기가 들어오는 것은 시간문제다"라고 결론지었다.[•]

『미디어오늘』이 시작한 문제제기는『중앙일보』『미디어스』『국
민일보』등에서도 다뤘다. 대부분 논란을 소개하거나 나름대로의
고민을 담아냈는데, 그중에서는『국민일보』의 내용이 좀더 인상적
으로 남았다. 이 신문의 김지방 기자는 JTBC의 보도가 한국기자
협회의 윤리강령 5번 항목, 즉 '우리는 취재활동 중에 취득한 정보
를 보도의 목적에만 사용한다'에 위배되는 것처럼 보인다고 지적
했다. 그러나 동시에 "기자가 취재해야 할 세계는 버라이어티하다.
몇줄로 축약된 윤리강령이란 건 앙상하기 마련"이라며 고민을 토
로하기도 했다. 그는 이런 '참여자 vs. 관찰자' 논쟁에 대표적으로
등장하는 케빈 카터(Kevin Carter)의 퓰리처 수상작「굶주린 어린아
이와 이를 바라보는 독수리」사진을 예로 들기도 하고, 2013년에
있었던 성재기 씨의 마포대교 투신자살 사건을 소환하기도 했다.[••]
김 기자는 결국 "윤리강령은 여전히 유효하지만, 모든 현장과 모든
기자의 판단에 절대적인 기준은 아니"라며, "지금으로선 기자 개개
인의 양심과 자유, 그리고 급변하고 있는 뉴스 시장에서 시시각각
이뤄지는 시민의 판단에 맡겨두는 게 효율적이고 현명해 보인다"
고 맺었다.[•••]

[•] 「경찰에 정유라를 신고한 JTBC 기자, 어떻게 볼 것인가」,『미디어오늘』2017.1.3.

[••] 성재기 씨는 '남성연대' 창립자로 각종 남성인권 운동을 벌이다가 그해 7월 26일에 '퍼포
먼스'라며 마포대교에서 뛰어내렸다. 그러나 사흘 뒤에 시신으로 발견됐다. 현장에는 KBS
기자가 있었다. 그는 성재기 씨가 뛰어내리기 전과 직후에 모두 경찰과 구조대에 신고를 했
다고 밝혔으나, 자살을 방관했다는 비판을 받았다.

[•••] 「JTBC는 언론윤리를 위배했는가?」,『국민일보』2017.1.4.

며칠 동안 이어지는 논란을 보며 나 역시 생각이 많아졌다. 정유라 체포 소식을 전할 때부터 사실은 머릿속 한구석에서는 '나라면 어떻게 했을까'를 떠올리고 있었다. 이가혁 기자는 자신이 상황을 지켜보기만 했을 경우 정유라 일행이 다시 잠적할 가능성을 배제할 수 없었을 것이다. 덴마크 북부의 한적한 도시 외곽 마을에서 영상취재 기자와 달랑 둘이서 무기한으로 자리를 비우지 않고 현장을 지킨다는 것도 불가능했다. 만일 잠시 자리를 비운 사이에 이들이 다른 곳으로 잠적해버렸다면, 그때는 '참여자 vs. 관찰자' 논쟁이 거꾸로 일어났을지도 모를 일이다. 그럼 신고를 안 하고 며칠 더 지켜봤다면 이런 모든 논쟁이 필요 없었을까? 이 책에서 가끔 쓰기는 했지만 이런 '가정법 과거완료'는 늘 허망하다.

이미 레거시 미디어(매스미디어라고 해도 된다)의 저널리즘적 가치가 흔들리고 무너지는 상황에서 이 보도는 또 하나의 화두를 던진 셈이었다. 우리가 원칙이라 부르는 전통적 저널리즘은 아직도 유효한가?

국정농단 정국이 계속되는 동안 이런 갖가지의 '저널리즘적 고민'은 그렇게 늘 나를 지배했다. 다행인지 불행인지 앞으로 내게는 그때만큼의 고민의 기회가 주어지지 않겠지만.

[장면 #16] '조작설'의 시작? "큰일 났습니다. 손석희가 떴습니다"

'손 사장님, 저는 『한겨레』의 김의겸입니다. 혹시 통화가 가능하실지요?'

2016년 10월 13일이었다. 앞서도 말했지만 나는 그 주에 아내와 늦은 여름휴가 중이었다. 목적지는 스위스. 유럽의 다른 곳은 출장이나 휴가 등으로 가봤어도 스위스는 처음이었다. 그런데 스위스로 바로 간 것은 아니고, 독일 프랑크푸르트에 비행기로 도착해 공항에서 차를 빌려 곧바로 내려갔다가 다시 프랑크푸르트로 돌아와 귀국하는 여정이었다. 과거에 잠깐 가본 적이 있는 스트라스부르(독일 국경을 살짝 넘어 프랑스 북동부에 있는 도시)를 차를 타고 다시 들러보고 싶다는 바람도 한몫했다. 김의겸 기자의 문자는 휴가의 후반에 스위스 어딘가에서 받았는데 그 즉시 통화를 하진 못했다. 구체적인 내용이 있는 문자가 아니어서 여행 중에 그만 깜박 잊은 것이었다. 그런데 그 문자로부터 시작된 이후의 상황이 그후로도 오랫동안, 아니 지금까지도 집요하게 이어지고 있는 이른바 '태블릿PC 조작설'의 근원 중 하나가 될 줄은 몰랐다.

휴가에서 돌아온 첫날, 그러니까 태블릿PC를 발견했다는 보고를 받기 하루 전인 10월 17일에 김의겸 기자는 다시 연락을 해왔다. 그는 내게 왜 프랑크푸르트에 갔는지 묻더니 최순실과 만났는지를 궁금해했다. 나는 타사의 기자에게까지 내 휴가에 대해 알려줘야 하나 싶어 좀 건성으로 대답하고 끊었다. 김 기자는 그로부터 보름이 지난 11월 2일에 '오마이뉴스TV' 팟캐스트에 출연해서 이 얘기를 자세히 풀어놓았다. 일부를 옮긴다.

에피소드를 하나 말씀드리자면, 저희가 프랑크푸르트 현지에 가장 먼저 송호진 기자를 보냈습니다. 프랑크푸르트에서 최순실을 찾아라. (중략) 그래서 프랑크푸르트를 열심히 뒤지고 있는데 어느 날 갑자기 송호진 기자가 저한테 연락을 했어요.

"선배, 큰일 났습니다."
"왜?"
"손석희가 떴습니다."
"무슨 소리야?"
"손석희가 지금 프랑크푸르트에 모습을 드러냈다니까요."

딱 그 말을 듣는 순간 손석희 사장이 예전에 세월호사건 때 팽목항에서 직접 마이크를 잡고 있었던 장면이 떠올랐습니다. 그래서 '손 사장이 프랑크푸르트까지 갔으니 이건 분명히 최순실과 인터뷰가 성사된 거다.' 그래서 제가 귀국하자마자 손 사장께 연락을 드렸죠. (중략) 그만큼 저희들이 손 사장을 의식할 수밖에 없는 과정에서 빚어진 에피소드 중의 하나입니다.•

나야 위의 내용이 이미 팟캐스트에 나온 것이니 여기에 옮기지만, 김 기자가 사적이라면 사적인 나와의 통화 내용을 팟캐스트에 나와서 다 공개한 바람에 기분이 그리 좋진 않았다. 그런데 그는 거기서 한발 더 나아갔다. 그것도 오해받기 십상인 방향으로.

• 김의겸 '손석희 브랜드는 컸다, 태블릿PC는 주운 게 아니라 받은 것', 팟캐스트 「장윤선·박정호의 팟짱」 2016.11.2.

"검찰에서는 이 태블릿PC가 마치 독일에서 온 걸로 검찰발 보도가 쭉 나왔었는데요. 또 JTBC는 최순실의 사무실이라고만 했다, 최순실이 쓰던 사무실에서 발견됐다고만 썼다, 어떤 게 진실이냐? 이런 논란이 있기도 했어요."(장윤선)

"저는 사실을 압니다만, 다른 언론매체에서 일어난 일이기 때문에 제가 말하는 것은 예의에 어긋나는 것 같고요. 제가 알고 있는 바로는 국내에서 받은 것이고, 주운 게 아니고 받은 것이다. 그것만은 제가 장담할 수 있습니다. 그리고 그걸… 네, 거기까지 말씀드리지요."(김의겸)

"많은 말씀을 해주셨습니다. 주운 게 아니고 받은 것이다. 여러분 어떤 의미인지 아시겠지요?"(장윤선)

나는 이 방송을 들으면서 귀를 의심했다. 대체 어떤 근거로 우리가 그 태블릿PC를 마치 어떤 의도를 가진 누군가에게 받았다는 식으로 말하는 건가. 그 앞에 진행자가 검찰발 보도라고 한 이른바 '태블릿PC 독일 유래설'도 황당한 얘기였다. 물론 장윤선 진행자는 나도 평소에 잘 알고 지내는 사이였고, 그가 함부로 말을 하는 사람이 아니라는 것도 잘 알고 있었다. 그는 단순히 검찰발로 나온 얘기를 옮긴 것뿐이었다. 하지만 정말로 검찰이 그렇게 알고 있었고, 그렇게 흘렸다면 그건 한국 검찰의 무능을 그대로 드러내는 일이었다. 이 팟캐스트가 나간 뒤에 '조작설'은 더 힘을 얻는 것 같았다. 그 가운데 가장 대표적인 초기의 '조작설' 버전은 이것이었다. 옮기기에 민망한 저급한 내용이지만 이른바 '조작설'의 실체가 어떤 것인지를 나타내는 데에 유용할 것 같아 일단 옮긴다.

이게 참말입니까? 이럴 수가? 신의 한수와 국민의 힘(여기서 '국민의 힘'이라 함은 시점상 지금의 제1야당을 말하는 것은 아니다)이 드디어 진실을 밝혀냈군요. 진정 언론입니다. 타블렛 P∧C는 현직 한겨레 전라도 출신의 김의겸 기자가 청와대 있든 놈들이 조작하여 JTBC에 넘겨 준 것이라고 고백했습니다. 이번에 보니 전라도 분들이 의리가 있는 분들이 많이 있네요. 저도 경상도 출신이지만 경상도 인간들 이번에 보니 참 의리없는 인간들 많지 않습니까? 결국 언론조작의 달인 손석희가 또 하나 만들어 낸 대 국민 사기극임이 밝혀진 것이지요. 저는 처음부터 타블렛 PC는 문서를 보기만 할 뿐 수정기능이 들어있는 한글 프로그램은 돈을 주고 구입해야 하기에 최순실씨가 굳이 돈을 주고 살 리가 없다고 생각했어요. 부자인 최순실씨가 그 나이 먹고 타블렛 사용법까지 배워서 타블렛을 사용할 이유가 없었든 것이지요. 저는 타블렛PC에서 연설문을 수정했다는 것을 보고 조작이라고 판단했습니다. 한겨레 전라도 출신 김의겸 기자가 본인은 사실을 알고 정확히 알고 있지만 다 밝혀 줄 수는 없고 타블렛 PC는 청와대에 있든 사람이 넘겨 준 것이라고 했으니 이게 진실이지요. 기자들은 이미 모든 것이 다 조작인 것을 다 알고 있는데 양심고백을 처음으로 한 것이지요. 이제 이런 조작에 동조한 검찰들을 조져야 합니다. 손석희가 최순실씨가 버린 것을 독일에서 줏은 거러고 했습니다만 진실은 손석희가 국내에서 타블렛 PC를 넘겨 받아 독일로 가서 조작한 것이지요. 10월에 손석희가 10여일 방송을 하지 않은 것이 밝혀졌고 프랑크푸르트 공항에 있었든 것이 사람들에게 목격 되었습니다. 이런 것도 못 밝히는 검찰이 무슨 검찰이겠습니까? 저 같이 일개 국민도 밝힐 수 있는 사실을….

당시 카톡에 돌다가 내게도 왔던 글을 그대로 옮겨놓은 것이다. 맞춤법이나 오자, 비속어 등도 그대로다. 이른바 '태블릿PC 조작설'은 따지고 보면 이런 수준에서 더 나아간 것도 아니다. 대체 '주운 게 아니라 받은 것이다'란 한마디를 가지고 저렇게까지 허위사실이 가지를 칠 수 있다는 게 놀라웠다. 그런 가지들이 뻗어나간 뿌리와 줄기부터가 사실이 아니었으니 가지들이 허위인 것은 당연했다. 문제의 팟캐스트 방송이 나간 것이 11월 2일이었고, 내가 이 글을 받은 것이 11월 28일이었으니까 나는 좀 뒤늦게 알게 된 편이었다. 나는 이 글을 김의겸 기자에게 전해주면서 항의의 뜻도 전달했다.

"팟캐스팅 들었습니다. 태블릿은 주운 게 아니라 받은 것이라고 확신하신다 했는데 이런 지라시들은 그 발언에서 비롯된 것 같습니다. 헌데 받은 것이란 확신은 어떤 근거를 갖고 계신 건지요? 저도 모르는 일을… 미안하지만 그 대목에서 좀 실망했습니다. 결국 이런 지라시로 변질돼서 여론을 흐리고 있네요. 저는 『한겨레』팀의 저널리즘을 존중하고 때로는 경외의 눈으로도 보고 있습니다.

김 팀장의 진정성에 대해서도 늘 듣고 있고 그래서 지금까지는 물론 앞으로도 존중의 마음으로 지켜보게 될 것입니다."

김의겸 기자는 곧바로 답신을 보내왔는데, 그것도 사적인 영역이므로 여기에 그대로 옮기진 않는다. 다만, 자신이 경솔했다는 사과와 함께, 그러지 않아도 악성 지라시들이 돈다는 걸 알고 대응할까 하다가 먹잇감만 던져줄 것 같아서 참아왔다는 것이 골자였다. 『한겨레』 취재팀이 건물 관리인인 노광일 씨를 만나보니 '손 사장을 믿고, JTBC에만 사무실 문을 열어주었다'는 것이고, 그래서 직설적 표현이 아닌 은유적·상징적 표현으로서 '주운 게 아니라 받은 것'이라고 표현했다는 것이었다. 그렇다면 그는 그 방송에서 최소한 '주운 게 아니라 받은 것이나 마찬가지'라고 했어야 했다. 아무튼 나는 더 이상 문제제기를 하진 않았다. 사실 『한겨레』 팀은 '최순실'이란 이름을 처음으로 공개 거명한 팀이었고, 최순실 게이트 취재에 전력투구해왔는데, 우리가 먼저 태블릿PC를 보도하면서 서운하고 억울한 측면도 있을 것이었다. 게다가 자신들이 최순실을 찾기 위해 동분서주했던 독일 프랑크푸르트에 나는 기껏 공항에만 들른 후 돌아와 곧바로 태블릿PC를 보도했으니 속이 많이 쓰렸을 것이다. 그래도 김의겸 기자는 그런 심정을 내게 솔직하게 말했고, 사과도 깨끗하게 했다.

사실 돌이켜 따져보면 김의겸 기자의 발언에 모든 책임을 지울 수는 없다. 태블릿PC를 인정하고 싶지 않은 축에서는 그게 아니었어도 어떻게든 시빗거리를 찾아냈을 것이다. 그것은 그 이후의 상황이 증명해주고 있다. 태블릿PC 입수 경위에 대한 음모론은 그 버전이 하도 많아 나도 다 알지 못한다. '손석희가 프랑크푸르트에 가서 가져왔다'는 건 기본이고, '최순실 관련 재단 사람이 몰래 주었다', 심지어는 '중앙의 홍석현 회장이 입수해서 손석희에게 건넸다' 등등의 하나같이 허무맹랑한 얘기들이 지금도 돌고 있다. 이런 '조작설', '음모론'은 왜 지속되는 것일까? 답은 너무나 간단하다. 어떻게든 스모킹건인 태블릿PC를 부정하지 않으면 그들이 주장하는 논리가 무너질 수밖에 없기 때문이다. 그 논리가 무너지면 그들의 존립 기반도 하루아침에 사라지는 것이다.

집요하게 이어진 '조작설'과 '음모론'은 이른바 태극기집회에 지속적으로 동력을 공급하고 있었다. 그것은 이를테면 큰 기관을 돌리는 연료였다. 그러니까 광화문 촛불집회에 동기를 제공한 것도 태블릿PC였고, 시청 앞 태극기집회에 동력을 제공한 것도 또 다른 의미에서의 태블릿PC였던 것이다. 시청 앞에는 내가 죄수복을 입은 모습을 넣은 대형 깃발이 매일 등장했다. 심지어는 멀리 미국 로스앤젤레스의 지인까지 '당신 죄수복 사진이 여기도 등장했다'고 알려오기도 했다. 예상치 못한 상황도 벌어졌다. 태극기집회 참석자의 일부가 나의 집 앞으로 오기 시작한 것이었다. 그 겨울 내내, 그리고 봄으로 이어지면서까지 그들은 많게는 수백명씩 무리지어 집 앞에서 시위를 벌였다. "죽인다"는 구호가 난무했다. 배후 주동자가 누구인지 알 만했다. 온 동네가 걸핏하면 소란스러워져서 어느 날 밤에는 양해를 구하는 편지를 직접 써서 주변 집집마다 돌리기도 했다.

"아무래도 경호원을 배치시켜드려야 하지 않을까요?"

어느 날 회사의 총무팀장이 심각한 얼굴로 한 말이었다. 과거에 MBC에 있을 때, 당시 「PD수첩」의 프로듀서가 종교문제를 다뤘다가 협박을 받는 바람에 회사에서 개인 경호원을 붙여주는 것을 본 적이 있긴 했다. 그런데 내가 그 처지라니.

"아니, 그건 좀 과하기도 하고 필요하지도 않아요. 나보다 가족들이 위험할 수 있으니 차라리 집을 나와서 지내는 게 나을 것 같네요."

그렇게 해서 우리 가족은 한동안을 다른 곳으로 나가서 살았다. 그들은 그 이후에도 몇차례 더 왔는데, 그사이에 집에 기척이 없어져서인지 "손석희가 집 비우고 야반도주했다"고 의기양양해했다. 뭐 틀린 말은 아니었다. 다만 밤이 아닌 낮에 떠났을 뿐.

사족

1997년 7월 4일, 나는 미국 뉴멕시코주 로스웰에 있었다. 본격적으로 유학생활을 하기 전에 MBC로 보낼 르포프로그램을 제작하던 중이었다. 그날은 미국 독립기념일이었고, 그로부터 꼭 50년 전인 1947년 7월 무렵에 로스웰 근교의 야산에 UFO가 추락했다는 속설이 취재 대상이었다. 그렇다. 로스웰사건은 그 유명한 '음모이론'의 시초가 된 사건이다. 정부가 그곳에 떨어진 외계인의 사체를 숨기고, 외계인의 존재를 공식 인정하지 않는다는 것이었다. 그냥 움푹 팬 계곡의 한구석을 촬영하기 위해 한 사람당 20달러나 내고 입장을 했는데 의외로 많은 이들이 모여 있었다. 한나절의 촬영 과정이 끝날 무렵, 계곡을 구경하던 무리 가운데 한 사람이 종이 한장을 들고 확성기를 잡았다. 그날 발표된 미 국무부의 '로스웰사건에 대한 입장'이었다. 그 입장문은 이른바 '음모론'을 신봉하는 사람들의 주장을 조목조목 반박하는 것이었다. 중간중간 사람들의 야유가 흘러나왔다. 길게 읽어 내려간 끝에 마지막 문장은 이랬다.

"이렇게 말해봤자, '음모론'을 신봉하는 자들은 믿지 않겠지만."

나도 모르게 실소가 나왔다. 모두들 낄낄대는 소리가 들렸다. 사실은 미 국무부의 이런 입장문은 매년 나오는 것이고, 그때마다 그런 뒷말을 붙인다. 그러면 사람들은 야유를 보내다가 또 낄낄대고 그러는 것이다. '태블릿PC 음모론'도 아무리 증명해줘도 안 믿는 건 똑같다. 다만 저들은 그냥 그렇게 음모론을 소비하는 것이고(적어도 로스웰 현장에서는), 이쪽은 사생결단식으로 물어뜯는 것이 다를 뿐… 사족이 너무 길었다.

[장면 #17] 그들만의 '존재의 이유'

길고 질긴 소모전. 아무리 아니라고 해도 소용없는 억지가 계속되었다. 조작설이 불거질 때마다 당시 취재 기자들이 나서서 조목조목 대응했지만 막무가내였다. 결국 태블릿PC 보도 1주년을 앞두고 '팩트체크'를 맡고 있던 오대영 기자에게 제안했다.

"누가 봐도 더 이상 억지 부리지 못하게 종합적으로 제대로 검증을 해보자고. 아예 시비 거는 부분을 분류해서 시리즈로 내는 게 좋을 것 같은데…"

"네, 한번 해보겠습니다. 공신력 있는 포렌식 전문가를 섭외하겠습니다."

"더 이상 억지 부리지 못하게"라고 말하며 '그게 가능하기나 할까' 하는 생각이 들긴 했지만, 그렇다 해도 상관없었다. 우리는 우리대로 기록을 남겨야 했다. '팩트체크' 팀은 고려대학교 정보보호대학원장인 이상진 교수 팀을 섭외했다. 누가 뭐라 해도 이들의 권위를 의심할 수는 없었다. 그렇게 해서 「뉴스룸」은 2017년 10월 25일에 태블릿PC 검증 시리즈를 시작했다. '태블릿PC 속의 다른 사진들에 비해 최순실 씨의 사진이 별로 없어서 최씨의 것으로 볼 수 없다'는 최씨 측의 주장과 'JTBC가 드레스덴 연설문을 열어본 시간과 검찰의 포렌식에서 나타난 시간에서 9시간 차이가 나므로 JTBC가 거짓보도를 한 것'이라는 자유한국당 김진태 의원의 주장에 대한 반박이 첫 시작이었다. 우선 위의 두 주장 가운데 전자는 '섬네일'(thumbnail)에 대한 이해 부족에서 비롯된 것이고, 후자는 "안드로이드 체제에서 쓰는 '한컴뷰어'는 그리니치 표준시로 기록된다"는 이상진 교수의 증언으로 간단히 뒤집혔다.

그러고 나서 다음 주 내내, 10월 30일부터 11월 2일까지 '팩트체크'는 제기된 문제를 조목조목 전문가들과 함께 짚었다. '드레스텐 연설문의 파일이 처음 열린 것은 JTBC가 태블릿PC를 입수한 다음이었으니까 최순실이 열어본 적이 없다'는 주장에 대해선 '한컴뷰어는 원래 가장 마지막 읽은 시점이 기록되는 것. 즉, 연설문이 태블릿에 저장된 뒤에 몇번을 읽었던 히스토리에 나오는 것은 각각의 문서를 가장 최근에 읽은 시간'이란 사실도 다시 짚었다. 그전에도 사실 다 밝힌 것이었지만, 여전히 그런 주장이 나오니 할 수 없었다.

주로 『미디어워치』라는 극우성향의 매체와 자유한국당 일부 의원들이 공격에 나선 것은 주지의 사실이다. 일부 보수성향 언론들도 마찬가지였는데 당시에 '태블릿PC 조작설'을 가장 열심히 다룬 것은 『월간조선』이었다. 자유한국당 윤상직 의원은 "『월간조선』에서 태블릿PC 관련해서 무려 22개의 의혹을 제기했다. 문서의 절반 이상이 언론이나 검찰에서 심은 것이다"라고 주장하기도 했다.● 위의 주장들의 근거가 된 『월간조선』은 검찰의 디지털 포렌식 보고서 원문을 입수해 그해 11월호에 실었다(11월호이지만 통상 발행은 그보다 일주일 이상 앞선다). 그걸 보면 태블릿PC에 있는 모두 272개의 파일 중에 절반 이상인 156개가 새롭게 생성된 것이어서 JTBC가 "모종의 작업을 했다는 분석이 가능하다"는 주장이었다. 이 잡지는 JTBC와 검찰이 "156개를 만들었다"고 썼다. '팩트체크'는 이런 보도가 명백한 거짓이라고 결론을 내렸다. 이것들이 모두 시스템파일이어서 고의로 만들거나 심을 수 없다는 것

● 국회 국정감사 2017.10.23.

이었다. "사람의 동작과 무관하게 시스템에 자동적으로 생성되는 것이지, 어떤 인위적인 조작을 한 것은 아니"라는 이상진 고려대 정보보호대학원장의 증언이 뒤따랐다. 제작진은 위의 모든 내용을 전문가들과 함께 실제로 시연해 보이면서 검증을 해나갔고, 그 과정이 모두 공개되기도 했다.

여기에 적은 것은 우리가 태블릿PC 보도 이후 지속적으로 '조작설'에 시달리면서 필요할 때마다 대응했던 내용들의 극히 일부다. '팩트체크' 팀이 보도 1주년을 맞아 최종 체크한 위의 내용들도 그중 일부에 지나지 않는다. 이런 '조작설'은 결국 법의 심판을 받기도 했다. 지난 세월 동안 꽤 많은 소송이 진행되었으며, 그중의 일부는 아직 끝나지 않았다. 결국 시간이 해결해주겠지만.

2018년 12월 10일에 나온 서울중앙지방법원의 『미디어워치』 측에 대한 1심 판결은 이들이 주장하는 '조작설'의 근거를 하나도 인정하지 않았다. 법원은 일단 이들의 주장대로 『미디어워치』를 언론이라고 전제한 뒤, "피고인들은 자신들에게 부여된 공적 책임을 외면하고 언론인으로서 최소한의 사실 확인을 위한 과정조차 수행하지 아니한 채 반복적으로 허위사실을 보도하고 이를 출판물로 배포하기까지 하였다"고 했다.

'조작설'에 열심이었던 『월간조선』에 대한 결론은 2020년 3월 23일에 이르러 역시 서울중앙지방법원에서 나왔다. 앞서 언급한 2017년의 『월간조선』 'JTBC 태블릿PC 조작 의혹' 보도에 대해 정정보도를 하라고 결정한 것이다. 결정문엔 "사실과 다른 이 사건 기사로 인하여 원고(JTBC)의 명예가 훼손된 데 대하여 원고에 대해 깊은 유감의 뜻을 표한다"는 문구도 있었지만, 대개 이런 결과는 사후 약방문인 경우가 많다. 사람들이 이런 판결문과 정정보도를 얼마나 기억해줄까. 하긴 언론들끼리도 서로 이렇게 가해자와 피해자가 되는데, 일반 대중이야 얼마나 더 억울한 일이 많겠는가.

아무튼 『월간조선』은 2020년 4월 10일 홈페이지에 「JTBC의 '태블릿PC 보도' 관련 기사에 대한 정정보도문」을 올렸다. 무단전재는 안 된다고 돼 있으니 그 전문을 옮기진 않는다. 다만, 그 내용은 자신들이 그전의 기사에서 사실이라고 주장했던 모든 내용들에 대해 꼬박꼬박 '사실이 아닌 것으로 밝혀졌다'고 정정한 것이었다. 나 역시 오보에 대한 정정보도를 하고 사과할 때엔 민망하기도 하고, 부끄럽기도 하고, 몸 둘 바를 몰라 하곤 했는데, 그들이 이 정정보도문을 쓸 때도 그런 심정이었을까? 솔직히 잘 모르겠다. 그들이 '사실이 아닌 것으로 밝혀졌다'고 쓴 거의 모든 내용들은 그보다 이미 훨씬 전에 「뉴스룸」에서 수도 없이 '사실이 아니다'라고 귀에 박히도록 얘기한 것이었다.

요즘도 회사 앞에서는 시위가 벌어진다. 태블릿PC는 조작됐다는 것이다. 무려 5년이 지나도록 저러고 있고, 앞으로도 그럴 것이다. 그 이유는 앞에 말한 대로이다. 그것을 포기하는 순간 그들은 적어도 사회적으로 존재하기 어려울 것이다. 즉, 이제는 '태블릿PC 조작설'이 그들만의 '존재의 이유'가 되어버린 것이다.

[장면 #18] "진실은 단순해서 아름답다"

2017년 3월 10일에 나는 「뉴스룸」을 진행하지 않았다. 나와 안나경 앵커는 원래 월요일부터 목요일까지의 진행자였고, 금요일부터 일요일까지는 주말 앵커들이 진행했다. 3월 10일은 금요일이었다. 그날 박근혜 대통령은 탄핵됐다. 묘하게도 탄핵소추안이 국회를 통과하던 날도 그 전해 12월 9일 금요일이었다. 주변의 권유로 그날은 앵커석에 앉았지만, 탄핵 여부가 결정되는 날은 나서지 않기로 했다. 원칙대로 하는 것이 맞는다는 생각이었다.

대신 그날 오전에 나는 아내와 함께 병원에 있었다. 왜 갔는지는 기억이 나질 않는다. 아마 그간 심신이 지쳐 이것저것 체크해볼 것이 많았을 것이다. 헌법재판소의 결정은 오전 11시가 넘어 나올 예정이었다. 병원에서 나와 차를 타고 오면서 라디오를 켰다. 이정미 헌법재판소장 권한대행은 약간 느리게, 그러나 매우 또렷한 목소리로 결정문을 읽어 내려가고 있었다. 모두가 숨죽이고 있었다. 길 위의 차 속에서도 모두가 라디오를 켜놓고 있는 것 같았다. 그는 선고에 앞서 사건 심의의 진행 경과를 설명했다. 탄핵소추안의 가결절차에 흠결이 있는지, 원래 9인의 재판부가 8인으로 줄어든 상태에서 사건을 심리하고 결정하는 데 헌법과 법률상 문제가 없는지 따져본 후, 탄핵사유를 살피는 순서였다.

문화체육부 인사에 공무원 임면권을 남용한 것에 대해 인정하기는 어렵고, 언론 자유 침해 부분에 있어서 세계일보 사장 해임에도 대통령이 개입했다고 인정될 만한 증거는 없다는 판단이 이어졌다. 세월호참사가 국정농단 국면에서 가장 커다란 이슈가 되었지만 "국민의 생명이 위협받는 재난상황이 발생하였다고 하여 피청구인이 직접 구조활동에 참여하여야 하는 등 구체적이고 특정한 행위의무까지 바로 발생한다고 보기는 어렵습니다. 또한, 피청구인은 헌법상 대통령으로서의 직책을 성실히 수행할 의무를 부담하고 있습니다. 그런데 성실의 개념은 상대적이고 추상적이어서 성실한 직책수행의무와 같은 추상적 의무규정의 위반을 이유로 탄핵소추를 하는 것은 어려운 점이 있습니다"라는 낭독이 이어지면서 '그러면 혹시?' 하는 생각을 다들 했을 것 같았다. 그 전날 밤까지도 '탄핵은 인용되지 않을 수도 있다'는 소문이 돌기도 했고, 특히 헌법재판관 중의 한 사람이 밤늦게까지 사무실에 머물고 있다는 것이 확인되면서 '그가 캐스팅보트를 쥐고 있는 상황에서 탄핵에 부정적인 의견을 준비하고 있다'는 추측까지 나돌았던 것이다.

그러나 "지금부터는 피청구인의 최서원에 대한 국정개입 허용과 권한남용에 관하여 살펴보겠습니다"로 들어가면서 상황은 반전되기 시작했다. 지난겨울부터 봄까지 쏟아져 나왔던 최순실게이트의 모든 내용들이 결정문에 상세히 언급된 후 마침내 결론부에 이르렀다.

이 사건 소추사유와 관련한 피청구인의 일련의 언행을 보면, 법 위배행위가 반복되지 않도록 할 헌법수호 의지가 드러나지 않습니다. 결국 피청구인의 위헌·위법행위는 국민의 신임을 배

반한 것으로 헌법수호의 관점에서 용납될 수 없는 중대한 법 위
배행위라고 보아야 합니다. 피청구인의 법 위배행위가 헌법질
서에 미치는 부정적 영향과 파급효과가 중대하므로, 피청구인
을 파면함으로써 얻는 헌법수호의 이익이 압도적으로 크다고
할 것입니다.

이에 재판관 전원의 일치된 의견으로 주문을 선고합니다. 주
문, 피청구인 대통령 박근혜를 파면한다.

마지막 주문은 너무나 강렬했다. 그렇게 모든 것은 마무리되고
있었다.
주말을 지내고 월요일에 나는 다시 앵커석으로 돌아갔다. 그날
의 '앵커브리핑'은 지난 반년 가까운 질곡의 시간들을 정리한 것이
었다. 이상하게도 그리 오래 걸리지 않아 문장은 완성되었다.

"뉴스와 절망을 함께 전한 것은 아닌가."
지난해 10월 27일 앵커브리핑의 한 구절이었습니다.
(중략)
시민들이 느껴야 했던 충격은 상상 그 이상이었고,
세상은… 그보다 일주일 뒤 당시 대통령이 느꼈던 것보다 더
먼저, 그리고 더 깊이 자괴감에 빠져들었습니다.

그렇습니다.

저희는 뉴스와 절망을 함께 전했던 것인지도 모르겠습니다.

시민들이 느낀 이런 자괴감은 대통령 한 사람이 느꼈다는 자괴감 따위와는 비교도 할 수 없이 참담한 것이어서

과연 이런 상처는 아물 수나 있는 것일까.

(중략)

그러나 진실이란 불편함을 정면으로 마주해야만 얻을 수 있는 명제였고,

그 불편함을 가장 앞장서서 마주하는 것이

이 전대미문의 시국을 걸어가는 시민들이 겪어내야 할

'진실의 역설'이었을 것입니다.

(중략)

그는 '깊이 사과드린다'던 담화를 준비하던 그 밤마저

그의 친구와 열번 이상을 통화하면서

담화문 안에 담을 '진실'을 조율했던 모양입니다.

태블릿PC는 조작됐다는 주장을 포함한 수많은 가짜뉴스들 역시 태극기를 휘감은 채 '진실'을 주장했지요.

그리고 어젯밤 또 다른 '진실'이란 단어가 시민들 앞에 던져졌습니다.

"진실은 반드시 밝혀진다고 믿는다."

혹독한 겨울을 지내고 새봄을 맞은 시민들에게 던진,

탄핵된 대통령의 메시지는 그렇게 끝났습니다.

그러나 그것은 탄핵된 대통령이 아닌,

바로 '명민함으로 독재와는 구별되는 민주주의의 힘을 보여

준' 시민들이 믿어왔던 것이었습니다.

이제쯤, 지난해 10월 27일의 앵커브리핑에서 쓰려다가 제외

해두었던 문장을 살려내서 그날의 브리핑을 완성할까 합니다.

'진실은 단순해서 아름답고,

단지 필요한 것은 그것을 지킬 용기뿐이 아니던가.'

—「진실은 단순해서 아름답고, 단지 필요한 것은…」(2017.3.13) 중에서

사족

이 장의 맨 앞에서 제기했던 문제. 우리는 경비견이었을까, 아니면 감
시견이었을까? 아니면 구분할 수 없는 것일까? 평자들에게 맡기겠지
만, JTBC 뉴스는 독특한 위치를 점했음엔 틀림없다. 많은 평자들이
우리가 애완견 아니면 경비견의 숙명을 가지고 태어났다고 주장했으
나, 우리는 그런 방향에서 벗어나 있었다. 주요 길목마다 JTBC는 감
시견이길 원했고, 그렇게 행동했다고 믿는다.

그럼에도 평자들이 또다시 우리의 '태생적 숙명'에 대해 논하려 한
다면 굳이 논쟁하지 않겠다. 수많은 논쟁의 가운데 있어본 경험에 따
르자면 때로 '현실은 버라이어티하고, 논쟁은 앙상하다'.

4

대통령 선거는 불꽃놀이가 아니다

[장면 #1] 불꽃놀이

우리의 방송은 늘 그랬던 것처럼 꿋꿋하게 초지일관하였다. '도대체 뭐가 불공정이고 편파란 말인가. 우리는 있는 그대로의 사실을 전한다.' 그리고 마지막 날 개표방송은 그 엄청난, 가공할 만한 첨단 컴퓨터 시스템을 무기로 화면 밖의 사람들을 무장 해제시켰다. 현란하기 이를 데 없는 마지막 날의 화면들은 한가지의 숫자 배열만 가지고도 갖가지 모양의 그래프를 그려냄으로써, 방송이 불공정하다는 사람들의 경직된 시각이 사고의 다양성을 결여한 단선적이고 우매한 것이라는 사실을 깨닫게 해주었다. 그리하여 선거기간 내내 있어왔던 편파, 불공정 시비는 그 화려한 불꽃놀이에 가려졌다.

—「플래카드 밑의 소망」 중에서

1992년 12월, 14대 대통령 선거가 끝난 직후에 당시 『노동자신문』에 썼던 글의 일부다. 나중에 내가 쓴 책 『풀종다리의 노래』에도 옮겨 실었다. 이미 30년 전에도 선거방송의 핵심은 컴퓨터그래픽이었다. 그때나 지금이나 현실은 별로 다르지 않다. 선거를 거듭할수록 각 방송사는 더욱 화려하고 기발한 화면에 집착하고 몰입한다. 오죽하면 '약 빨고 만든' 어쩌고 하는 얘기가 마치 칭찬처럼 회자되겠는가.

나는 과거 MBC에 있을 때부터 각 방송이 선거 당일 투개표 방송에 막대한 예산을 쏟아붓고, 화려한 컴퓨터그래픽 화면을 만드는 데에 몰두하는 것에 비판적이었다. 그것은 권위주의 정부 시절, 편파방송으로 얼룩진 선거 과정을 묻어버리고, 단지 선거를 쇼 비즈니스로 만드는 것이라 여겼다. 민주사회에서 선거는 저널리즘의 핵심적인 환경을 만들어주는 것인데, 우리가 몰두해야 하는 것이 컴퓨터그래픽이라니… 선거 저널리즘은 투개표가 아닌 선거 과정 전체를 관통해야 한다고 믿었다. 그렇게 해서 유권자들이 선거의 핵심 메시지가 무엇인지를 찾아내고 분석할 수 있도록 도와야 한다고 생각했다. 또한 각 후보나 캠프가 내세우는 어젠다에 대한 치열한 검증도 언론이 해야 하는 일이라고 보았다.

JTBC로 오고 나니 선거방송을 지상파처럼 한다는 것은 애초부터 불가능했다. 우선 출구조사의 길이 막혀 있었고(일종의 지상파 3사 카르텔이 있다), 하자고 해도 예산이 턱없이 부족했다. 게다가 그토록 화려한 컴퓨터그래픽은 꿈도 못 꿀 일이었다. 이 모두가 막대한 예산이 들어가는 일이었으니까. 역설적으로 보자면 평소 나의 생각대로 선거방송을 치를 환경이 마련돼 있었던 셈이다.

그래서 JTBC로 온 다음 해에 맞게 된 2014년의 지방선거부터 시작해서 나는 선거 당일 하루가 아니라 선거기간 전체를 선거방송이라는 개념으로 접근했다. 나의 전략은 선거 캠페인 기간 중의 지속적인 인터뷰와 토론, 선거 당일의 차별화된 패널 선정이었다. 이 과정에서 이슈를 파고드는 데에 당사자 인터뷰만 한 것이 없었고, 균형을 잡는 데에 토론만큼 효과적인 것도 없었다. 그리고 그런 인터뷰와 토론을 가능하게 하는 것이 선거 캠페인의 어젠다들이었다. 그 어젠다가 뜨거운 것일수록 자연스럽게 어젠다 키핑의 과정으로 들어갔다.

인터뷰와 토론이 선거 저널리즘의 가장 좋은 방법론이라는 것은 이미 오래전 「손석희의 시선집중」과 「100분토론」을 맡았을 때부터 깨달은 것이었다. 각각 2000년 10월과 2002년 1월에 진행을 맡게 됐으므로 그때부터 노무현 대통령이 당선됐던 2002년의 16대 대통령 선거전의 와중으로 들어갔다 해도 맞는 말이다. 그렇게 축적된 경험들은 2002년은 물론 그 이후의 모든 선거 국면에서 왜 인터뷰나 토론이 어젠다 키핑에 효과적인 방법인지를 알게 해주었다. 지금부터 적는 것은 2007년부터 2017년까지 꼭 십년 동안의 경험 가운데 대표적 사례들이다. 생각 같아선 최소한 그 뜨거웠던 2002년의 대선 당시도 포함시키고 싶었지만, 그렇게 멀리 올라가는 것은 이 책의 범위에서 너무 벗어나는 것 같아 빼놓기로 했다.

[장면 #2] 에리카 김이라는 나비

"에리카 김이 인터뷰하겠답니다."

2007년 11월 21일 밤늦게 「손석희의 시선집중」의 연출자였던
임재윤 프로듀서가 전화로 전한 얘기였다. 미국 변호사였던 에리
카 김은 김경준 씨의 누나이고, 김경준 씨는 이명박 씨와 과거 동
업관계에 있었던 사람이다. 이명박 씨에게 김경준 씨를 소개해준
사람이 바로 에리카 김이었으며, 그는 동생이 벌이는 사업의 법
률 자문을 맡고 있기도 했다. 17대 대선을 앞둔 가장 뜨거운 이슈
였던 BBK 실소유주 논란의 주인공들이다. 당시 이명박 후보를 둘
러싼 논란은 BBK와 DAS의 실소유주 문제였다. 이 사건은 책으로
한권을 써도 모자랄 정도의 방대한 의혹과 사실, 사법부의 판단
등이 얽혀 있다. 어찌 보면 사건의 복잡성 때문에 당시 대선에서
결정적 변수로 떠오르지 못한 측면도 있다. 양 진영의 주장이 지
루하게 얽히면서 유권자들이 피로감을 느꼈을 법하다. 이 책의 목
적이 이 사건의 실체를 들여다보자는 것은 아니므로 우선 간략하
게 사건의 성격만 적어둔다.

BBK 사건은 1999년에 설립된 투자자문회사 BBK가 옵셔널벤
처스로 탈바꿈하면서 주가를 조작한 사건이다. 이 주가조작 사건
에 이명박 씨가 개입되었는지가 논란거리였다. 김경준 씨는 이명
박 씨가 BBK의 실제 소유주라고 했지만, 이씨는 사실이 아니라고
주장했다. 다 아는 것처럼 이명박 씨는 2000년 10월 광운대 특강

에서 BBK를 설립했다고 했으나 이 발언은 그 유명한 '주어가 없다'는 주장을 낳았다. 그러나 같은 내용의 발언이 이미 주요 언론에도 나온 터였다. 이 BBK(옵셔널벤처스)에 190억원이라는 거액의 투자를 한 곳이 DAS였으며, 이 회사의 대표는 이명박 씨의 형인 이상은 씨였으나 역시 실소유주는 이명박 씨라는 것이었다. DAS의 자금 여력으로 보아 그 큰돈을 투자하는 것은 불가능해 보였으므로, 그 돈이 이명박 씨로부터 나왔으리라는 것이 의혹의 핵심이기도 했다. 이명박 씨는 그것도 사실이 아니라고 했다. 하지만 훗날 대법원 확정 판결로 이명박 씨가 DAS의 실소유주였다는 것은 판명되었다. 검찰은 대선 직전이었던 2007년 12월에 이명박 씨의 BBK 관련 혐의를 무혐의 처리했다. 그다음 해, 그러니까 이미 이명박 씨가 대통령이 된 다음의 특검에서도 결론은 마찬가지였다. 당시 검찰이나 특검의 수사 결과를 믿지 않는 사람들이 다수였음은 물론이다.

선거를 한달여 앞둔 그날 임재윤 프로듀서는 아마 밤늦게까지 LA에 있는 에리카 김을 섭외하느라 전화에 매달려 있던 모양이다. 에리카 김은 원래 그 전날 현지에서 기자회견을 열고, BBK의 실소유주가 이명박 후보라는 걸 증명할 이면계약서를 공개할 예정이었다. 그러나 그는 현장에 나타나지 않았고, 대신 김경준 씨의 부인인 이보라 씨가 이면계약서의 사본을 들고나왔던 것이다. 세간의 관심은 온통 에리카 김에게 쏠려 있었는데 본인이 나오질 않았으니 직접 연결을 시도해본다는 건 의미가 있었다. 그러나 누구든 에리카 김이 그런 상황에서 한국의 라디오 시사프로그램과 인터뷰하리라곤 생각지 못했을 것이다.

"기자회견에도 안 나왔으면서 우리한테는 나오겠다고 하던가?"
"네, 저는 그냥 한번 전화를 해본 거였거든요. 그런데 저희 프로
그램을 잘 알더라구요."
"그래? 할 말이 많은가보네. 시간은 얼마나 필요하겠나?"
"일단 15분 정도로 잡아놓았는데요, 상황 봐서 손 선배가 결정
하시죠."

연출자가 임의로 인터뷰 상대를, 그것도 그런 첨예한 대선 정국
에서 어느 일방에 매우 불리할 수 있는 사람을 섭외한다는 것이
얼핏 이해가 안 갈 수도 있겠으나, 적어도 당시 「시선집중」의 분
위기는 그랬다. 나를 비롯해 누구든 옳고 좋은 아이디어라면 막지
않았다. 그것이 「시선집중」의 힘이기도 했다. 그리고 어떤 인터뷰
든 균형을 잡고 갈 수 있다는 자신감도 있었다. 무엇보다도 차후
에 그에 대한 반론 인터뷰를 진행함으로써 한쪽에 치우치지 않게
한다는 전제가 있었다. 이 경우도 마찬가지였다. 그러나 지금에 와
서 생각하면, 바로 그날의 인터뷰가 훗날 이어질 질곡의 시발점이
었다. 나비의 날갯짓은 두고두고 파장을 키워갔으며, 나중에 쓰겠
지만 내가 MBC를 떠나는 단초가 되기도 했던 것이다.

[장면 #3] "너무 목소리가 컸다면 이해해달라"

2007년 11월 22일 아침에 에리카 김은 매우 밝은 목소리로 인터뷰에 응했다. 막힘이 없었다. 간간이 웃음을 섞을 정도였다. 우선 자신은 그 전날의 기자회견에 나오겠다고 한 적이 없으며, 단지 '가족'이 나온다 했는데 오보가 난 것 같다고 했다. 그러니 한나라당이 '숨었다'고 한 것은 틀린 얘기이며, 숨으려면 이 인터뷰는 왜 하겠느냐고 '포문'을 열더니 그다음부터는 이명박 후보 입장에선 듣기 괴로울 얘기들이 줄줄이 이어졌다. 이른바 이면계약서를 김경준 씨의 어머니가 직접 가지고 귀국할 것이다, 이명박 후보는 선거법 위반으로 의원직 그만두고 미국에 와 있을 때, 한국에 간 적이 없다는 본인 주장과는 달리 1999년 2월이나 3월에 한국에 들러서 플라자 호텔에서 김경준 씨와 만났다(이것은 두 사람이 회사를 설립하기 위해 논의한 시점과 맞물려 쟁점이 되었다), 명함도 BBK 것을 사용했다 등등… 모두가 이명박 후보 측의 주장과는 상반된 것들이었다. 특히 1999년 초의 귀국은 출입국 관리소에 확인해보라고 장담했고, 실제로 귀국 사실이 있는 것으로 한나라당 측에서도 인정했다.

당초 15분 정도가 잡혀 있던 인터뷰는 광고를 듣고 난 후 「시선집중」이 끝날 때까지 30여분 동안 계속되었다. 도저히 중간에 끊을 만한 상황이 아니라는 데에 나나 제작진 모두가 이견 없었다. 인터뷰는 주장과 반론, 다음 날 이명박 후보 측과의 반론 인터뷰 예고 등으로 이뤄졌다. 한나라당에서는 내가 한시간이나 에리카 김의 일방적 주장을 들어줬다고 했지만, 모두 틀린 얘기였다. 인터뷰 시간은 그 절반 정도였으며, 그의 주장을 그대로 들어준 바도 없었다. 그러나 파장은 예상보다 훨씬 크게, 빠르게 번져나갔다.

사족

에리카 김은 인터뷰 마지막에 "멀리서 인터뷰를 하기 때문에… 방송 상태를 모르기 때문에 목소리를 되게 크게 했거든요. 그렇기 때문에 들으시는 분들이 내가 너무 목소리를 크게 한 것에 대해서는 이해를 해주시길 바라겠습니다"라고 했다. 놀라웠다. 메시지의 내용뿐 아니라 전달 상태까지도 신경을 쓰고 있었던 것이다. 그러나 그가 그렇게 까지 걱정할 일은 아니었던 것 같다. 인터뷰가 나간 뒤 어느 신문은 "LA에서 전화 인터뷰에 응한 김씨는 시종일관 애교 넘치는 목소리와 똑 부러지는 화술로 눈길을 모았다"고 썼다.[•] (애교 운운한 젠더 감성 은 뭐라 할 말이 없긴 하다.)

[장면 #4] "MB가 당선되면 손석희는 끝이다"

"손 선배, 오늘「100분토론」은 어려울 것 같습니다."

전화를 건 사람은 당시 내가 진행하고 있던「100분토론」의 프 로듀서 이영배였다. 에리카 김과의 인터뷰가 나간 날은 목요일이 었고,「100분토론」도 목요일 편성이었으므로 바로 그날 밤에 예정

● 「에리카 김, 라디오 인터뷰 '출근길 시선집중'」『스포츠조선』, 2007.11.23.

돼 있었다. 주제는 이명박 후보 측의 주요 공약이었던 '4대강사업'
이었다. 그 토론이 무산될 위기에 처한 것이었다.

"왜?"

"한나라당에서 오늘 아침 인터뷰 때문에 난리가 난 것 같습니다."

"그거하고 「100분토론」이 무슨 상관이지? 주제도 다르고, 「시선
집중」은 내일 아침에 반론 방송까지 하기로 돼 있는데?"

"그렇게 설명해도 안 통합니다. MBC가 편파방송 했다는 입장입
니다. 그리고 아마 손 선배가 같은 진행자라서 그런 것 같습니다."

"허, 그것참…"

"한쪽이 아예 안 나오면 토론이 성립이 안 되니까 방법이 없네요."

"주제와 패널을 바꿔 가는 건 불가능하겠지?"

그건 당연히 불가능한 일이었다. 그러지 않아도 하루 종일 에
리카 김과의 인터뷰가 인터넷을 장식하면서 그 파장이 만만치 않
을 거라 예상은 하고 있었다. 그 불똥이 바로 당일의 「100분토론」
에 튄 것이었다. 그날의 주제였던 4대강은 선거 내내 BBK 못지않
은 쟁점이어서 벌써부터 관심을 모아온 상황이었다. 회사에선 "오
랜만에 「100분토론」이 광고도 완판됐는데 아쉽다"는 소리가 들려
왔다. 그러나 어느 누구도 나를 탓하진 않았다. 탓할 일도 아니었
고, 탓해서 소용 있는 것도 아니었다. 그렇게 해서 「100분토론」 사
상 처음으로 한쪽 패널들이 정치적 이유로 전면 보이콧하고 프로
그램이 결방까지 되는 상황이 벌어졌다.

다음 날 아침 「시선집중」에는 한나라당의 홍준표 의원이 나와서 똑같은 시간을 쓰면서 반론 인터뷰를 했다. 그는 당시 한나라당 '클린정치위원회'의 위원장이었다. 전날 에리카 김이 주장했던 대부분을 반박했고, 나는 가능하면 그의 말이 다 전달되도록 했다. 형식적으로나 내용적으로 편파 시비가 없도록 하자는 생각이었다. 그러나 사태는 그것으로 마무리되지 않았다. 방송위원회의 선거방송심의위원회가 그해 12월 5일에 「시선집중」에 주의결정을 내렸다. 그 이유는 '선거방송심의에 관한 특별규정 제7조(객관성 유지)'와 '규정 제23조(범죄사건 보도 등의 과장 금지)'를 위배했다는 것이었다. 그때까지 7년 넘게 방송하면서 한번도 징계를 받은 적이 없는 「시선집중」이었는데 첫 징계사례를 남기게 될 판이었다.

제작진은 '인터뷰 내내 상대방 주장에 의한 반론 소개'와 '향후 반론 인터뷰 공지', '에리카 김의 주장에 대해 사실이라 확정하지 않은 점' 등을 근거로 들어 재심을 청구했다. 게다가 앞서 쓴 것처럼 바로 다음 날 똑같은 분량의 반론을 방송한 터였다. 아무리 뒤집어보아도 징계의 사유가 합당하지 않았다. MBC 라디오 프로듀서들이 방송위원회가 있던 건물 앞에 가서 시위하는 일까지 벌어졌다. 결국 일주일 뒤인 12월 12일에 선거방송심의위원회는 4시간 격론 끝에 원심의 결정을 전격적으로 뒤집고 징계를 취소했다. 인터뷰 하나가 커다란 파장을 일으키면서 대표적 토론프로그램의 결방을 불러오고, 심의기관으로부터 징계를 당한 뒤 다시 번복되고 하는 지난한 과정을 거친 것이다. 되돌아보면 그것이 바로 선거 저널리즘이 할 수 있었던 일이라는 생각이 든다.

한바탕 소동을 겪고 난 뒤 어느 날 MBC 라디오국의 고참 프로
듀서가 내게 지나가는 투로 얘기했다.

"MB가 대통령 되면 손석희는 끝이라고들 하던데요."

나는 그 말에 특별히 대꾸하거나 하지 않았다. 뭐 그럴 수도 있
겠지… 과연 「시선집중」은 이명박정권이 출범한 이후 주요 대목
마다 경영진이 개입하는 상황이 벌어졌고, 정권 후반기로 갈수록
그 정도는 더 심해졌다. 그 과정에서 나는 「100분토론」을 떠나야
했다. 그리고 이명박정부도 끝나고 박근혜정부로 넘어간 후 결국
「시선집중」과 MBC에서의 30년을 정리하게 되었다. 버티기엔 이
미 내상이 깊었다. 치유의 가능성도 보이지 않았다. 그러나 나는
에리카 김을 인터뷰한 그날 아침을 후회하지 않는다. 임재윤 프로
듀서도 그럴 것이다.

[장면 #5] "박근혜 후보가 인터뷰하겠답니다"

2012년 9월 첫 주에 나는 미국 뉴욕과 워싱턴 DC, 그리고 노스
캐롤라이나의 샬럿을 차례로 방문했다. 재선을 노리는 오바마는
9월 3일부터 6일까지 샬럿에서 열린 민주당 전당대회 마지막 날
에 후보로 지명될 예정이었다. 그해엔 한국도 대선이 치러져서 박
근혜 후보와 문재인 후보가 격돌했다. EBS의 다큐프라임 팀이 그
해에 「킹메이커」란 3부작 다큐멘터리를 제작하기로 한 것은 그래

서 매우 시의적절한 것이었다. 이주희 프로듀서를 비롯한 제작진은 그보다 몇달 전에 내가 재직 중이던 성신여대로 찾아와 나를 그 프로그램의 진행자로 섭외했다. 한번도 MBC 이외의 방송사 일을 한 적이 없던 나는 잠깐의 고민 끝에 참여하기로 하고 여름 내내 촬영에 매달렸다. 「킹메이커」의 내용은 캘리포니아 주립대 버클리 캠퍼스의 조지 레이코프(George Lakoff) 교수가 쓴 『코끼리는 생각하지 마』(삼인 2006)를 중심으로 한 것이었다. 즉, 선거전에서 '프레임'의 중요성을 강조한 것이었는데, 선거 캠페인 전문가들의 지저분한 선거전략이 소재로 등장하기도 했다.

한여름은 아니었지만 9월 초 미국 동부의 날씨는 찌는 듯했다. 특히 오바마가 후보로 지명된 9월 6일 샬럿은 소나기와 강한 햇빛이 수시로 교차되는 변덕스러운 날씨였다. 전당대회가 한창 열리고 있던 시간에 서울의 「시선집중」 팀으로부터 전화가 왔다.

"손 선배, 박근혜 후보가 인터뷰하겠답니다."
"뭐? 선거는 아직 멀었는데?"
"네, 그래서 아마 우리가 처음 하게 되는 것 같네요."
"아, 그럼 아마 할 얘기가 있는 것일 테고. 그쪽에서 무슨 얘기를 하려는 것인지도 미리 좀 파악을 해둬봐."
"글쎄요. 다른 후보들이 정해지질 않아서 대부분 박 후보 쪽 공약 검증이 되지 않을까요."
"그렇긴 한데, 아마 내 생각엔 과거사 인식 문제에 대해 얘기하려고 하는 것 아닐까? 그걸로 몇번 홍역을 치렀으니까. 처음부터 털고 가려면 그 얘기를 하려고 할 것 같은데?"

유력 후보가 가장 먼저 인터뷰를 하겠다고 하는 것은 우리로선 반길 일이었지만, 무슨 내용인가가 가장 중요했다. 당시로서는 한창 얘기가 나오던 과거사 인식 문제 외에 큰 이슈는 없어 보였다.

인터뷰 날짜는 9월 10일 월요일로 정해졌다. 내가 미국 출장에서 돌아가자마자 하게 되는 것이었다. 몸은 미국에서 미국 선거를 취재하고 있었지만, 머릿속은 박 후보와의 인터뷰를 어떻게 진행해야 하나로 어지러웠다. 샬럿에서 애틀랜타를 거쳐 서울까지 오는 그 긴 여정 동안 질문거리를 떠올려보느라 잠이 거의 오지 않았다.

박 후보와는 늘 쉽지 않은 인터뷰를 해온 터였다. 특히 2004년 4월 9일, 당시 한나라당 대표였던 그와의 인터뷰는 대담 도중 그가 "지금 저하고 싸움하시자는 거예요?"라고 하는 바람에 지금까지도 사람들의 입에 오르내리곤 한다. 그때도 선거를 앞둔 때였다. 총선을 앞두고 야당의 대표를 연결했으니 당연히 이것저것 따지고 묻는 인터뷰가 되었다. 듣기에 따라서는 아슬아슬한 장면이 계속되었는데, 결국 당시 야당이 내세웠던 '경제 회생론'에서 부딪혔다. 당시 박 대표는 야당이 다수당이 돼야 경제를 살릴 수 있다고 했고, 나는 그 근거를 집중적으로 물었다. 아마도 박 대표의 입장에서는 내가 좀 지나치다 생각한 모양이었다. 이 인터뷰도 후폭풍이 커서 당시 한나라당의 대변인은 내 인터뷰가 "인격모독이고 악의적이었다"고 맹비난했다. 그 대변인도 나중에 박 대표와 완전히 척을 지고 비난하는 관계가 됐으니 정치란 게 그런 건가. 아무튼 그러고 보니 그때도 결정적으로 박 대표의 심기를 건드린 나의 질문은 "과거보다는 미래에 대한 약속을 하시는 것 같은데, 유권자들은 (경제를 살리는 능력을 판단할 때) 과거를 보고 판단하지 않겠느냐?" 고 한 것이었다. 그에게 '과거'는 그렇게 늘 불편했는지도 모른다.

[장면 #6] "시간을 일주일만 앞으로 돌릴 수 있다면…"

2012년 9월 10일, 18대 대통령 선거일을 꼭 100일 앞둔 아침이었다. 아직 다른 당은 후보가 확정되지 않은 상황에서 새누리당 박근혜 후보와의 인터뷰가 시작되었다. 그러니까 대선주자 인터뷰 중 첫번째였고, 이것이 한동안 대선판을 요동치게 만들었다. 나는 지금도 왜 박 후보가 그렇게 일찌감치 인터뷰에 나섰는지 잘 이해는 안 간다. 아마도 어차피 해야 할 인터뷰라면 빨리 해버리고 본격적인 선거운동에 들어가야겠다고 생각했을지도 모른다.

그날의 인터뷰는 사실 꽤 다양한 이슈를 다루고 있었다. 당시 논란이 됐던 새누리당 공보위원의 안철수 서울대 교수 불출마 종용 의혹, 또한 새누리당 김종인 국민행복추진위원장과 이한구 원내대표 간의 '경제민주화' 논쟁, 이에 따른 금산분리와 순환출자금지 문제, 그밖에도 이른바 '줄푸세'(세금 줄이고, 규제 풀고, 법질서는 세운다는) 공약 등등이었다. 꽤 긴 시간 이어진 이 인터뷰에서 박 후보는 거의 모든 보충질문에 크게 흔들리지 않고 답을 이어갔다. 그런데 정작 과거사 문제에서 인터뷰는 생각했던 것과는 다른 양상으로 흘러갔다.

나와 박 후보는 그 인터뷰의 목적을 서로 달리 생각하고 있었던 것 같다. 나는 앞서 말한 대로, 적어도 그 당시에 가장 뜨거운 이슈는 박 후보의 역사관이라고 생각했다. 그래서 이렇게 선거전 초기에 인터뷰를 하겠다는 것은 자신의 아킬레스건인 과거사 인식 문제를 빨리 털고 가겠다는 생각이라고 짐작했던 것이다. 그러나 관련 질문에 대한 첫 답변부터 나의 예상은 빗나가기 시작했다.

"(전략) 또 유신에 대해서도 이제 많은 평가가 있는 걸로 아는데 당시 아버지가 '내 무덤에 침을 뱉어라', 그렇게까지 하시면서 나라를 위해서 노심초사하셨습니다. 그 말속에 모든 것이 다 함축돼 있다, 이렇게 저는 생각하고요. 이런 생각이 납니다. 아버지 3주기 때 어느 재미작가가 아버지에 대해서 '박 대통령에 대한 평가는 한반도가 박 대통령을 만들어간 방법과, 또 박 대통령이 한반도를 만들어간 방법, 이 두가지를 동시에 생각해야만 바른 평가가 나온다'고 썼거든요. 그 글이 저는 생각이 많이 납니다."

"보수진영에 속한 어느 학자도 그런 얘기를 하던데요. 그러니까 박 후보께서 5·16의 당위성에 대해 옹호하는 입장은 어쩔 수 없더라도 유신까지는 아니지 않느냐, 이런 견해도 내놓던데 역시 거기에도 동의하기가 어렵다는 말씀인가요?"

"이렇게 다양한 평가가 있기 때문에 이제 역사의 판단에 맡겨야 된다는 생각이고요. 다만, 이제 그 당시에 피해를 입으신 분들, 또 고초를 겪으신 분들에 대해선 딸로서 제가 이렇게 사과를 드리고, 또 이렇게 우리 민주주의를 발전시키기 위해서 노력을 제가 해나가야 한다, 그런 생각을 하고 있습니다."

(중략)

"대개 언론들은 이런 경우에 딱 부러지는 입장을 원하기 마련입니다. 그래서 아마 관련해서 수없이 많은 질문이 갔겠지요. 그래서 제가 정리해서 다시 한번 질문을 드리겠습니다. 그러니까 5·16의 불가피성에 대해서 말씀하신 바가 있고, 유신에 대해서도 그 불가피성에 대해서는 어쩔 수 없다는 입장이신가요?"

"그러니까 역사의 판단에 맡겨야 한다, 그렇게 생각합니다. 또 5·16 같은 경우도 이제 그 당시 상황을 봤을 때 내가 만약에 그때에 지도자였다면, 또 그런 입장에 있었다면 어떤 선택이나 판단을 했을까, 이런 것을 생각하면서 객관적으로 봐야 되지 않나, 그러니까 그게 몇십년 전의 역사이기 때문에 지금도 논란이 있고, 또 다양한 생각들이 있기 때문에 그런 부분에 대해서 좀 앞으로 역사가 객관적으로 판단을 해나가지 않겠는가… 그건 역사의 몫이고 또 국민의 몫이라고 생각합니다."

좀 길게 인용한 이유는 여기에 그다음의 질문이 나오게 된 배경이 있기 때문이다. 즉, 인터뷰어의 입장에선 박 후보의 답변을 들으면서도 두가지 사건, 즉, 5·16과 10월유신에 대한 박 후보 자신의 입장은 이른바 '불가피성'에 묶여 있다는 생각이 들었던 것이다. 그걸 대놓고 말하지 않고 '역사의 판단'으로 넘기고 있다고 봤다. 그것은 그때까지 그가 말해오던 바와 다르지 않았다. 그렇다면 이 인터뷰가 끝난 뒤에도 여전히 '과거사 인식'에 대한 논란은 수그러들지 않을 것이었다. 같은 보수진영 내에서도 과거사 문제에 대해선 그가 정리해주길 원하는 쪽도 꽤 있었다. 나는 인터뷰 내내 '그렇다면 굳이 왜 지금 「시선집중」과 인터뷰를 하지?'라는 생각을 떨쳐버릴 수가 없었다. 그래서 그다음의 질문은 어찌 보면 그에게 최소한 한가지라도 명확하게 입장을 냄으로써 지금까지와는 뭔가 다른 '진전'을 보여주길 바라고 던진 것일지도 모른다.

"사실 그동안에 특히 유신 피해자들에게 '정치 과정에서 나름 깊이 생각하고 사과한다'는 말도 일부 하신 걸로 알고 있는데, 예를 들면 유신의 가장 어두운 부분이라고들 얘기하는 인혁당 사건 피해자들에 대해서 혹시 사과할 생각이 있으신 건지요?"

나는 당연히 이 질문에 '사과한다'는 답이 나오리라 생각했고, 그러면 더 얘기를 진전시킬 것도 없었을뿐더러, 아마도 언론에서는 이 부분을 키워서 크게 썼을 것이다. 그러나 답은 예상과 달랐다.

"그 부분에 대해선 대법원 판결이 두가지로 나오지 않았습니까? 그래서 그 부분에 대해서도 또 어떤 앞으로의 판단에 맡겨야 되지 않겠는가, 그런 답을 제가 한 적이 있습니다."
"거기서 더 특별히 진전된 것은 없다…"
"예, 왜냐하면 다른 판단이 나왔기 때문에… 똑같은 대법원에서."

이 답변은 엄청난 파장을 가져왔다. 그럴 만했다. '인혁당 사건'
이 무엇인가. 박정희정권 초반기였던 1964년에 김형욱 중앙정보
부장이 '인민혁명당 사건'이라는 이름으로 60명 가까운 사람들
을 잡아들였던 것이 1차 인혁당 사건이다. 그 직전의 굴욕적 한일
회담에 의해 촉발된 6·3 민주화운동을 잠재우기 위해 조작된 것
으로 훗날에 결론이 났다. 그러다가 10년이 지난 1974년, 그러니
까 그보다 2년 전에 있었던 10월유신에 반대하는 학생운동이었던
'민청학련'이 점차 세를 얻어가자 유신 정권이 그 배후로 다시 인
혁당을 꺼내들었던 것이 2차 인혁당 사건이다. 즉, 재건된 인혁당
조직과 다른 공산주의 세력이 민청학련을 지원해 정부 전복을 기
도한다는 것이 그 내용이었다. 무려 254명이 구속되었고, 이듬해
4월 8일에 대법에서 38명에게 실형을 선고했는데 이 가운데 8명
이 사형선고를 받았다. 그리고 사법사상 유례없이 바로 다음 날
모두 사형이 집행된 것이었다. 국제법학자협회가 이날을 '사법사
상 암흑의 날'로 제정할 정도였다. 사형수들의 시신조차 가족들에
게 인도되기 전에 경찰이 강제로 화장시켜버려 분노를 사기도 했
다. 결국 모두 조작된 사건이었다는 사실이 2005년에 국가정보원
과거사위원회에 의해 인정되었고, 재심 끝에 2007년에 사건 관계
자들에 대해 무죄가 선고됐던, 말 그대로 유신의 가장 어두운 역
사였던 것이다. 결과로 놓고 보자면 1차든 2차든 인민혁명당은 존
재하지도 않았던 셈이다. 그런데 박 후보는 이마저도 '판결이 두개

이니 역사에 맡기자'란 요지로 답변을 한 것이었다.

박 후보에게 미래는 과거의 도피처인 것 같았다. 그가 인정하고 싶지 않은 아버지 시절의 잘못은 대부분 미래에 있을 '역사의 판단'에 맡겨졌다. 즉, 과거사에 대한 그의 '사고의 틀'은 '역사의 판단'이라는 '언어의 틀'로 체화된 것 같았다.

인터뷰가 끝나자마자 당시 야당에서 들고일어났다. 언론들은 일제히 박 후보의 변하지 않은 역사관을 기사로 올렸다. 거의 매일 관련 기사가 쏟아졌고, 박 후보는 결국 사과까지 했으나 그의 지지율은 한동안 하락세를 면치 못했다.* 그래도 여전히 지지율 1위이긴 했지만 야권 후보들이 단일화될 경우 승리를 장담할 수 없는 상황이었다. 실제로 후에 문재인 후보와 안철수 후보는 우여곡절 끝에 단일화를 성사시켰다. 그래도 선거 결과를 바꾸진 못했지만.

인터뷰 하나로 촉발된 과거사 어젠다는 어찌 보면 전체 선거과정에서 하나의 해프닝이었을 수도, 혹은 미리 맞은 예방주사였을 수도 있다. 그 와중에 또다시 "박근혜가 당선되면 손석희는 끝이다"란 얘기들이 주변에서 들려오기 시작했다. 나는 그냥 "그게 내 팔자다"라고 대꾸했다.

● 「대선판 흔드는 인혁당 사건… 박근혜 역사인식 논란」, JTBC 2012.9.12; 「인혁당에 무너지는 박근혜, 이틀새 지지율 3% 빠져」, 『미디어스』 2012.9.14; 「朴36.4 安32.0 文20.4… 朴, '사과'에도 지지율 하락세」, 『서울신문』 2012.9.25.

인터뷰가 있고 난 후 일주일쯤 지나서 박 후보 캠프의 주요 인물이 내게 말했다.

"아, 시간을 딱 일주일 앞으로 돌릴 수만 있으면 좋겠어요."

당시는 한창 박 후보의 지지율이 떨어지고 있을 때였다. 나는 별로 할 말이 떠오르지 않아 잠시 머뭇거리다가 답해줬다.

"그건 불가능하니, 차라리 저하고 한번 더 인터뷰하자고 전해드리시지요."

그는 그것도 방법일 수 있겠다고 맞장구를 쳤으나, 그 이후에 아무런 얘기가 없었던 걸로 봐서는 얘기를 안 전했거나, 퇴짜를 맞았을 것이다. 하긴 나도 박 후보와 인터뷰를 다시 한다는 것은 시간을 일주일 앞당기는 것만큼이나 불가능한 일이라고 생각했던 게 사실이다.

[장면 #7] '고구마 인터뷰'

무수한 예가 있겠지만 위에 쓴 단 두번의 인터뷰 예에서도 인터뷰나 토론이 선거 저널리즘에서 얼마나 핵심적인 역할을 하는지 알 수 있지 않을까. 앞서 말한 대로 나는 선거 국면에서 이보다 더 나은 어젠다 키핑의 방법을 발견하지 못했다.

2017년의 대선 국면에서 우리는 무려 13번이나 후보 및 선대위원장과 인터뷰했다. 이 국면의 인터뷰들은 이 책이 나오기 전에

서강대 이요안 교수가 그 대부분을 대화분석법을 적용해 매우 치밀하게 분석을 해놓은 바 있다(『분석 손석희 인터뷰』, 박영사 2021). 이요안 교수는 그 인터뷰들의 간투사까지 모조리 옮겨놓고, 질문과 답변 사이의 시간을 초 단위로 재면서 심리적 흐름을 분석했기 때문에 이 책에서 더 얹어놓을 내용은 거의 없다.

사실 선거 국면의 인터뷰들은 거의 토론에 가까웠을 만큼 치열한 공방이 오가기도 했다. 그런데 그 직전에, 2017년의 대선을 있게 한 국정농단 사건의 와중에 나에게 있어서 인터뷰의 기준을 새삼스럽게 잡게 해준 인터뷰가 있었다. 2016년 11월 28일에 있었던 당시 문재인 더불어민주당 전 대표와의 인터뷰였다.

매주 주말마다 대규모의 촛불집회가 계속되는 중이었고, 국회는 박근혜 대통령에 대한 탄핵 절차에 들어가기 직전이었다. 인터뷰가 있던 날은 여권에서조차 박 대통령이 스스로 물러나는, 이른바 '명예로운 퇴진'이 필요하단 얘기가 나온 날이기도 했다. 어떤 형태로든 박 대통령의 퇴진은 기정사실화되고 있었다. 문 전 대표는 비록 그때까지 공식 후보도 아니고, 야당의 대표도 아니었지만 유력한 대선주자였고, 그의 말 한마디 한마디가 뉴스가 되는 상황이었다. 그날도 인터뷰 초반에 문 전 대표는 '박 대통령은 스스로 물러나는 길 외에는 선택의 여지가 없다. 버텨봤자 기다리는 것은 탄핵'이라는 강경한 입장을 보였다. 그런데 그다음이 문제였다.

"즉각 퇴진하면 그다음에 벌어지는 것은 조기 대선입니다."(손)
"어쨌든 헌법에 정해진 절차가 있으니 그 절차에 따르면 되는

것이지요. 그리고 필요하다면 국민들의 공론에 맡기면 될 일이라고 봅니다."(문)

어떤 형태로 대통령이 물러나든 그 이후 60일 이내에 다음 대선을 치러야 한다는 것이 법으로 정해져 있는데, 문 전 대표는 그 끝에 "필요하다면 국민들의 공론에 맡긴다"를 붙인 것이었다. 법으로 정해진 것이라면 그 법을 바꾸기 전에는 무조건 실시를 해야 하는 것이 맞는데 그가 왜 그런 후렴을 붙이는지 나로서는 이해하기가 어려웠다. 좀 미안한 일이지만 표현만 바꾼 같은 내용의 질문이 무려 10번이나 이어졌다. 전체 질문이 23개였으니 절반 가까이가 보충 질문으로 이어진 셈이었다. 그러나 그는 반복해서 '국민의 여론'을 단서로 붙이고 있었다. 마지막 열번째 보충질문은 다른 얘기로 한참 넘어갔다가 결국 다시 돌아와 던졌고, 문 전 대표는 그제야 "아까 궁금해하셨는데 그런 경우 이후 대책은 지금으로서는 헌법절차를 지키는 것 이상으로 저희가 말할 수 있는 것이 없는 것"이라고 마무리했다.

그런데 그는 왜 그런 딱 부러진 답을 피하고 자꾸 단서를 달았을까. 앞서 언급한 이요안 교수는 문 전 대표의 답변은 박 대통령의 퇴진과 관련된 정치권의 움직임을 고려한 것으로 보인다고 분석했다. "당시 정치권에서는 박 대통령이 명예퇴진을 하면 60일 이내에 급하게 대선을 치러야 하는 상황을 피할 수 있다는 주장도 제기되고 있었다"는 것이다(이요안, 앞의 책 108~109면). 그러나 그것은 그야말로 정치 편의적인 주장이었을 뿐, 법에 정해진 절차는 분명했으므로 인터뷰어인 나로서는 문 전 대표나 더불어민주당의 구체적인 입장이 듣고 싶었을 뿐이다.

이 인터뷰는 인터넷상에서 '고구마 인터뷰'라는 별칭이 붙었다. 고구마를 먹을 때처럼 답답했다는 뜻이다. 시원함을 뜻하는 '사이다'란 단어의 반대말로 쓰인 것이다. 아마도 박근혜 대통령이 물러날 경우 지체없이 법에 정해진 대로 선거를 치르고 새로운 정권이 시작되길 기대한 사람들 사이에선 그 '답답함'이 더 크게 느껴졌을 것이다. 물론 나 역시 '너무 집요했다'는 비판도 많이 받았다. 인터뷰를 보다가 "제발 그만 좀 해!"라고 외쳤다는 사람도 있었다. 하지만, 모르긴 몰라도 문 전 대표 입장에서는 그 이후의 인터뷰에서 보다 명확한 입장을 표하게 되는 계기가 되지 않았을까 감히 생각해본다.

문 전 대표와의 인터뷰는 그때까지 내가 인터뷰 원칙으로 세워왔던, 답변의 구체성, 논리적 모순의 규명 등등에 대해 다시 한번 나의 자세를 가다듬는 계기가 되었다. 이미 오랫동안 수없이 많은 인터뷰에서 발휘되기도 하고, 실패하기도 한 그 인터뷰 방법론이 틀린 것이 아니며, 오히려 이를 좀더 명확하게 해야만 그 이후의 대선 정국에서 인터뷰어로서도 견뎌낼 수 있을 것이라고 생각했다.

그러나 이 인터뷰 역시 두고두고 그림자를 드리웠다. 문재인 대통령의 재임기간 동안 몇번의 언론사 인터뷰가 있었고, 그때마다 나와 인터뷰를 하는 안이 거론됐지만, 청와대의 참모들은 매번 반대했다는 얘기를 전해 들었다. "정작 당사자인 대통령은 신경 쓰지 않았는데, 참모들은 나와의 인터뷰 얘기가 나올 때마다 당시의 이른바 '고구마 인터뷰'에 대한 기억을 떠올렸다"는 것이다. 글쎄… 보충 질문을 열번 넘게 할 일이 또 있을까.

[장면 #8] 통섭이란

그렇다. 또 있었다. 그로부터 석달쯤 뒤인 2017년 2월 20일에 안희정 충남도지사와의 인터뷰에서였다. 그는 그때 더불어민주당의 대선 경선주자였다. 이미 그보다 열흘 전인 2월 9일에 국민의당 안철수 경선후보, 그리고 16일에 바른정당의 유승민 경선후보와의 인터뷰에 이은 세번째 대선 경선주자 인터뷰였다. 앞선 인터뷰에서도 비슷한 양상이 나타났지만, 안희정 지사와의 인터뷰는 아예 20여분을 통째로 한가지 이슈에 대한 질문과 보충질문으로 이어간 경우였다. 물론 처음부터 그렇게 의도한 것은 아니었다. 그날 인터뷰는 안 지사가 이미 주장한 바 있는 '대연정'에 대한 질문으로 시작할 예정이었지만, 바로 그 전날 부산대에서 그가 행한 강연의 내용이 더 큰 이슈가 되었다. 즉, 정치인의 '선의'와 이에 접근하는 분석적 방법론으로서의 '통섭(統攝)'이었다. '통섭'이라는 단어 자체가 생소한데다가 그가 주장하는 '선의'라는 것이 일반적으로 이해되기 어려운 사례들, 즉 전·현직 대통령들이 비난받고 있던 사안들에 적용되는 바람에 파장이 일었던 것이다.

이 인터뷰는 매우 논쟁적으로 치열하게 진행되었고, 듣기에 따라서 그 일부는 선문답 같기도 했다. 이에 대해서는 이요안 교수의 분석이 매우 정교하므로 여기서는 주요 내용에 대한 원문 인용과 함께 이 교수의 분석을 첨언할까 한다.

우선 나는 그가 한 발언에 대한 논란이 종일 지속됐다고 했고, 그에 대한 입장부터 물었다.

"(전략) 그 누구의 주장이라 할지라도 그 액면 그대로 긍정적으로 선한 의지로 받아들이는 것이 문제의 본질에 들어가기가 훨씬 빠르다 하는 경험 때문에 그렇습니다. 정치 일반에 대한, 또 대화에 대한 저의 원칙적인 태도를 먼저 말씀을 올렸던 자리였습니다."(안)

"그러면 이명박 전 대통령이나 박근혜 대통령에게 문제제기하고 있는 그 내용들, 그것이 (애초에는) 여전히 선의였다고 생각을 하신다는 말씀인가요?"(손)

"본인들께서 그것이 선의였다고 주장하시니 그대로 받아들이겠다는 말씀을 드린 것이었습니다. 그러나 그것이 현재 국정농단의 수사에서 드러났던 것처럼, 모든 과정을 정당화시킬 수는 없는 것입니다. 그래서 일반적으로 우리가 정치적으로 어떤 주장을 대할 때, 그것을 긍정적으로 선의로 그 액면 주장을 받아들이는 것이 논쟁을 하고 또 대화를 하는 첫걸음이다, 이 말씀을 드리는 것입니다."(안)

첫 질문은 개괄적인 질문이었으며 안 지사의 답변 역시 그렇게 나왔다. 다만 그는 '선의'와 '과정'을 분리하고, 자신이 '선의'를 중시하는 것은 그렇게 하는 것이 '문제의 본질에 들어가기가 훨씬 빠르기 때문'이라고 했다. 그러니까 일단 정치인의 당초 생각이 '선의'에서 출발했다면, 그 과정이나 결과는 무조건 정당화할 수 없어도 그 '선의' 자체는 인정하고 대화를 시작하는 것이 옳다는 것이었다. 그러면 다음 순서는 당연히 구체적 사례를 들어 질문하는 것밖에 없어 보였다.

"박근혜 대통령도 지금 한창 문제가 되고 있는 여러가지, 미르나 케이스포츠재단이나 선의였다고 주장했는데 그 주장을 일단 받아들이고 시작하시겠다는 건가요?"(손)

"이미 입증되지 않았습니까? 그 선의라고 하는 것이 결과적으로는 그분이 동원했던 모든 수단은 불법 아닙니까?"(안)

(중략)

"그러면 애초에 이것이 선의였는데 어쩌다보니까 법적 절차나 이런 게 잘못돼서 뇌물이 된 것이다, 그런 말씀인가요?"(손)

"선의라고 하는 것은 선과 악을 따지자는 문제가 아니라, 어떠한 주장에 대해서 그분이 주장하는 바대로 받아들이는 것. 그분의 주장은 스스로가 좋은 일을 하려고 '이러이러한 제안을 하고 이를 추진했습니다'라고 이야기하지 않겠습니까? 우선 우리는 그것을 받아들여야만 대화가 가능하다고 하는, 어제 부산에서의 강연의 내용이었습니다."(안)

안 지사의 말이 다 틀렸다고는 할 수 없었고, 그런 관점으로 정치인들의 시도를 바라보는 방법에도 의미가 없다고는 할 수 없었다. 그러나 정치인의 정치적 시도를 의심 없이 '선의'로만 받아들일 수는 없지 않은가 하는 시각도 당연히 존재했다. 이 논쟁이 지속되다가 그 '통섭'에 대한 발언이 나온 것이었다.

"일반적으로 학문을 하는 방식 속에서도 우리는 통섭이라는 21세기의 새로운 학문의 취합과, 통섭이라고 하는 관점을 받아들이고 있습니다. 사물을 의심하고 그것에 대해서 분석하고 해부하는 방식이 20세기까지의 우리가 바라보는 지성과 철학이었다면, 지금은 '분해할 수 없는 그 요소를 모두 통섭의 관점에서 받아들일 때, 그 온전한 객관적 진리에 갈 수 있다'라고 하는, 학문을 대하는 태도의 변화들 아니겠습니까? 그걸 지적한 겁니다."(안)

"글쎄요. 통섭이 모든 것을 다 아우르는 것은 아닐 수도 있으니까요. 그런데 지금 말씀하신 그대로만 보자면, 해부하고 분석하고 그에 따른 비판이든 비평이든 하는 것은 검증의 기본이 아닌가요? (중략) 예로 드신 이명박 전 대통령의 4대강사업이라든가, 박근혜 대통령의 각 재단의 문제라든가 하는 것은 사실은 해부하고 분석하고 비판적 사고가 있었기 때문에 문제가 제기된 것이고, 그에 따라 이런 상황까지 온 것인데, 이것을 지성일 수 없다고 말씀하시면…"(손)

"20세기의 지성은 그런 방식을 썼으나, 21세기의 지성일 수 있겠는가. 21세기의 우리 지성사의 변화는 좀더 통합적 관점을 띠는 것이 옳다… 4대강사업을 예를 들어 말씀드리겠습니다. '4대강사업은 나쁜 사업이다'라고 정의를 내리는 것보다는 홍

수조절, 그리고 생태환경의 개선, 이런 취지로 4대강사업을 하신다고 했습니다. 예, 그럼 좋습니다. '그런 취지로 4대강사업을 하시나보다'라고 받아들입니다."(안)

논쟁은 지속되었다. 안희정 지사는 무조건 의심부터 할 것이 아니라 '선의'를 전제로 하고 접근하되, 그것은 '통섭', 즉 어느 한쪽으로만이 아니라 다양한 면을 아우르는 방법으로 접근해야 진실에 가까워진다는 입장을 고수했다. 그의 주장이 모두 틀렸다고는 할 수 없으나, 내가 천착했던 것은 현실의 세계에서 정치인들의 정치행위에 대한 분석을 그렇게 순수(?)하게만 볼 수 없다는 점이었다. 그것이 그의 말에 따르면 지나간 20세기의 사고라는 것이었다. 인터뷰라기보다는 논쟁에 가까웠던 이 대화는 꽤 긴 시간 동안 이어지면서 전날 있었던 안 지사의 강연 내용에 대한 비판을 증폭시켰다. 인터뷰가 단순히 어젠다를 세우거나 이어가는 것 이상의 영향을 가져올 수 있다는 사실을 다시 한번 보여준 사례이기도 했다. 이요안 교수는 이 인터뷰를 "출연자가 언급한 정치적 입장이나 견해에 나타난 논리를 어떻게 쟁점화시키는지의 과정을 잘 보여주는 사례"(앞의 책 85면)라고 분석했다.

그렇게 해서 2017년 2월 9일 안철수 후보부터 시작해서 4월 24일의 노회찬 정의당 선대위원장 인터뷰까지, 두달 반 동안 모두 13번의 후보 및 선대위원장 인터뷰를 거친 뒤 우리는 마침내 다음 날 대선 후보토론을 열게 되었다. 앞서 말했듯이 나는 선거 저널리즘에 대한 내 나름의 생각이 있었는데 그것을 MBC에 있으면서 「시선집중」과 「100분토론」을 통해 연마하고 가다듬었다고 할 수 있었다. 그 연마의 결과물이 2017년 19대 대선 과정을 관통한 JTBC의 선거 저널리즘이었다고 생각한다. 그것은 인터뷰와 토론을 통해 끊임없이 논쟁하고, 검증하고, 그렇게 함으로써 유권자의 선택을 돕는 것이었다고 믿는다.

그렇게 해서 이제 남은 것은 대선토론과 대선 당일의 투개표 방송이었다. 태블릿PC 보도 이후 그 긴 마라톤의 끝이 보이는 듯했다. 그러나 남은 길이 순탄하지는 않았다. 변수는 그렇게 늘 존재하는 것이다.

[장면 #9] "마주 보고 토론하시지요"

2017년 4월 중순의 어느 날, 더불어민주당 문재인 후보는 JTBC에 촬영차 와 있었다. 각 방송사는 대통령 선거방송의 컴퓨터그래픽 화면에 쓰기 위해 후보들 모습을 사전에 녹화해두었다. 웃는 모습, 주먹을 불끈 쥐는 포즈 등을 찍어뒀다가 선거 개표 과정에서 적절할 때 내는 것이다. 후보들에겐 그것도 간단한 일은 아니었을 것이다. 그리고 그런 날이면 대개 뉴스 책임자나 방송사 사장 등이 후보들을 잠깐씩 맞이하는 게 관례였다. 일종의 예우였는데 나는 대부분 뉴스를 준비 중이거나 방송 중이었으므로 나가지 않았다. 내게는 좋은 핑계이기도 했다. 그런 의례적인 만남은 말 그대로 그냥 좀 성가신 절차이기도 했던 것이다. 그날은 공교롭게도 내가 뉴스를 끝낸 시간과 문 후보의 녹화가 끝난 시간이 비슷했으므로 분장실에서 잠시 만나게 되었다. 5분도 안 되는 짧은 만남이었지만, 나름의 소득도 있었다.

당시 우리는 4차 대선후보 토론을 준비하고 있었다. 1, 2, 3차 후보토론은 SBS와 KBS, 그리고 중앙선거관리위원회가 각각 주관해서 이미 열렸거나 앞두고 있는 상황이었다. 내 생각엔 태블릿PC 보도 이후 촛불집회와 국정농단 정국을 관통해온 「뉴스룸」의 입장에서 대선후보 토론을 한번도 못한다는 것은 말이 안 된다고 봤다. 그러나 문제는 각 후보들의 출연 여부였다. 한 사람이라도 무슨 이유로든 나오지 않겠다 하면 토론은 그것으로 끝이었다. 그런데 나로서는 좀 켕기는 것이 있긴 했다. 앞에 쓴 것처럼 그동안 인터뷰를 통해 모든 후보들을 괴롭혀왔던(?) 터라 혹 출연을 거북해하는 후보들이 있지 않을까 해서였다. 당시 지지율 1위를 달리고 있던 문재인 후보의 입장은 그래서 중요하기도 했다. 그는 직전의 국정농단 정국 때 이른바 '고구마 인터뷰'로 나에 대한 심기가 좋을 리 없을 무렵이었다.

"후보님, 저희들은 말 그대로 정책토론을 해야 한다고 봅니다. 후보 토론이란 게 대개 좀 소모적인 경우가 많으니까요."
"네, 저도 그렇게 생각합니다. 후보끼리 싸우다보면 정책토론을 하기가 쉽지 않습니다."
"네, 그리고 일렬로 서서 하는 토론은 좀 경직돼서 제대로 된 토론을 하기가 쉽지 않은 것 같습니다. 마주 보고 하는 토론을 생각 중입니다."

"네, 저는 좋습니다. 계속 일렬로 서서 해왔는데 보는 사람도 너무 뻔하다고 할 것 같습니다."

"네, 제 경험으로도 가까이 마주 보고 토론하는 것이 더 효과적이기도 합니다. 토론 룰은 정해서 알려드리지요."

"네, 그렇게 하시지요."

걱정했던 분위기는 아니었다. 오히려 문 후보는 예상보다 훨씬 적극적이었던 것으로 기억한다. 다음 날 바로 제작진과 구체적인 방안을 짜기 시작했다. 우선 그때까지 3차에 걸친 토론을 하는 동안 1열 횡대로 쭉 늘어서서 해오던 방식을 뒤집었다. 원형 테이블로 자리 배치를 바꾼 것이다. 자리 배치는 추첨으로 정하면 될 일이었다. 각 후보 캠프에도 우리의 토론 방식을 타진했다. 이견이 없었다. 우리가 준비하는 토론은 순풍을 맞는 듯했다. 물론 오산이었다.

[장면 #10] "손 선배는 빠지랍니다"

토론을 불과 나흘 남겨놓은 2017년 4월 21일 저녁이었다. 국민의당 안철수 후보 측 선대본부에서 보도국 정치부장을 통해 갑자기 토론 불참 의사를 전해왔다. 그런데 그 이유가 예상치 못했던 것이었다. 토론의 사회자가 손석희 앵커라면 안 나오겠다는 것이었다.

"이유가 뭐래?"

"정확하게는 모르겠습니다. 토론의 공정성 때문이라는 것 같습니다."

"공정성? 그러면 내가 공정하지 않다는 건가?"

"글쎄요."

JTBC 실무진과 안철수 후보 캠프는 그 시간에 따로 만나 4차 토론의 룰을 정하는 룰 미팅을 진행 중이었다. 그 자리에서 그런 얘기가 나온 것이다. 당혹스러웠다.

"그러면 내가 빠지면 하겠다는 건가?"

"그러면 생각해보겠다는 겁니다."

"정확하게 누구 생각인데? 후보 생각인가?"

"선대본부의 의원이 그렇게 주장한다고 합니다."

"나만 아니면 된다는 건가?"

"그쪽에선 방송사에 소속된 사람 말고, 외부 전문가가 나오는 것이 공정성을 담보한다고 주장합니다. 이번 토론이 JTBC, 중앙일보, 한국정치학회 공동주최니까 손 선배가 안 하고 외부 교수가 해야 한다는 겁니다."

주최가 JTBC 단독이 아닌 건 맞았다. 중앙선관위 규정상 종합편성채널은 단독으로 선거토론을 주최할 수 없었으므로 JTBC는 하는 수 없이 정치학회와 공동주최를 하기로 했던 것이다.

"아니, 여태까지 토론들은 전부 그쪽 방송사 소속 앵커들이 했잖아. 그래야 책임도 지는 거지."

실제로 그랬다. 1, 2, 3차 토론의 사회자는 각 방송사들의 앵커나 기자였다. 물론 각 방송사가 단독으로 주최한 것이긴 했다. 그러나 중앙선거관리위원회가 주최한 토론도 KBS 기자가 사회를 봤다. 하지만 그걸 따지고 있는 것도 무의미해 보였다. 비상이 걸렸다. 그야말로 다 된 밥에 코가 빠지게 생긴 노릇이었다. 오랜 토론 사회자로서 자존심도 상했지만, 대선 토론 날짜를 목전에 두고 이런 상황으로 흘러가는 것은 분명 문제가 있다고 생각했다.

"아니, 갑자기 며칠 남겨놓고 왜 그러는 거래? 무슨 이유가 있을 것 아닌가?"
"아무래도 몇가지 일로 저희 채널에 호의적이진 않은 것 같습니다."

안 후보 캠프에선 단지 공동주최이니 사회자가 꼭 나일 필요는 없다고 생각했는지도 모르겠다. 그러나 다른 정황들이 우리의 추측을 뒷받침한 것도 사실이다. 4월 11일에 출연한 국민의당 박지원 대표 인터뷰부터 그리 순탄치 않았다.
당시는 국민의당 경선 동원 의혹이 불거졌을 때인데 늘 그랬듯 나의 보충질문이 이어지자 박 대표는 "왜 꼭 우리 국민의당만 JTBC에서 그렇게 파고 있는지 모르겠다"고 항의했다. 이후 대화에서는 JTBC의 공정성에 대한 그의 문제제기와 나의 반박이 오가는 상황이 벌어졌다. 어느 당이든 선거철에 나오는 언론의 보도에 예민한 법이다. 그리고 그 보도가 자신들에게 불리한 경우, '언론은 우리만 공격한다'고 볼멘소리를 하는 것을 많이 봐왔던 터였다.

그리고 4월 18일, 즉 후보 토론 일주일 전에 출연한 손학규 국민의당 선대위원장이 나와 인터뷰할 때는 "「뉴스룸」은 '안까'(안철수를 깐다는 뜻)라고 하더라"고까지 항의를 하고 갔다. 사실 손학규 당시 위원장과의 인터뷰는 처음부터 끝까지 본의 아니게 티격태격했는데 당시 쟁점이던 사드 배치에 대한 당론 변경 문제를 놓고 인터뷰가 매우 격해진 상황이긴 했다. 그 상황에서 "「뉴스룸」은 '안까'다"라는 얘기가 나왔던 것이다. 나는 "다른 당들도 우리에게 불만을 갖는 것은 마찬가지다"라고 반박하긴 했으나 그에겐 그저 일반론으로만 들렸을지도 모른다. 게다가 이 인터뷰가 끝난 후 그 당의 부대변인 역시 SNS에 글을 올렸는데 거기엔 당시 그 당의 감정이 가감 없이 담겨 있었다.

앵커라는 양반이 초청손님한테 태클 걸다가 말 자르고, 그래도 안 되니까 막무가내로 끝내자며 째려보는 버르장머리는 어디서 배운 것인가.

나는 사실과도 다르거니와 그 표현이 너무 감정적이고 도가 지나쳐, 공당을 대변하는 사람의 글이라고 생각하고 싶지 않았다. 아무리 첨예한 선거과정이라고 해도 이런 식의 글을 공개적으로 쓴다는 건 이해가 안 되는 일이었다. 결국 저 글이 문제가 되자 같은 당의 박지원 대표가 사과하는 일까지 벌어졌다. 그로부터 사흘 후에 토론 룰 미팅이 열린 것이니 안 후보 캠프 쪽이 호의적일 리 만무했다.

상황은 더 꼬여가는 것 같았다. 당장은 발등에 떨어진 불을 꺼야 하는 상황이 됐다. 토론 날짜가 코앞으로 다가온 상황에서 양단간에 결정을 내려야 했다. 즉, 안 후보 측의 생각이 돌이키기 어려운 것이라면 내가 빠지든, 반대로 안 후보를 빼고 가든 해야 하는 것이었다. 여기에 또 한가지 걱정은 안 후보가 안 나오면 다른 후보들인들 모여서 토론을 할까 하는 것이었다. '그러면 나도 안 나올래' 해버리면 그나마의 토론도 무산되는 것이니까… 안 후보 쪽에서 저 정도로 나온다면 설득도 통할 것 같지가 않았다. 고심 끝에 당시 보도국장이었던 권석천을 찾았다.

"저쪽이 저렇게 나오면 힘들게 기회를 잡은 대선토론을 못하게 될 것 같네요. 차라리 내가 빠지고 다른 외부 교수 중에 한 사람을 모시는 게 어떨까요?"

그러나 권 국장의 생각은 단호했다.

"그건 안 됩니다. 손 선배가 하셔야 합니다. 후보 캠프에서 사람을 택하는 게 아니잖습니까? 이건 방송사의 권한이고, 그쪽에서 하자는 대로 하면 안 됩니다."

"그러면 토론 자체가 무너질 가능성이 있어서요."

"정 안 되면 빼고 간다고 하고, 다른 후보들을 설득해보겠습니다."

각 후보 캠프를 급히 체크하기 시작했다. 답은 의외로 매우 수월하게 얻을 수 있었다. 모두가 참여한다는 것이었다. 덩달아 불참하리라 걱정했던 건 기우였다. 공학적으로만 봐도 일단 당시 지지율 1위였던 문재인 후보만 나오면 다른 후보들에겐 지지율 1위 후보를 공격할 기회가 생기는 것이고, 반대로 문 후보 입장에서 보면 방어할 상대가 하나 줄어드는 것이니 오히려 부담을 더는 일이기도 했을 것이다. 게다가 안 나온 사람은 계속 도마 위에 오를 것이었다. 따지고 보면 안 나온 안 후보만 가장 크게 손해를 보는 구도가 되는 것이었다.

토론의 룰 미팅에 참석 중이던 실무팀에게 전했다.

"안철수 후보 쪽에 전하지. 우리는 안 나오면 그냥 빼고 토론 진행한다고… 그리고 안철수 후보 자리는 비워둔 채 명패만 놓고 간다고 해줘."

[장면 #11] '마지막 토론'

"허… 같은 편끼리 마주 보고 앉았네."

4차 대선토론을 위해 후보들이 자리를 잡고 앉았을 때 자유한국당 홍준표 후보가 농을 걸어왔다. 원형 테이블을 가운데 놓고 나와 정의당 심상정 후보가 마주 앉은 걸 두고 하는 말이었다. 그는 평소에도 나를 진보 쪽이라고 편 가르기를 해왔으므로 그 말에는 가시가 느껴졌다. 그날의 자리 배치는 추첨에 의한 것이었지만 좀 절묘하게 맞아떨어진 면이 있었다. 사회자인 나를 중심으로 시계방향으로 국민의당 안철수, 자유한국당 홍준표, 정의당 심상정, 더불어민주당 문재인, 바른정당 유승민 후보가 앉았으니 심 후보는 나와 마주 보는 자리였다. 그러니까 '모두 까기' 모드의 심 후보와, '모두 챙기기' 모드의 사회자가 마주 보고 앉았고, 다른 후보들은 서로 가장 각이 서는 후보끼리 마주 앉은 모양이 되었다. 홍 후보는 토론 시작 전부터 나와 심 후보를 엮으면서 내게 '치우치면 안 된다'는 일종의 경고를 날린 셈이었다. 그와는 이미 그보다 꼭 3주일 전에 후보 인터뷰에서 좀 심하게 논쟁했고, 사실은 그보다 훨씬 오랫동안, 그러니까 거의 20년 가까이 주거니 받거니 하며 지낸 사이였다.

2017년 4월 25일, 대선후보 4차 토론은 그렇게 시작되었다. 100명의 방청객이 스튜디오를 찾았고, 카카오톡을 통해 모집한 '대선 자문단' 7만명이 시청자들과 함께 토론을 지켜봤다. 이들 대선 자문단은 「뉴스룸」의 '팩트체크' 팀과 함께 후보들 발언을 검증했다. 토론이 안 뜨거울 수가 없었던 것이다. 토론 형식은 자유토론, 공통질문, 주도권 토론 등 다양했다. 아마 후보들은 토론회 룰을 익히느라 골치깨나 아팠을 것이다.

무려 3시간 가까이 펼쳐진 토론의 내용을 여기에 다 적을 필요는 없을 것이다. 각 후보들의 토론 내용에 대한 평가도 당시 평자들의 몫이다. 다만, 그날 토론 자체에 대한 일반의 평가는 그때까지 있었던 어느 후보 토론보다 호의적으로 나왔던 것으로 기억한다. 그전까지의 1, 2, 3차 토론은 사실 정책보다 후보들의 말싸움으로 더 화제가 됐었다.

선거토론은 물론 정책만 가지고 해서는 흥미를 못 끌 수 있다. 지루해지기 때문이다. 그래서 토론으로서의 영향력이 오히려 떨어진다는 것을 잘 알고 있었다. 그래도 한번쯤은 제대로 된 정책토론을 해보고 싶은 것이 그때의 욕심이었다. 나로서는 2002년 노무현 후보가 당선됐던 그 드라마틱한 대선의 토론으로 시작해서, 이번이 아마도 마지막일 수 있는 대선토론 진행이라고 생각했다. 그래서 더 공을 들였는지도 모른다. 그 4차 후보토론은 재미와 의미를 모두 찾은 토론으로 언론들의 평가를 받았고, 나도 그렇다고 생각한다. 그때의 토론은 형식, 진행, 세트 등 모든 면에서 JTBC가 만드는 토론프로그램의 전형으로 남았다.

사족

써놓고 보니 안철수 후보의 등장이 의아한 독자들도 있을 것 같다. '다시 나오기로 했나?' 그렇다. 안 후보 측은 우리가 불참자는 제외하고 그대로 진행한다는 통보를 한 후에 토론에 참가한다고 입장을 바꿨다.

[장면 #12] 거기에 불꽃놀이는 필요 없었다

2017년 5월 9일 19대 대통령 선거 투개표 방송의 컨셉은 '시민과 함께'였다. 시민이 만들어낸 선거이니 당연했다. 아예 메인 스튜디오를 광화문광장으로 잡은 것은 그래서였다.

"손 선배, 광화문 바로 앞자리는 보장 못한답니다. 추첨을 해야 한다는데요."

정치부장의 전언을 받은 것은 대선을 한달도 남겨놓지 않은 4월 중순께였다. 대선 투개표 방송을 광화문광장에서 한다는 아이디어를 우리만 떠올리지는 않았을 것이다. 그래서 우리는 이미 그해 초부터 서울시에 협조공문을 넣어 광화문 바로 앞자리를 확보해놓고 있었다. 촛불집회 내내 각종 공연 등이 벌어지던 주무대가 있던 곳이어서 의미가 있어 보였다. 그러나 나중에 이 사실을 안 다른 지상파 방송사가 특정 방송사에 그 자리를 우선적으로 주면 안 된다고 서울시에 압력을 넣었다는 것이다. 이 통에 모든 방송사가 달려들어 각축전을 벌이게 되었다. 우리는 추첨에서 당초 원했던 자리에서 밀려나 광장의 중간쯤에 겨우 자리를 배정받아 스튜디오를 만들기 시작했다. 그러면서 생각했다.
'언론사들이 광화문광장에서 자리싸움을 한다는 게 얼마나 부질없고 부끄러운 일인가. 지난 정권에서 언론이 거대 권력과 맞서 싸운 적이 얼마나 있는가. 그리고 이제 와서 시민들이 만들어놓은

광장에서 자리싸움인가. 촛불집회에 나왔던 시민들이 자리 가지고 싸웠던가.'

생각할수록 스튜디오가 광장 어디에 있든 문제가 되지 않았다.

그렇게 해서 대통령 선거날이 왔다. 그리고 비가 내렸다. 사람들은 오지 않을 것 같았다. 그러나 오산이었다. 아침부터 사람들이 모이기 시작하더니 오후에는 빗줄기 속에서도 특별 스튜디오 앞 광장이 꽉 차기 시작했다. 제작진은 우비를 준비해서 시민들과 나눴다. 그날의 출연자는 윤여정 배우와 유시민 작가, 그리고 지금은 고인이 된 정두언 전 의원이었다.

그날도 우리는 출구조사는 할 수 없었으므로 다른 방송사들과 비교됐을 것이다. 그러나 우리는 시민들의 참여로 더 단단한 내용을 채워갈 수 있었다. 스튜디오 앞을 메운 사람들은 점점 더 늘어나 저 끝이 아주 멀리 보일 정도가 되었다. 돌이켜보면 2014년 4월 말의 비 오는 팽목항 이후 다시 야외 스튜디오로 나온 것이었다. 나는 스튜디오 앞에 모인 사람들의 맑은 얼굴들을 보면서 3년 전의 그 을씨년스러웠던, 그러나 간절했던 밤들을 기억했다.

문재인 후보가 새 대통령으로 당선이 확정된 직후 당선자를 앞세운 축하행사가 우리 스튜디오 바로 옆, 그러니까 세종문화회관 앞 광장에서 벌어졌다. 확성기와 음악 소리 등으로 축제 분위기였다. 우리는 스튜디오 앞의 시민들이 모두 그쪽으로 옮겨갈 것이라고 생각했다. 그러나 그것도 오산이었다. 놀랍게도 대부분의 시민들은 빗속에서 자신의 자리를 지켰다. 그들은 어느 특정 후보의 지지자가 아니라 그저 민주주의의 지지자들이었던 게 아닐까? 지금 썼다 해도 무방할 것 같은 30년 전 나의 글을 다시 인용한다.

우리는 우리가 지키고 품어온 소망들을 바꾸지 않을 것이다. 따지고 보면 그것은 대통령이 누구인가 하는 것과는 아무런 상관도 없는 일이다. 진정한 민주사회에 대한 이러한 소망들은, 우리가 공유하고 있는 기준치로서 그것이 이루어지지 않았을 때는 더 말할 것도 없겠지만, 종래에 그 민주사회가 이루어졌을 때라 하더라도 우리가 녹슬지 않게 지켜내야 할 잣대일지도 모른다. 그 잣대를 가지고 있음으로 해서 우리는 우리가 한가지의 진실만을 알고 있는 것이 경직되고 우매한 것이 아니라 현명한 것이라는 사실을 증명할 수 있을 것이다.

그때에, 거짓을 가리기 위한 불꽃놀이는 벌어질 수 없을 것이다.

—「플래카드 밑의 소망」 중에서

5

미투, 피할 수 없는

1960년대 중반에 가수 남일해가 히트시킨 가요가 있었다. 「빨간 구두 아가씨」. 아직 어렸던 나의 애창곡(?)이기도 했다.

솔솔솔 오솔길에 빨간 구두 아가씨
똑똑똑 구두 소리 어딜 가시나
한번쯤 뒤돌아볼 만도 한데
발걸음만 하나둘 세며 가는지
빨간 구두 아가씨 혼자서 가네

노래는 어두운 밤중에 빨간 구두를 신은(아마도 하이힐) 젊은 여성을 우연히 뒤따라 걷게 된 남자가 속으로 했을 법한 생각을 가사로 옮긴 것이었다. 남일해는 이 노래를 발표했을 때 불과 스물여섯이었지만, 특유의 중저음과 약간 끄는 창법으로 실제 나이보다 더 원숙한 분위기를 내고 있었다. 그런데 이즈음에 다시 저 노래의 가사가 생각나 흥얼거리다보니 전혀 다른 분위기로 다가오는 것이었다. 컴컴한 밤, 인적 없는 좁은 길, 젊은 여성과 빨간 하이힐, 그 뒤를 따라가는 남자. 그는 계속 젊은 여성을 쫓아가면서 한 번쯤은 뒤돌아보길 기대한다. 어쩌면 그는 어떤 로맨틱한 인연을 상상했을지도 모를 일이다. 그렇다면 그 여성의 입장에선? 그냥 공포 아니었을까? 그래서인지 2절 가사의 마지막 구절은 '빨간 구두 아가씨 멀어져가네'이다. 얼마나 무서웠으면 뒤도 안 돌아보고 발걸음을 재촉해 멀어져갔을까? 물론 이건 나 혼자만의 해석일 뿐이긴 하다.

너무 거창하게 얘기하기 싫어서 그 옛날 대중가요까지 소환했지만, 여기서 말하려 하는 것은 '(여성의) 일상에 스며 있는 타인 (남성)에 의한 공포'이며, 그 공포는 일상성과 함께 지극히 오랜 역사성도 갖고 있다는 것이다.

문재인정부가 출범하고 해가 바뀐 2018년 초 「뉴스룸」은 거대한 블랙홀로 빨려 들어갔다. 그것은 각오한 일이기도 했다. 또한 그만한 가치가 있었던 일이라고 지금도 믿는다. '미투'(Me Too) 보도였다.

세월호참사와 국정농단 정국, 그 외의 많은 경우에서 「뉴스룸」은 어젠다를 지켜가는 것이 얼마나 힘들고 지난한 일인가를 알고 있었다. 그러나 그것은 거꾸로 말하면 「뉴스룸」의 존재 이유였다. 그래서 모두 망설임 없이 달려든 것이기도 했다. 그런데 이번엔 훨씬 복잡했다. 젠더와 정치가 화학반응을 일으키면서 내연과 폭발을 계속했다. 미투 보도가 한창 이어질 때, 나는 주변에 종종 얘기하곤 했다. '태블릿PC와 그 이후의 국정농단 관련 보도를 이어갈 때보다 훨씬 힘들다'고. 그 미투 보도는 전혀 뜻밖의 기회로 시작되었다.

[장면 #1] 빈 공간에 서지현의 이름을 넣다

"아니, 월요일인데 런다운을 다 못 채우나?"

2018년 1월 29일은 월요일이었다. 보통의 월요일이면 런다운은 넘치곤 했다. 세상이 움직이기 시작하니 당연한 것이었다. 그런데 그날은 80분 RT(Running Time, 광고를 뺀 순수 방송시간)를 못 채우고 10여분이 비는 것이었다. 오후 편집회의에서 기삿거리가 없는지 점검을 하고 있었는데 예상치 못한 보고가 나왔다.

"여자 검사 한명이 검찰 내부망에 성추행 피해사실을 올렸습니다."
"누구지?"
"서지현 검사라고, 창원지검 통영지청인데요."
"그래? 현직 검사가?"
"상대도 그 당시 검사였습니다."
"아, 사건이네… 인터뷰도 가능할까?"

"글쎄요. 본인이 그런 의사가 아주 없는 것 같진 않습니다."

"아니, 그러면 당장 섭외를 해야지."

섭외를 재촉하면서도 반신반의했다. 현직 검사가 방송 인터뷰에 응한 경우를 거의 보지 못했고, 다른 일도 아닌 성폭력 폭로였다. 편집회의가 끝나고 바로 들어온 보고로는 서 검사가 인터뷰에 응하기로 했다는 것이었다. '일이 커질 것'이란 느낌이 머릿속을 채웠다. 소위 '검사동일체'의 문화 속에서 살아온 현직 검사가 같은 검사 출신 선배를, 성추행으로 고발하는 것이었다. 그것도 생방송 메인뉴스에서 앵커와 인터뷰로 말이다. 사건 당시에 은폐 작업이 있었다면 현재의 검찰조직에도 당연히 파장이 미칠 것이었다. 그 파장이 어디까지 이어질지, 그 깊이는 얼마나 될지 가늠하기 어려웠다. 그러나 이제 길고 지난한 어젠다 키핑의 또 다른 시작이 눈앞에 와 있다는 건 알 수 있었다.

혹여나 서 검사가 방송을 앞두고 마음이 변할까 걱정됐으나 나는 일부러 재차 확인하지 않았다. 이제부터 방송시간까지는 생각을 바꾸든 결심을 더 강하게 하든 온전히 그의 몫이었다. 그의 시간에 끼어들고 싶지 않았다.

[장면 #2] 그가 대답했다. "그것을 깨닫는 데에 8년이 걸렸다"고

그는 예상대로 단단한 사람이었다. 천성이 그런지는 모르겠다. 적어도 그가 8년의 담금질이 있은 후 카메라 앞에 앉은 그 순간에는 그렇게 느껴졌다. 피의자를 조사하는 검사가 아닌 성추행의 피해자로 나의 맞은편에 앉은 서지현은 처음엔 긴장한 것처럼 보였지만, 이내 자신이 할 말을 또박또박 풀어놓고 갔다. 여기서 따옴표를 써가며 대화록을 자세히 복기하지는 않을 것이다. 당사자로서는 큰 결심 끝에 방송에서 한 얘기를 나의 책이라 해서 쉽게 옮기는 것은 내키지 않는다.

다만, 그날 서지현 검사가 드러낸 사실들은 내가 자꾸 되물었을 정도로 믿기 어려운 것들이 많았다. 더욱 충격적이었던 것은 검찰 내에 검사 간의 성폭행, 즉 강간 사건이 있었음에도 덮였다는 사실이었다. 그리고 그날의 사건 이후 서 검사는 검찰 내 인사 관행과 전혀 맞지 않게 통영지청 경력검사로 발령받았다고 했다. 즉, 규모가 작은 지청에는 보통 한 사람의 경력검사(대략 7년차 이상의 검사)가 배치되는데, 당시 통영지청에는 이미 경력검사가 있었고, 여기에 더해 서 검사까지 발령을 낸 것은 의도적인 인사 불이익이라는 주장이었다.

서 검사가 지목한 당사자, 사건이 발생했을 당시 법무부 검찰국장이었던 전 검사장은 성추행 사실을 감추기 위해 서 검사에게 인사 불이익을 주었다는 혐의로 징역 2년을 받고 법정구속 되었고 2심에서도 같은 판결을 받았다. 그러나 대법원이 이 결론을 뒤집었다. 결국 파기 환송 끝에 2020년 9월 29일에 무죄가 최종 확정되었다. 서 검사를 통영지청으로 보낸 것이 인사 불이익이 아니며 인사권자로서의 재량권을 행사한 것이라고 했다. 판결에 이의를 제기하는 것은 이 책에서 다룰 영역이 아니므로 첨언하지 않으려

한다. 다만, 재량권이란 단어가 주는 모호성이 극대화된 느낌은 지울 수 없었다.

사실 그날 인터뷰의 핵심은 다른 데에 있었다. 서 검사는 자신이 인터뷰에 응한 이유를 설명했는데 대중의 반향은 거기서 가장 크게 일어났다. 이 말은 따옴표로 옮겨도 될 것 같다.

"저도 사실은 굉장히 고민을 했고요. 사실 검사 게시판에 글을 올리는 것도 굉장히 많이 고민을 했고, 또 글을 올릴 때까지 제가 이렇게 인터뷰를 하는 것을 전혀 생각하지 않았습니다. 그런데 주위에서 피해자가 직접 나가서 이야기를 해야만 너의 진실성에 무게를 줄 수 있다고 이야기를 해서요. 그 이야기에 용기를 얻어서 이렇게 나오게 됐습니다. 또 제가 사실은 꼭 하고 싶은 말이 있어서 나왔습니다. 사실 제가 범죄의 피해를 입었고, 또 성폭력의 피해를 입었음에도 거의 8년이란 시간 동안 '내가 무엇을 잘못했기 때문에 이런 일을 당한 것은 아닌가, 굉장히 내가 불명예스러운 일을 당했구나'라는 자책감에 굉장히 괴로움이 컸습니다. 그래서 이 자리에 나와서 범죄 피해자 분들께, 그리고 성폭력 피해자 분들께 '결코 당신의 잘못이 아니다'라는 것을 얘기해주고 싶어서 나왔습니다. 제가 그것을 깨닫는 데에 8년이 걸렸습니다."

다른 내용보다도 바로 이 답변으로 검사 서지현의 인터뷰는 미투의 기폭제가 되었다고 생각한다. 그 이후로 이어진 수많은 미투

들은 '당신의 잘못이 아니'라는 말에 힘입었다. 「뉴스룸」은 한달여 동안 숨 가쁘게 달려갔고, 마치 허들경기처럼 위태롭고 조마조마 한 장면들이 이어졌으며, 우리는 그 허들에 걸려 넘어지지 않으려 무진 애를 쓰는 가운데 마지막 인터뷰로 향하고 있었다.

[장면 #3] 주차장의 보도턱에 앉아 김지은이라는 이름을 듣다

2018년 3월 4일 일요일 오후, 보도국 탐사팀으로부터 전화를 받은 것은 부산 근교의 아웃렛 주차장에서였다.

"선배, 안희정 충남지사의 비서가 성폭력을 당했다고 합니다."
"뭐? 누구한테?"
"안 지사한테요. 꽤 오랫동안이라고 합니다."

충격이었다. 안희정이라니… 그는 이른바 대선주자급 정치인 아닌가. 그 엄청난 파장이 눈에 보였다.

"그냥 주장만 듣고 판단할 수는 없잖아? 취재가 잘된 건가?"
"네, 물론입니다. 그동안 취재해온 게 있습니다. 피해자가 내일 우리 방송에 출연해서 다 말하겠다고 합니다."

주차장 한구석 보도턱에 주저앉아서 생각하고 또 생각했다. 이걸 어떻게 다뤄야 하나.

이미 한달 넘게 쏟아져 나오는 미투 보도를 이어오던 차였다. 그동안 직접 인터뷰한 피해자들도 더 있었다. 「뉴스룸」은 미투 보도의 본산처럼 여겨졌다. 많은 리스크가 따르는 일이었다. 게다가 그 아픈 얘기들을 생방송으로 상황을 통제하면서 듣고 전한다는 것이 지극한 감정노동이었다. 또한 당연히 격려와 비난이 교차했다. 그러나 늘 그렇듯, 격려와 응원보다는 질타와 비난이 더 표면 위로 올라왔다. 비난자들은 나를 '메갈손'이라 부르고, 「뉴스룸」을 '미투룸'이라 부르며 조롱했다. 지금까지도 「뉴스룸」에 대한 비난의 상당수는 당시의 미투 보도를 고리로 하고 있는 것이 사실이다.

시간이 지나면서 우리의 미투 보도 자체에 대한 회의론도 내외부에서 있다는 소리 역시 들려왔다. '손 사장이 너무 단순하게 생각하는 게 아니냐'는 것이었다. 그러나 나는 서지현 검사를 만났을 때부터 이미 각오하고 있었다. 정권에 대한 비판이나, 대형참사에 대한 어젠다 지키기는 차라리 단순한 것일 수 있었다. 거기엔 용기만 있으면 되었다. 미투는 복잡했다. 젠더 문제였기 때문이다. 용기만 가지고 안 되는 부분이 있었다. 때로는 도가 지나친 공격들에 모두 대응하기도 어려웠다. 게다가 가해자의 가족들은 또 다른 피해자이기도 했다. 가해자가 대개 알려진 사람이다보니 아무 죄도 없는 그 가족들이 겪는 극심한 정신적 고통을 생각하면 마음 아팠다.

그런가 하면 피해자 우선으로 모든 상황을 정리해야 하다보니 이미 취재를 끝내놓고도 뒤돌아서야 하는 경우도 많았다. 피해자가 먼저 진실을 밝히겠다고 시작한 일도 막판에 그의 생각이 바뀌면 접을 수밖에 없었다. 아무리 상대가 극악무도한 성폭행 가해자라도 방법이 없었다. 그러는 사이에 되레 우리 쪽이 조금씩 지쳐가는 것 같았다.

「뉴스룸」에 대한 공격이 계속되면서 미투 보도가 나가는 날은 자연히 시청률도 영향을 받았다. 비록 시청률에 신경 쓰지 않는다 공언했지만, 그렇다고 무시하기도 어려웠다. 그러나 멈추기에는 이미 먼 길을 와 있었다. 일선 기자들은 여전히 미투 관련 사건들을 취재해 가져왔다. 이른바 남성혐오든 여성혐오든, 정치 이슈로든 젠더 이슈로든, 세상에는 사건으로서의 미투가 여전히 존재했다. 그것은 분명 현실이었고, 우리 사회가 궁극적으로는 벗어나야 할 질곡임에 틀림없었다. 그리고 어느 날인가 나는 이렇게 말하지 않을 수 없었다.

"「뉴스룸」은 아무리 공격을 받아도 미투 문제를 피해가지 않을 것입니다."

편집회의에서 이렇게 말한 날, 나는 차라리 속이 좀 편해짐을 느꼈다. 그건 누가 뭐래도 가치 있는 어젠다 키핑이라고 몇번이고 속으로 되뇌고 난 날이었다.

휴일의 아웃렛은 사람들로 붐벼서 차들이 쉴 새 없이 들고났다. 주차장 보도턱에 앉아 다음 날 긴급회의를 소집하는 문자를 날렸다. 휴대폰 위로 새봄의 햇빛이 쏟아져 내려 글자가 잘 보이지 않았다.

[장면 #4] 그에게 물었다. "거부하지는 않았느냐"고

다음 날인 3월 5일. 회의는 계속되었다. 동시에 재차 삼차 확인
도 계속되었다. 믿을 만한가? 나중에 문제 생기는 건 아닌가? 상대
가 현직 여권의 광역자치단체장이었고, 소위 대선주자급이었으므
로 파장이 걷잡을 수 없이 커질 것은 뻔했다.

우리가 정해놓은 미투 보도의 기준에 몇번이고 대입해봤다.

1. 미투 고백은 피해자 본인의 의지여야 한다.
2. 객관적 근거를 확보한다.
3. 피해자 본인이 어떤 이유로든 원치 않으면 보도하지 않는다.
4. 가해자와의 관계는 제도적 혹은 관습적 위계(位階)관계에 있
   어야 한다.
5. 피해가 지속적이라면 그것이 위계관계에 의한 것인지 확인돼
   야 한다.
6. 이를 밝힘으로써 공공의 이익에 부합되는가를 따져봐야 한다.
7. 2차 피해가 발생하지 않도록 사후 관리에 최선을 다해야 한다.

어긋나는 것이 없어 보였다. 그러나 기준에 맞는다 해도 결국
보도를 하느냐 마느냐는 우리가 결정해야 하는 일이었다. 무엇보
다도 인터뷰에 대한 부담이 내게는 너무 컸다. 첨예한 문제에 대
한 인터뷰로 때로는 모든 비난을 혼자 받아내야 하는 상황이 버거
울 때도 있었다. 이번이 그랬다. 직접 인터뷰를 하지 않는다면 다

른 방법은 기자가 인터뷰해서 리포트 안에 포함시키는 것이었다. 내심 그렇게 했으면 좋겠다는 생각을 안 한 것은 아니었다. 그러나 그건 비겁한 일일 수도 있었다.

"부르시지요. 안 그러면 가해자가 도지사이고, 그것도 여권의 대선주자급이어서 피해갔다는 얘기가 나올 수도 있습니다."
"알았습니다. 피해자가 우리를 택했으니 우리가 하는 게 맞다고 봅니다."

당시 보도국장이었던 권석천의 생각은 명료했다. 그때가 오후 5시쯤이었는데 그 이후로 뉴스 시간인 8시까지 세시간 동안 보도국에는 다시 긴장감이 흘렀다. 이런 긴장감은 표현하기 좀 어려운 것이기도 하다. 굳이 예를 들자면 폭풍전야 같다는 정도? 단추를 누르면 터지는데 그때까지는 상황이 어떻게 흘러갈지 알 수 없는? 삼성의 노조와해 문건을 보도했을 때도, 최순실의 태블릿PC를 보도할 때도 비슷했다. 희한하게도 내 경험상 그런 긴장감은 늘 조용함 속에서 오곤 했다. 그날도 그 세시간 동안 적어도 내게는 어디서 전화 한통 오지 않았다.

그는 내가 뉴스를 하는 도중에 변호사와 몇몇 낯선 얼굴들과 함께 스튜디오에 도착했다. 뉴스 중간에 잠깐 그가 대기 중인 스튜디오의 어두컴컴한 구석으로 가서 인사를 나눈 것이 그와의 첫 대면이었다. 그리고 잠시 후 앵커석의 밝은 빛 속으로 그가 들어왔다. 숨어 있던 그가 세상으로 나오던 순간이었다. 그때 내 눈에 띈

것은 그의 하얗게 말라버린, 한두군데가 터진 입술이었다.

곧 터져버릴 것 같은 긴장감은 김지은만의 것은 아니었다. 스튜디오 전체가 적막했고, 이어폰으로 들려왔던 조정실의 부산스러움도 그 순간에는 없었다. 모두가 숨죽이고 인터뷰를 기다리고 있었다. 앞서 쓴 것처럼 한달여 전 서지현 검사와의 첫 인터뷰 때도 그랬다. 서지현과 김지은의 인터뷰는 미투 관련 인터뷰의 처음과 끝에 있었지만, 그 긴장감은 시간이 지났다고 덜해지는 것이 아니었다. 나는 마음속으로 '이제 이런 인터뷰는 더 이상 하기 어렵다'는 생각을 하고 있었다. 나라고 감정이 무쇠일 수는 없었다. 솔직히 말해 나도 조금은 지쳐 있었고, 그때 스튜디오에 나타난 김지은은 나보다 더 지쳐 보였다. 하지만 두 사람에게 주어진 시간과 공간은 그 어떤 허술함도 허락되지 않는, 이를테면 절체절명의 것들이었다고나 할까. 스튜디오 전체에 흐르던 터질 듯한 긴장감은 그래서 그깟 '지쳤다'란 개인적 술회를 용납하지 않는 것이었다.

그는 작고 얼마간의 진동이 느껴지는 말투로 나의 질문에 대답해나갔다. 이 목소리가 마이크에 다 잡힐까를 염려했을 정도였다. 앞서 서지현과의 인터뷰를 얘기할 때와 마찬가지 이유로 그 내용을 따옴표를 써서 옮기진 않겠다. 내가 확인하려고 했던 것은 그가 주장하는 '위계상황에서의 타의적 행동' 여부와 그가 앞으로 벌어질 일들에 대해 어떻게 대응해나갈 것인가 등이었다. 안 지사는 이미 그날 '철저하게 합의에 의한 것'이었다고 반론을 내놓았고, 곧바로 법적 대응에 들어간다고 했기 때문에 당연히 확인해야 할 것들이었다. 그리고 무엇보다 이미 서지현과의 인터뷰 이후 미투

운동이 본격화된 상황에서도 김지은은 여전히 안 지사로부터 같은 상황을 겪고 있었다는 증언이 나오면서 그날의 인터뷰는 무게가 더해졌다.

인터뷰 이후로 이어진 여론전과 법정 싸움으로 인해 나와 「뉴스룸」에도 비난과 격려가 교차했다. 물론 앞서 말한 것처럼, 이런 경우 격려보다는 비난의 목소리가 훨씬 크게 들렸다. 이 역시 하나하나 복기한다는 것은 피해자에게 또 다른 심적 피해를 가중시킬 가능성이 있으므로 여기에 쓰지 않을 것이다. 18분 동안 이어진 그 인터뷰는 물리적으로는 길지 않았지만, 심적으로는 참으로 긴 인터뷰였다.

[장면 #5] 나에게 물어왔다. "자신있느냐"고

안희정 전 지사에 대한 1심 재판이 한창 막바지로 가고 있던 2018년 8월 초에 후배 기자가 내게 물어왔다.

"손 선배, 안 지사 쪽에서 손 선배한테 김지은 건을 아직도 자신하느냐고 한답니다."
"무슨 뜻이지?"
"아마 그쪽에선 무죄를 자신하는 것 같습니다."
"안 지사 쪽이라면 본인 얘기인가, 아니면 측근들 얘기인가?"
"본인은 아닌 것 같구요. 아마 측근인 것 같습니다."
"그런데 그걸 나한테 물어보라는 건가?"

"네, 아직도 김지은 씨 주장이 맞다고 생각하는지 듣고 싶다고 하는 모양입니다."

그러니까 '이 사건은 무죄라고 자신한다. 그러니 이 건을 인터뷰로 다룬 당신은 아직도 그 내용을 믿고 있느냐'는 뜻인 것 같았다.

"그건 내 몫이 아니라고 전해줘. 이제는 재판부가 판단할 일이지 않나."

그러고 나서 8월 14일에 재판부의 판결이 나왔다. 무죄였다. 재판부는 "위력으로 존재감을 과시해 피해자의 자유의사를 억압했다고 보기에는 증거가 부족하다"고 했다. 즉, 그가 상급자로서 '위력'은 가졌지만, 행위 시에 그 위력을 행사했다고 보기 어렵다는 것이었다. "합리적 의심의 여지 없이 모든 공소사실을 증명한다고 보기 어렵다"고 했는데, 그것은 곧 김지은의 성적 자기결정권이 침해됐다는 증명이 부족하다는 뜻이었다. 재판이 열리던 내내, 세간에서 김지은은 '정말로 자신의 의지는 없었던 것이냐'를 두고 끊임없는 의심을 받아야 했고, 1심 판결은 결과적으로 그런 의심에 힘을 실어주게 되었다. 나는 판결이 있던 날 '앵커브리핑'에서 "법원은 각각의 진술과 증거를 법의 잣대로 들여다본 뒤 '설사 피해 정황이 있다 하더라도 지금의 법체계하에서는 성폭력으로 규정하기 어렵다'고 했다. 그렇게 본다면 이번 법정 다툼은 결론이 정해져 있을 수밖에 없는 것"이라고 말하는 게 최선이었다. 열흘쯤 전에 들었던 '아직도 김지은의 주장이 맞다고 생각하는지?'라는 질문을 다시 떠올리면서. 그리고 반전은 반년 뒤에 일어났다.

[장면 #6] 세상의 변화는 조화로움 속에서만 오지 않는다

당연한 얘기지만 내가 받은 그 질문에 대한 대답을 해야 하는 재판부는 하나가 아니었다. 항소심의 결론은 1심의 재판부와는 딴판이었다. "위력은 존재했으나 행사된 바 없다"던 1심의 결론은 2심에 와서는 "순종해야만 하고, 내부 사정을 쉽게 드러낼 수 없는 지방 별정직 공무원이자 비서라는 취약한 처지를 이용해 피해자의 성적 자기결정권을 침해했다"로 바뀌었다. 동시에 "피해자는 피해를 호소하기 위해 얼굴과 이름을 드러낸 채 방송에 출연하는 극단적 방법을 택했고, 성적 모멸감과 함께 극심한 충격을 받았으며, 근거 없는 내용이 유포돼 추가 피해도 입었다"고 했다. 재판부의 눈에도 그의 방송 출연은 '극단적 방법'으로 보였던 모양이다. 안 전 지사는 결국 그날 법정 구속되었고, 2019년 9월 9일에 대법원에 의해 3년 6개월의 형을 확정받았다.

아마도 이 사건의 판결은 위계에 의한 위력의 범위와 정도를 판례로 규정하는 사례가 되었을 것이다. 이 판결은 분명 진보한 것이지만, 누군가의 눈에는 전혀 합리적이지 않은 페미니스트들의 승리일 뿐일 것이다. 하지만 어차피 세상의 변화는 조화로움 속에서만 오지는 않는다.

나는 2019년 1월 23일에 서지현 검사를 다시 한번 인터뷰한 후

더는 미투 관련 인터뷰를 진행하지 않았다. 첫 인터뷰 후 1년 만이었다. 돌이켜보면, 2018년 1월 29일 그날 팀장들이 더 많은 기사를 발제해 뉴스 시간이 꽉 찼더라면 서 검사는 「뉴스룸」에 올 필요가 없었을지도 모른다. 아니, 그랬다면 아마 다음 날에라도 왔을 것이다. 미투는 거스를 수 없는 파도와 같은 것이었다. 「뉴스룸」이 피해갈 수 있는 것이 아니었다.

지금도 미투 보도에 적극적이었던 「뉴스룸」에 대한 일부의 비난은 계속된다. 이 장에서 말하고 있는 어젠다 키핑은 그 의도가 본질적으로 선한 것이라 해도 현세의 갈등에 의해 얼마든지 폄하될 수 있다는 것도 깨닫고 있다.

6

우리는 평양에 가지 않았다

[장면 #1] 우리 집에는 북한 텔레비전이 나왔다

학교에선 북한에 텔레비전 방송이 없다고 했다. 그런데 집에 오면 어느 채널에선가 북한방송이 지직거리며 나왔다. 높은 층에 있던 나의 집에서는 그렇게 북한의 지상파가 잡혔다. 1970년대 초반의 일이다. 구파발 쪽에 있던 친척 집은 KBS가 나와야 할 채널에서 북한방송이 나왔다. 그 덕인지 뭔지, 시청료는 안 냈다고 했다. 아무튼 그래서 본의 아니게 북한의 텔레비전을 한두번은 보게 되었는데, 그 내용이야 뻔했다. 일관되게 체제 선전이었다. 수령님 덕에 잘살고 있다는.

1972년 9월 14일, 북한의 적십자회 대표들이 처음으로 서울에 왔다. 남북 적십자회는 그보다 두달 전에 있었던 7·4 남북공동성명의 후속조치로 이산가족 만남을 추진 중이었다. 그들이 서울에

온 날 밤 정부는 시내에 밤새 불을 켜두라 했다. 시내 빌딩들이 온통 불야성이었다. 그걸 구경하러 밤중에 남산에 올라간 사람들도 있었다. 다음 날 신문의 1면 톱은 그 야밤의 불야성 사진들이었다. 북에서 온 사람들 입장에선 그것 역시 체제 선전이었다. 그로부터 불과 한달 후인 10월 17일에 영구집권을 위한 10월유신이 있었으니 그 모든 것은 유신을 위한 정지(整地)작업이었다는 때늦은 분석이 나왔다.

이것이 내가 직접 본, 내 기억의 가장 먼 앞자리에 있는 남북관계의 만화경 같은 풍경들이다. 거의 반세기가 지나 나는 다시 미디어로서 남·북·미가 만나는 현장에 있게 되었다. 그런데 그때나 지금이나 본질적으로 뭐가 달라졌는지는 나의 통찰력이 부족한 탓인지 아직도 잘 모르겠다. 그렇다 하더라도 남·북·미 사이에 일어나는 일은 설령 그 끝이 허무할지언정 미디어에겐 매우 뜨거운 어젠다일 수밖에 없다. 그건 지구상에서 거의 유일하게 남아 있는 분단국가라는 민족적·지정학적 특수성에 따른 것이니, 특히 남한의 미디어에겐 피할 수 없는 운명적 어젠다이기도 하다. 물론 그 어젠다를 다루는 방향성은 매체에 따라 극명하게 나뉘고 있지만.

지금 생각하면 분단 이후 가장 뭔가 될 것 같은 희망이 넘치면서도 한편으로는 결국 안 될 것 같은, 불안한 시기였다. 그것은 분단 이후 남북관계의 부침을 몸으로 겪어온 학습효과이기도 했다. 2018년부터 19년 초까지 1년 남짓의 기간에 남·북·미는 무엇을 했던가. 김정은과 트럼프는 수없이 밀고 당기기를 거듭했고, 한국 정부의 역할은 제한되거나 좀더 확장되기를 반복했다. 나는 여기

에 당시의 정치적 상황을 사건별로 나열하고 분석해서 쓸 생각은
없다. 관련 사건의 나열은 단순한 정리 외에는 별 의미가 없어 보
이고, 분석을 하기에는 정보도 제한돼 있으며, 내가 그만한 전문가
적 지식을 갖춘 것도 아니다. 다만, 미디어로서 그 국면에서 무엇
을 하려고 했다거나, 무엇을 하고 싶었다는 것 정도는 쓸 수 있을
것이다. 그리고 그것은 이 책에서 말하고 있는 어젠다 키핑의 시
도이자 성공, 혹은 실패와 관련된 얘기이기도 하다.

[장면 #2] "손석희가 평양으로 간다"

손석희 사장이 내일 평양으로 들어감. JTBC 일부 기자들은
이미 평양에 들어가 있음. 김정은 인터뷰를 목표로 한다는데, 인
터뷰 성사는 아직 미정. 손석희 방북은 통일부에서 확인 가능.

2018년 6월 12일에 기자들 사이에 돌았던 소위 '지라시'다. 실
제로 몇몇 기자들은 통일부에 이 사실을 확인했다고 들었다. 실소
가 나왔지만, 당시는 무슨 일이든 일어날 수 있는 분위기이긴 했
다. 그래도 이건 좀 심했다.

6월 12일은 트럼프 당시 미 대통령과 김정은 국방위원장이 싱
가포르에서 회담한 날이다. 지금은 한때의 해프닝 정도로 격하될
수 있을지 몰라도, 당시로서는 역사적인 일이었다. JTBC 보도팀
은 그 며칠 전부터 현지에 도착해 매일 현지 생방송을 했고, 나와
안나경 앵커 역시 당일 북미회담 중계와 저녁의 「뉴스룸」, 관련 특

보 등을 싱가포르에서 진행했다. 그리고 다음 날 김정은 위원장은 평양으로 돌아갈 참이었는데, 저 지라시에 따르면 나도 같이 평양으로 들어간다는 것이었다. 들어가서 김정은 위원장과 인터뷰를 한다는 것이니 그림은 그럴듯했다.

심지어는 그날 밤, 김정은 위원장이 예고 없이 시내 관광을 나와서 식물원엘 들렀을 때도 마침 JTBC 특별 스튜디오가 근처에 있었으므로, 내가 인터뷰를 시도할 것이라는 소문까지 돌았다. 그때 생각했다. '아, 이래서 지라시는 지라시구나…'

다만 한가지, 우리는 그해 4월에 남북정상 간의 '판문점선언'이 나온 이후 평양과의 방송교류를 타진하던 중이긴 했다. 그러나 그것은 전혀 새어나갈 수 없는 논의 구조 속에서 이뤄지던 일이었다. 그 허황된 지라시(싱가포르 회담 직후 나의 평양행이나 시내관광 나온 김정은 위원장과의 인터뷰 등)가 그럴듯해 보였다면 그건 아마도 그보다 열흘쯤 전에 있었던 일 때문인지도 모르겠다.

[장면 #3] "손석희 선생이랑 잘하는 것 같은데 왜 그렇게 질문하오!"

2018년 6월 1일 아침에 남북 고위급회담을 위해 판문점으로 온 북한의 리선권 조국평화통일위원장은 JTBC 기자 김태영에게 불쑥 내 이름을 거론했다. 즉흥적 반응이었겠지만, 적어도 그때 내 이름이 튀어나온 맥락은 알 수 있을 것 같았다.

그해 김정은 위원장의 신년사를 필두로 북한의 평창 동계올림픽 참가 이후 남북은 해빙 무드였고, 미국의 트럼프는 김정은과의 관계 개선을 자신의 치적으로 삼기 위해 꽤 과감한 행보를 보일 때였다. 그는 말끝마다 '오바마는 못한 일이지만'을 달고 살았으니 북핵문제도 그에겐 사실 과시용이었다. 아무튼 그 당시는 남·북·미 3자의 이해관계가 모두 맞아떨어지는 상황이었다. 우선 그해 4월 27일에 판문점에서 남북 정상이 만나 판문점선언을 발표했다. 정상끼리 서로 분계선을 넘나들고, 도보다리를 걷는 것으로 기억에 남은 그 만남을 각 방송사들은 판문점에서 최대한 가까운 지역에 특별 스튜디오를 설치하고 중계했다.

판문점선언의 큰 틀은 첫째, 남북관계를 개선하고 발전시키며, 둘째, 남북 간 군사적 긴장 상태를 완화하고 전쟁 위험을 실질적으로 해소한다는 것. 그리고 한반도의 평화체제 구축을 위해 협력한다는 것이었다. 남북공동연락사무소(나중에 북측에 의해 폭파돼버렸지만)를 개성 지역에 설치하기로 했다. 또한 8·15를 계기로 이산가족과 친척 상봉을 진행하기로 합의했다. 동해선과 경의선 철도 및 도로를 연결하고 현대화하겠다는 내용도 포함됐다. 이 때문에 부산에서 런던까지 유라시아 철도가 완결되리라는 희망도 잠시 가질 수 있었다. 그 외에 긴장 완화를 위한 세부적인 추가 조치들을 담고 있었지만, 그것들이 말 그대로 불가역적으로 이행되리라고 믿는 것은 앞서 말한 '학습효과'로 인해 순진한 일로 치부되기도 했다.

아마도 북측이 실질적으로 당장 관심을 둔 것은 한미연합훈련이었을 것이다. 그래서 한미 양국이 '맥스선더'(Max Thunder) 연합 공중훈련을 계획대로 실시하기로 하자 이를 빌미로 양측의 고위급회담을 갑자기 무기 연기해버렸던 것이다. 판문점선언이 나온

지 20일도 되지 않은 5월 16일에 일어난 일이었고, 고위급회담은 바로 그날 예정돼 있었다. 리선권 조평통위원장은 다음 날 한국과 미국을 강하게 비판하고 이 상황을 '엄중사태'로 규정했다. 그 이후는 그야말로 엎치락뒤치락이었다. 5월 23일의 한미정상회담, 24일 갑작스러운 트럼프의 북미정상회담 취소 발표, 다시 이틀 뒤인 26일 판문점 통일각에서의 남북정상회담과 뒤이은 27일의 북미정상회담 재추진 발표 등등 하루가 멀다 하고 극적인 반전이 숨가쁘게 이어졌다. 그러고 나서 닷새 뒤인 6월 1일에 우여곡절 끝에 남북 고위급회담이 판문점 평화의집에서 다시 열린 것이었는데, 김태영 기자는 군사분계선을 막 넘어온 리선권 위원장을 만나 이렇게 질문을 던졌다.

"(고위급 회담을 연기하게 했던) '엄중한 사태'는 해결이 됐다고 보십니까?"

질문은 잘못되지 않았고, 당시 상황에서 나올 법했다. 아마 내가 현장에 있었더라도 그렇게 물어봤을 것이다. 그러나 잠깐의 침묵이 지나간 후 리선권은 예상치 못한 방향으로 되받아쳤다.

"화해와 협력을 도모하는 측면에서 질문이 진행되고, 뭔가 불신을 조장시키고 오도할 수 있는 질문을 하면 되지 않겠소이다. 그런데 어디 소속이요?"
"JTBC입니다."

"거 손석희 선생이랑 잘하는 거 같은데, 왜 그렇게 질문하오? 앞으로 이런 질문은 무례한 질문으로 치부할 수 있소. 엄중한 사태가 어디서 조성된 걸 뻔히 알면서 나한테 해소됐냐 물어보면 되겠소?"

그러면서 그는 "고위급회담이 잘될 것 같으냐"는 다른 기자의 질문에는 "잘될 거요. 기자 선생들은 잘 안 되길 바라오?"라고 되물었다. 한마디로 말에 거침이 없었다. 마치 미리 준비해놓은 듯이 속사포처럼 답변을 쏘아대는 것이었다. 나는 리선권이 김 기자의 질문을 핑계 삼아 자기가 하고 싶었던 얘기를 쏟아낸 것이라고 생각했다. 그리고 그가 소속 언론사를 캐물으며 간간이 내비친 한국 언론에 대한 불신감도 인상적이었다.

북측은 남측이 그러는 것과 마찬가지로 남·북·미와 관련한 우리의 언론보도를 면밀하게 모니터하고 있었으니 JTBC가 유지해온 기조를 잘 알고 있었을 것이다. 특히 탄핵 국면의 시작과 종료까지 JTBC가 어떻게 연관돼 있는지를 당연히 알고 있을 테고, 그만큼 그들에게도 관심 채널이 아닐 수 없었을 것이다. 나중의 일이지만 평양방송은, 태블릿PC에 대한 허위사실을 퍼뜨려 우리가 명예훼손으로 고소한 자의 감옥행까지도 상세히 보도할 정도였다.

우리의 보도 기조는 남북관계에 필요 이상으로 비관적이거나 부정적이진 않았다. 그래야만 변화가 추동될 수 있다고 봤다. 그것은 단지 사실의 나열이 저널리즘은 아니라는 믿음 때문이기도 했다. 적어도 사실관계가 틀린 것이 아니라면 사안을 바라보는 관점은 모두의 이익에 좀더 가까이 가는 것이 옳다는 생각이었다. 그렇다고 다른 언론이 이른바 '냉정'과 '현실'을 앞세워 비관적 관점을 내놓는 것을 우리가 비판할 필요도 없었다. 그런 관점도 필요한 것이고, 그들 나름대로는 모두의 이익을 위해 그렇게 보는 것일 테니까.

리선권 위원장의 "거 손석희 선생이랑 잘하는 것 같은데"는 아마도 그런 맥락에서 나온 발언이지 않을까. 물론 리선권의 그 발언을 교묘하게 꼬아서 마치 북측과 내가 서로 호의적인 관계인 양 보도하는 축도 있었다.

[장면 #4] 평양을 가려 하다

1984년 초에 MBC에 입사했을 때, 사내 잡지에서는 신입사원들의 장래 소망을 묻는 설문조사를 했다. 거기에 실린 나의 대답은 이러했다.

'MBC 평양지국장'

뻔한 질문에 심각하게 대답하기 싫어하는 내 성격 때문에 나온 대답이었을 것이다. 그래도 이런 얘길 하면 보나마나 일부에선 '그 옛날부터 친북이었다'고 할 것이다. 그런 반응은 일종의 불치병이니 할 수 없다. 어쨌든 그 까마득한 시절의 장래 소망은 결국 실현되지 않을 것이다. 그래도 '평양지국장'까지는 아니더라도 '평양 생방송' 정도는 아주 불가능한 일이 아니었을지도 모른다.

우리는 2018년 4월 27일 판문점선언 이후 북측의 책임자와 접촉할 수 있는 방법을 찾고 있었다. 이른바 '방송교류'의 물꼬를 터서 어떤 형태로든 성과를 낸다는 것이 목표였다. 물 들어왔을 때 노를 젓는다는 식으로, 남북관계에 좋은 신호가 왔을 때 우리뿐 아니라 다른 언론사에서도 같은 시도를 하리라고 봤다. 회사에 '남북교류 추진단'을 구성해서 그동안 북측 접촉과 취재를 담당해온 전문기자를 실무팀장으로 앉혔다. 그러나 일이 쉽게 추진된 것은 아니었다. 이런 일은 공개적으로 할 수도 없고, 얼마간 진전이 있다가도 금방 뒤집어질 가능성이 상존했다.

5월 중순에 들어서면서 약간의 실마리를 찾을 수 있었다. 우리는 북측에서 민간접촉을 담당하는 단체의 인사들과 해외에서 만나 대략의 논의를 진행했다. 물론 이런 접촉은 그 시도부터 결과까지 모두 한국의 통일부에 신고를 해야 가능한 일이었다. 그 과정에서 듣기로는 다른 언론사들도 움직이고 있다는 것이었다. 예상대로였다. 북측을 대신한 관계자들과의 첫 접촉에서 논의한 내용은 다음과 같은 것들이었다.

1. JTBC는 낮은 단계부터 추진하는 것이 유리하다. 즉, 평양의 달라진 모습을 중심으로 보도한다든가 하고, 고위급 인터뷰 등은 그렇게 단계적으로 접근해야 확률이 높을 것.
2. 북한은 현재 관광에 관심이 많은데, 이는 대북제재 국면에서 돌파구이기 때문. 방북이 실현되면 한국의 관광회사 대표들과 함께 올 것을 권유. '뭉쳐야 뜬다'(당시 JTBC의 여행 프로그램)

가 북한에 갈 수도 있을 것.

3. 세부 내용은 6·12 북미정상회담 후에 개성에서 만나 논의할
   수 있음.

대부분 그들의 희망사항일 뿐, 그대로 실천되기는 어려운 것이
많았다. 즉, 방송 내용을 그들이 원하는 대로만 할 수는 없는 것이
었다. 우리가 다루길 원하는 것은 비핵화문제 등 정치군사 분야
도 있었다. 그러나 첫술에 배부를 수는 없는 일이었다. 나는 이 보
고를 듣고 '가야 할 길은 멀지만, 못 가란 법은 없다' 정도로 정리
했다. 그들은 특히 JTBC에 대해 나름의 호감을 갖고 있는 듯했다.
얘기가 오가는 과정에서 "공정하게 보도한다" "젊은 층이 좋아하
는 것 같다"는 등의 얘기가 나왔다고 했다. '방송교류'를 추진하는
데에 기반은 어느 정도 갖춘 셈이었다. 왜냐하면 그들은 자신들의
대화 상대에 대해 매우 면밀하게 따져보고 호불호를 확실히 표현
하는 편이었는데, 일단 채널에 대한 거부감은 없는 것으로 보였기
때문이다. 남은 것은 밀고 당기는 협상이었다.

[장면 #5] "바람에 따라 돛을 바꿔 다는 사람이 아니어서…"

6월에 들어서면서 논의는 보다 구체화되었다. 나는 이런 논의는
가능한 한 빨리 진행시켜야 한다고 생각했다. 시간이 늦어질수록
변수만 생기므로 실패할 확률이 높았다. 물론 성사만이 능사는 아
니므로 조건이 안 맞는 게 명확해지면 이 역시 빨리 접어버린다는

것도 우리의 전제였다. 이 때문에 내가 북미정상회담 방송을 위해 싱가포르에 가 있던 시기에도 베이징 등지에서 우리 실무팀과 북측과의 접촉은 계속되었다. 논의의 의제는 세가지였다. 첫째, 「뉴스룸」의 평양 현지 생방송, 둘째, JTBC의 평양지국 설치 문제, 셋째, 조선중앙TV와의 교류·협력이었다.

이 가운데 「뉴스룸」의 평양 생방송은 양측이 당장 논의할 수 있는 것이었다. 나머지 두가지는 일단 원론적인 것만 합의서에 넣으면 향후에 논의할 수 있다고 보았다. 우선은 평양에서의 생방송을 3일간으로 제안하고 그 방송 내용은 자칫 결과적으로 북측의 선전에 이용됐다는 평가를 받는 것이 되어선 안 된다는 전제를 세웠다. 북측의 요구는 정치·군사적인 문제는 다루지 말자는 것이었지만, 그걸 뺀다는 것은 사실 말이 안 되는 일이었다. 우리가 왜 평양에 가서 방송하는가가 명확해야만 했다. 또한 핵심은 이른바 최고위급(김정은 위원장)과의 인터뷰였는데, 이는 어차피 합의서상에 넣을 수는 없는 일이지만, 포기할 수도 없는 사안이었다.

「뉴스룸」 평양방송에 대한 북측 관계자들의 반응은 그리 나쁘지 않았다. 모르긴 몰라도 그들이 이런 일을 혼자 결정하진 않았을 터이니, 보다 상층부의 분위기도 그랬으리라 짐작되었다. 다만 남쪽의 취재진이 대거 방북하는 문제에 대해서는 크게 난색을 표했다. 3일간의 보도를 위해서는 제작지원팀을 포함해 최소한 60~70명의 대규모 방북팀이 필요한 상황이었다.

"우리 쪽(북측)에서 50명 정도가 서울로 가면 통일부와 국정원이 수백명 동원된다. 신변안전이 문제다. 손 사장이 평양에서 보도한 다는 데에 의미를 찾자. 20명만 와도 사상 최대다. 쉽지 않다. 최대한 인원은 줄여달라."

이해할 수는 있었다. 사실 방북 규모가 문제라기보다는 이 사람들이 정말 의지가 있느냐가 우리에겐 더 중요했다. 분위기를 만들어가기 위한 것이었겠지만 그들은 꽤 호의적인 자세로 나왔다.

"손 사장은 언론인에 앞서 바람에 따라 돛을 바꿔 다는 사람이 아니라는 생각이 든다."

내가 옮기기엔 민망한, 그들로서는 최대한의 립서비스였을 것이다. 굳이 옮기는 것은, 이 말을 전해 들었을 때부터 나로서는 더욱 진중하게 접근해야 한다는 생각을 했기 때문이다. 아무리 남북관계에 대한 기대가 넘쳐나도 더욱 중심을 잡아야 할 필요가 있었다. 우선 우리 쪽에서는 평양에서의 비용 문제나 방송 내용에서 문제가 생길 경우 그 결과가 어떻게 돌아올지 뻔했다. 또한 북측에 대해서도, 어찌 됐든 상대가 있는 협상에서 내가 믿음을 주지 못하면 그것도 향후 부정적인 요인으로 작용할 것이었다.

그랬다. 그들의 표현을 빌리자면, 이 경우도 '바람에 따라 돛을 달면 안 되는' 것이었다.

합의서

북측 ○○○ 관계자들과 남측 JTBC 관계자들은 2018년 6월 ○○일부터 ○○일 사이에 ○○에서 손석희 JTBC 보도담당 사장일행의 평양방문문제와 관련한 실무협의를 가지였다.

량측은 력사적인 4·27 판문점선언의 정신에 립각하여 민족 적화해와 단합, 공동번영을 이룩해나가는 데서 언론인들이 시대의 선도자로서 책임적이고도 중요한 역할을 하여야 한다는데 대하여 인식을 같이하였다.

량측은 손석희 JTBC 보도담당 사장일행의 평양방문이 북남 관계발전에 긍정적인 기여를 하게 되리라는 것을 확신하면서 2018년 7월~8월 사이의 호상 편리한 시기에 JTBC측의 평양방문을 실현시키기로 원칙적인 합의를 보았다.

량측은 JTBC취재단의 방문일정과 취재내용, 위성방송형식 등 실무적으로 제기되는 문제들에 대하여 의견을 교환하였으며, 이에 기초하여 빠른 시일 안에 문서교환 또는 실무접촉을 통하여 정식합의서를 맺기로 하였다.

○○○의	JTBC 방송사의
위임에 따라	위임에 따라
○○○	권석천

2018년 6월 14일, 중국 베이징

두달 가까이 접촉해온 결과물로 이 합의서가 나왔다. 그러나 정식 합의서가 아니라 잠정 합의서였으므로 얼마든지 중간에 틀어질 수 있었다. 심지어는 정식 합의서라 하더라도 남북 간의 문제는 워낙 변수가 많아서 언제든 원점으로 돌아갈 가능성도 염두에 두어야 했다. 정식 합의서는 평양에 가서 사전답사와 방송교류 조건에 대한 논의를 한 뒤에 맺는다는 것이 우리의 생각이었다. 그 '조건'에는 가장 중요한 '취재 및 방송 내용'과 '비용'의 문제가 있었다. 그러니 이 모든 일이 없던 일이 될 수 있다는 건 당연한 고려사항이었다.

마침내 7월 3일에 북측의 초청장이 도착했다. JTBC의 실무진 8명이 대상이었다. 권석천 보도국장과 관련 취재팀장을 비롯해 제작프로듀서와 기술책임자, 미술팀장 등을 망라한 실무진이었다. 이들이 7월 9일부터 12일 사이에 평양으로 가서 생방송을 위한 모든 사전 작업을 마치고 와야 했다. 그뿐 아니라, 평양지국 개설 문제도 적어도 기초 논의는 하고 온다는 것이 목표였다. 나는 일이 잘 풀릴 경우 생방송을 위해 평양으로 가게 될지도 모르는 취재 및 제작진들을 머릿속에 그려놓고 있었다. 때는 여름 휴가철이었지만, 그들에게는 조만간 이유를 밝히지 않은 '휴가금지령'이 전달될 것이었다. 역시 통일부에 평양방문 사실을 신고했고, 통일부에서는 우리에게 몇가지 우려사항만을 전달하면서 허가를 내줬다. 화살은 시위를 떠날 준비를 마친 셈이었다.

[장면 #7] "이번 방문은 판을 깨러 가는 게 아닙니다"

2018년 7월 8일 권석천 국장을 비롯한 실무진 8명은 베이징으로 떠났다. 그날은 일요일이었고, 그곳에서 하루를 지내고 다음 날인 월요일 오후에 평양으로 들어갈 예정이었다. 우리의 평양행은 다른 언론에도 보도되면서 세간의 관심을 끌었다. 어찌 됐든 신생 방송사인 JTBC가 다른 거대 지상파 방송사들을 제치고 평양으로 가서 메인뉴스의 현지 진행과, 최초의 평양지국 문제를 논의한다는 것은 방송사에 남을 일이었다. 실무 및 협상 책임자였던 권석천 국장은 칼럼니스트로 이름을 날린 신문언론인 출신이었지만, 나와는 주요 고비에서 JTBC의 보도담당 사장과 보도국장으로 호흡을 맞춰온 사이였다. 나는 성격이 급한 면도 있고, 무슨 일이 터지면 몰아가는 편인데, 그는 조용한 성격에 신중한 쪽이어서 조화가 잘 이뤄진 측면이 있었다.

실무진이 떠나기 전에도 나는 혹 권석천 국장이 지나치게 신중할 경우에 대비해서 몇차례 다짐을 해두기도 했다.

"이번 방문은 판을 깨러 가는 게 아닙니다. 기본적으로는 성사시키는 것이 목표입니다. 정말 아닌 경우만 아니면 판을 깨면 안 됩니다."

"판이 깨지는 경우가 오더라도 서로 명분 있게 판을 깨야 합니다."

"우리는 뉴스 하러 가는 겁니다. 뉴스의 경계 안에 넣으면 많은 것이 해결됩니다. 리얼한 북한을 보여줍시다. 무슨 얘기를 하든지 편집할 필요 없이 뉴스를 만들면 됩니다. 아무튼 주제는 '뉴스'입니다."

위의 말들은 내가 권 국장에게 쏟아낸 것들이다. 가기 전까지 훨씬 더 많은 말들을 했으나 대개 비슷했다. 내가 저렇게까지 한 것은 그때까지 워낙 비낙관적(비관적이라고까지는 표현하지 않겠다) 요소들이 많이 있었기 때문이다.

우리는 이틀이건 사흘이건 평양에서 방송을 하게 되면, 첫째, 김정은 위원장 인터뷰, 둘째, 북측이 4·27 판문점선언 후 5월 24일에 폭파해서 폐쇄한 풍계리 핵실험장 탐사, 그리고 셋째, 북측이 현대화해서 다시 연결하겠다는 동해선과 경의선 철도의 주요 지점에 대한 취재를 제안한 바 있었다. 사실은 이 내용들을 다 다루려면 더 많은 시간과 취재인력이 필요했지만, 이 정도를 끌어내지 못하면 되레 국내에서 비판을 받을 수 있다는 우려가 컸다. 물론 북측이 원하는 평양의 실상이라든가 관광 문제는 중간중간 포함시켜서 다루면 될 일이었다.

방송 내용의 구성은 실무진이 떠나기 전부터 고민하던 부분들이기도 했고, 분명히 상당 부분이 벽에 부딪힐 것이란 예상도 했다. 그리고 비용 문제도 복병이었다. 현지에서 발생하는 비용을 대북 제재가 지속되는 상황에서 어떤 방식으로 지불할 것이냐가 문제였다. 항목별로 세분화해서 제재에 해당되는 부분은 지불을 못하게 되는데 이 경우 북측이 받아들일 수 있느냐가 관건일 수 있었다.

이런 '비낙관적' 요인들을 뻔히 알면서도 권 국장에게 자꾸 저런 다짐을 받은 것은 내 욕심 때문이었을까. 그럴 수도 있겠다. 그러나 적어도 2018년 7월의 상황에서 그것은 '완전히 불가능한' 영역에 있는 일은 아닌 것으로 보였다. 앞서 말했듯 다른 방송사들도 각자의 방법으로 시도 중이었고 사회 분위기도 심지어는 휴전선에 가까운 지역들의 땅값이 뛸 정도였다. 그리고 우리만큼 여러 조건에서 평양에 가까이 갈 수 있는 방송사는 없었다. 남북문제라는 어젠다를 평양 현지방송과 지국 설치라는 커다란 이벤트로 이어간다는 것은 분명 도전해볼 만한 가치가 있는 일이라 생각했다. 결국은 실패하더라도 민족문제가 중심인 어젠다는 그것을 낙관적으로 유지해가는 것이 중요하다는 생각을, 아마도 나는 (비록 치기가 섞인 대답이었다 해도) 'MBC 평양지국장'이 장래 소망이라고 썼을 때부터 갖고 있었을 것이다.

그것은 한 방송사의 공명심의 문제일 수도 있었지만, 이제 겨우 다시 시작된 해빙기의 아침에 그래도 언론이 약간의 온기를 더할 수 있느냐의 문제이기도 했다. 그것이 어쩌면 매우 드물게 '긍정적 사안을 대상으로 한 어젠다 키핑'의 사례가 될 수도 있다고 보았다. 비록 다시 빙하기로 돌아간다 하더라도 해빙의 기억은 중요한 것이니까.

[장면 #8] 바람은 불어오지 않았다

2018년 7월 9일 오전, JTBC 실무진은 베이징을 떠나 달의 이면(裏面)으로 들어갔다. 통신은 두절되었다. 그러나 그런 상황이 오래 가진 않았다. 만 하루가 더 지난 7월 10일 밤늦게 권석천 국장으로부터 이메일이 도착했다. 짧은 메일이었다. 예상대로 우선은 "우리가 비핵화 부분(풍계리 실험장 취재)을 다루는 것에 대한 부정적인 반응이 이어진다"는 것이었다. 나는 절반쯤 마음을 내려놓기로 했다. 비핵화 현안 없이 북측에서 원하는 것만 다룬다는 건 있을 수 없는 일이었다. 다만 한가지 남아 있는 것은 최고위급, 혹은 남북 관계나 비핵화 문제를 다루는 책임자급 인물과의 인터뷰였다. 사실 다 양보해도 그 인터뷰들만 성사되면 거기서 어느 정도는 다룰 수 있다고 생각했다. 그리고 북측의 입장에서도 적어도 그런 수준의 인터뷰가 이뤄졌을 때 손해는 아니리라 판단할 것이라고 믿었다. 긴 하루가 지나간 후 7월 11일 오후에 도착한 권 국장의 메일은 이른바 굿 뉴스와 배드 뉴스의 조합이었다.

1. 「뉴스룸」의 평양 생방송은 2018년 8월 1일과 2일 진행
2. 특별 스튜디오는 김일성광장의 대동강변 쪽 계단
3. 방북 취재 및 제작진은 모두 50명
4. 방문기간 발생하는 경비는 JTBC 부담

여기까지가 양측이 만든 합의서의 주요 내용, 즉, 굿 뉴스였다. 함께 올라갔던 미술팀장 등 JTBC의 제작진은 현장 답사까지 모두 마친 상태였다.

"합의서 내용과 부록 합의서 내용을 조정했습니다. 하지만 아직

해소되지 않은 부분이 있어 막판까지 진통이 예상됩니다. 직접 가서 말씀드리도록 하겠습니다. 예정대로 합의서에 사인할 경우 내일 오전 10시 항공편 출발 전에 사인을 할 계획입니다.”

나는 이 문장에서 배드 뉴스를 직감했다. 그리고 권 국장이 걱정한 대로 최종 합의서는 결국 사인에 이르지 못했다.

방북팀은 ‘판이 깨진 상태로’ 서울로 돌아왔다. 이유는 처음부터 예상했던 대로였다. 평양에서의 「뉴스룸」 진행 자체는 양쪽 모두에게 의미 있는 일이었겠지만, 무엇을 다룰 것이냐에 대해선 간극이 좁혀지지 않았다. 김정은 위원장과의 인터뷰 역시 그런 상황에선 불가능한 것이었을 게다. 최소 이틀 동안의 현지 생방송과 이를 뒷받침할 취재에 들어갈 각종 비용 문제들도 복잡다단한 대북규제의 틀 내에서 해결 방법이 요원했다. 통일부에는 이 논의의 결말을 알렸다. 우리는 그해 8월 30일까지 접촉 승인을 받아놓았기에 아직 한달 반이 더 남아 있었지만 그 남은 시간들이란 구멍 뚫린 호주머니처럼 공허한 것이었다.

[장면#9] **책을 덮다**

석달 가까이 밀고 당겼던 ‘사업’은 그렇게 성사 직전에 멈췄다. 평양에 갔다 온 실무진의 말을 들어보니 북측은 우리 팀이 도착하자마자 거의 쉴 틈도 없이 협의에 들어가 빨리 결론을 내고 싶어했다는 것이었다. 체류시간이 짧은 탓도 있겠으나 그들도 의지는 강했다고 생각했다. 그러나 갖가지 변수가 도사리고 있는 남·북·미 관계에서 우리의 시도란 바람 앞에 등잔불이거나 쓰러지기 직전의 계란과 같았다. 그래도 서로가 감정을 상하고 헤어지진 않았다. 그들 말대로 "여기서 일단 책을 덮었다가 우리가 덮었던 페이지에서 다시 시작해도 되는 것"일지도 몰랐다.

그렇게 해서 민족문제에 관한 어젠다를 주어진 조건 속에서 자력으로 이어가려 했던 시도는 성공하지 못했다. 돌이켜보면 그건 무모한 시도이기도 했다. 그 이후 9월에 평양에서 열린 3차 남북정상회담이 한번쯤 더 있었던 정점이라면 다음 해 2월 하노이에서 있었던 2차 북미회담, 그리고 6월 남·북·미 정상들의 깜짝 판문점 조우들은 이미 정점을 지나 내리막길에 들어선 상태에서 이어진 후렴구와 같은 것들이었다. 우리가 2018년 7월의 국면에서 무엇이든 이루어냈다 하더라도 결국 원점으로 돌아갔을지도 모른다. 마치 남북공동연락사무소가 하루아침에 폭파된 것처럼. 그러나 그러한 시도들을 그때조차 하지 않았더라면 우리는 냉정하고 현명했던 것일까?

이 글을 쓰기 전에 지금은 법무법인의 고문으로 가 있는 권석천 전 총괄(그는 보도국장을 그만둔 후 보도총괄을 지냈다)과 문자로 얘기를 나눴다. 몇가지 확인할 것들이 있어서였다. 그 문자의 말미에 우리는 이렇게 주고받았다.

"아무튼 좋은 시절이었네요."
"네, 손 선배. 가슴 설레던 때였습니다."

2021년 2월에 미국 워싱턴에 특파원으로 나가 있는 기자 김필규로부터 연락이 왔다. 그는 '팩트체크'의 초대 팩트체커를 거쳐 주말 「뉴스룸」의 앵커를 지낸 후 워싱턴 특파원으로 부임했다. 가자마자 평소 성격대로 꽤 부지런히 여러 사람을 만나면서 취재를 하는 모양이었다. 그는 그날도 북미회담 당시 막후에서 일했던 미국 측 관계자를 만났는데 JTBC 관련 얘기가 나와서 흥미롭게 들었다는 것이었다.

그는 김필규 기자에게 세차례의 북미정상회담과 이를 전후한 막전막후에 대해 꽤 소상히 털어놓았다. 하지만 이건 직접 들은 김 기자가 훗날 공개할 수 있다면 할 것이고, 내가 전해 듣고 쓸 일은 아닌 것 같다. 다만, JTBC와 관련해선 내가 위에 쓴 것의 연장선상에 있는 것 같아 김필규 기자의 동의하에 옮긴다.

그 관계자에 따르면 언론사의 평양지국은 당시로선 불가능한 일이 아니었으며, 사실상 JTBC가 가장 유리한 위치에 있었다는 것이었다. 다른 지상파 방송들도 지국을 개설하는 일에 적극적으로 뛰어들었지만 북한 입장에서는 부정적이었다는 것. 이유는 공영방송의 경우 정권의 성격에 따라 자칫 지속성이 없을 수 있다는 것이었다. 물론 이것은 북측만이 걱정할 일은 아니었다. 적어도 지속성에 관한 한 북측도 자신있게 말할 상황은 아니지 않은가. 실제로 북과의 관계가 다시 빙하기로 들어섰을 때에도, 북에 있는 남한의 방송사가 남과 북의 당국으로부터 어떤 형태로든 압박을 받지 않고 공적 이익을 위해 보도를 할 수 있느냐는 매우 중대한 이슈임에 틀림이 없었다. 그건 공영방송이 아니라 JTBC가 평양으로 갔어도 보장받기 어려운 문제였다.

또한 국내의 일부 여론도 생각지 않을 수 없는 일이다. 1991년의 걸프전에서 CNN의 특파원 피터 아네트(Peter Arnett)는 적국인 이라크의 바그다드에 혼자 남아 피해 상황을 보도했다. 당시로선 흔치 않았던 이동 가능한 위성중계기를 갖고 있던 덕이기도 했다. 그의 보도를 접한 미국의 매파, 즉 보수우파들은 그를 '첩자'라고 부르며 CNN에 대한 비난을 쏟아냈다. 그러나 CNN은, 비록 그것이 본질적으로는 상업주의였겠지만, 아무튼 다수 시청자들의 지지로 버텨냈다. 만일 우여곡절 끝에 우리가 지국을 개설했다 해도, 남북관계가 빙하기로 들어섰을 때 버텨낼 수 있었을까. 아마도 내가 생각했던 민족문제에 대한 어젠다 키핑은 수많은 논란 속에 오래 지속되지 못했을지도 모른다. 그러나 이 모든 추측은 일어나지 않았던 일에 대한 '비낙관적' 가정에 의한 것일 뿐이다. 적어도 그 당시에는 북측이나 우리나 '지속가능성'에 관심을 두었을 정도로 상황은 '비낙관적'이지 않았다.

김필규 기자가 전한 뒷얘기를 들으면서 2018년 여름에 진행됐던 과정들은 무모하긴 했으나 무의미한 것은 아니었다는 생각을 새삼 하게 되었다. 그러한 시도들로 인해 우리에게 남겨진 것이 '해빙의 기억'이라면, 그것으로 또한 한걸음 나아가는 것이 아닐까.

저널리즘은
무엇이어야
하는가?

2부

2013년 9월, 「뉴스9」 리허설 현장에서

1

공영방송에서 종편으로

[장면 #1] '공영방송의 사나운 운명'

1984년 3월의 어느 날로 거슬러 올라가보자. 그해 1월 초에 MBC
에 입사한 나는 그날 난생처음으로 라디오 뉴스를 진행했다. 보도
국 라디오 편집부로 가니 뉴스 편집자가 책상 위에 뉴스용 원고
를 길게 늘어놓고 있었다. 5분짜리 뉴스였지만, 광고 등의 시간을
빼면 알맹이는 딱 3분. 그런데 톱으로 들어간 당시 대통령 전두환
씨 기사가 거의 2분을 차지했다. 그 유명한 이른바 '땡전뉴스'(시보
가 '땡' 하고 울리면 '전두환 대통령은…' 하면서 뉴스가 시작됐다)였다. 순진했
던(?) 나는 3분 동안에 대통령 관련 뉴스를 2분이나 한다는 게 도
무지 이해가 가지 않았다. 방송을 위해 라디오 스튜디오로 들어간
나는 대통령 관련 뉴스를 대폭 쳐내서 30~40초 정도로 줄인 다음
그 뒤에 다른 뉴스들의 분량을 늘렸다.

방송을 마치고 뉴스 편집부에 다시 원고를 갖다 놓으러 갔을 땐 이미 난리가 나 있었다.

"아니, 당신 누구야? 당신 대체 뭔데 맘대로 뉴스를 편집해?"
"아, 그게 대통령 뉴스가 너무 많이 들어가는 바람에 다른 뉴스들을 못 낼 것 같아서요."
"뭐? 그걸 왜 당신이 판단을 해? 아, 어떡하지… 이 친구 이거 큰일 낼 친구네!"

아시다시피 그 당시는 '보도지침'이란 게 있어서, 특히 정치 분야는 무엇을 보도할지 안 할지, 얼마나 보도할지, 언제부터 혹은 언제까지 보도할지 등등이 상당 부분 정부에 의해서 정해지고 통제되던 세상이었다. 대통령 관련 뉴스는 그중에서도 가장 중요했고, 그날의 대통령 관련 뉴스도 역시 그 순서와(물론 늘 톱이었지만) 분량이 정해져서 내려왔을 것이다. 그걸 이제 입사한 지 석 달밖에 안 되는 신참이 맘대로 편집해서 날려먹었으니 난리가 난 건 당연했다.

나의 방송 이력은 그렇게 범상치 않게(?) 시작되었다. 저널리즘이 어떻게 왜곡될 수 있는가를 본의 아니게 방송 첫날부터 몸으로 깨달아야 했다. 내가 택했던 공영방송은 이름만 '공영'일 뿐 그 소유구조는 공영과는 거리가 멀었다. 그리고 재원은 민간기업으로부터, 즉 광고로 채워졌다. 그러니까 정치권력과 경제권력으로부터 자유로울 수가 없는 구조였던 것이다. 내부 구성원들의 '공영'

이기 위한 싸움도 계속됐다. 이 때문에 MBC는 끊임없이 그 정체성을 놓고 풍파에 시달렸다. 틈만 나면 '민영화시키자'는 주장이 안팎에서 제기되기도 했다. 다음은 그로부터도 훨씬 뒤에 쓴 글이지만 여전히 '공영방송의 사나운 운명'을 말하고 있다.

"어떤 규칙과 규정도 슈퍼마켓을 문화관으로 변화시킬 수는 없다."

공영방송의 신봉자이고 프랑스의 공영 텔레비전인 A2와 FR3의 회장이었던 에르베 부르주(Hervé Bourges)가 상업방송의 한계에 대해 한 말이다. 상업방송이 벌이는 시청률 경쟁은 결국 대부분의 프로그램을 오락적으로 표준화시키고, 비판적 감시 또는 견제 역할이라는 방송의 공공성을 자본의 싸움터에 묻어버린다. 에르베 부르주가 회장으로 있던 공영방송들도 '민영방송과의 경쟁과 광고 수입의 필요성에 몰려 근거 없이 저질화로 치닫는다'는 비판을 면치 못하고 있었고, 한쪽에서는 민영화의 요구가 드세지고 있었으므로 그의 말은 공영방송을 지켜내기 위한 '비명'에 가까운 것이었다.

영국의 언론 비평가 데니스 포터(Dennis Potter)가 BBC를 두고 한 말은 좀더 처절하다.

"우리가 구해내야 할 것은 BBC 자체가 아니라 공익방송이며 그 시기가 가까워짐에 두려움을 느낀다."

BBC는 그 시작부터가 상업적인 것과는 거리가 있었다. '권위를 좋아하는 보수당과 사적 기업을 싫어하는 노동당'이 의회에서 합작해낸 기관으로서 정치적·경제적 통제로부터 벗어나 공적인 문제에 대한 정보제공자의 역할이 강조되었다.

그러나 70년대 이후 BBC는 그 자율성을 침해하는 갖가지 압박에 시달려왔다. 구성원들은 특권을 지닌 독선적 좌파라는 공격을 받았고, 예산은 감축되었다. 보수진영의 유력한 연구소인 애덤 스미스 연구소는 93년에 이르러 'BBC는 민영화되어야 한다'고까지 주장했고, 결국 BBC는 직원의 대폭 감축과 사기업과의 합작 투자 등으로 완전한 상업화의 위기를 모면했다. 데니스 포터의 말은 이처럼 갈수록 거세지고 있는 BBC 민영화의 압박에 대한 우려에서 나온 말이다.

미국의 공영방송 PBS가 받고 있는 공격은 매우 노골적으로 정치적이다. PBS가 담아내는 콘텐츠의 성향에 따라 보수진영과 진보진영 양쪽이 모두 PBS를 두들겨댔다. 그래서 PBS를 표현하는 가장 적절한 말은 '동네북'(drum being beaten by everyone)이다. 물론 주로 두들겨댄 쪽은 보수진영이다.

공화당의 대선후보였던 로버트 돌(Robert Dole)은 상원의원 시절이던 92년에 '공영방송은 점점 더 균형감각을 잃어가고 있고, 자유주의를 선동하고 있으며 나는 이런 것들이 지겹다'고 일갈했고, 하원의장이었던 뉴트 깅리치(Newt Gingrich)는 '공영방송에 몸담고 있는 자들은 자신들의 방송을 장난감처럼 갖고 논다'고 몰아붙였다. 적어도 70년대 초반 닉슨 시절부터 시작된 이러한 정치적 공세는 PBS에 대한 예산 감축으로 이어져서 1980년에 PBS 예산의 26%를 차지하던 연방지원금은 1990년에는 이미 16%로 떨어져 있었다. 여기에 보수적인 헤리티지 재단 연구소가 아예 '공영방송을 없애고 민영화하라'는 보고서까지 내놓은 게 돌과 깅리치가 한창 PBS를 공격해대던 92년이었다.

공통점은 분명하다. 공영방송은 정치적으로 경제적으로 늘 압박의 대상이었다. 공영방송이 추구하는 공익적 가치가 정치권력이나 경제권력의 이데올로기와 충돌할 때 압력은 발생하는 것이고, 그러한 압력은 예외 없이 민영화 요구로 나타나고 있는 것이다. 우리의 경우는 태생부터가 기형적이긴 하지만, 제대로 일어서보기도 전부터 민영화 압력을 받아왔다. 또다시 불거진 민영화 논란을 보면서 우리 공영방송도 팔자가 참 사납다는 생각이 든다.

——「공영방송의 사나운 운명」(『문화일보』 2003.6.26)

입사한 지 20년쯤 뒤에 쓴 글이지만 거꾸로 지금부터 보면 또 한 20년 가까이 된 글이다. 그러니까 전후로 40년 가까이 되는 시간 속에서 현실은 바뀌지 않았다. 보수정권하에서 대부분의 경우 MBC는 상대적으로 더욱 애완견의 역할을 요구받았다. 5공 시절의 직접적 통제에서 적어도 형식적으로 벗어난 뒤에도, 최대 주주인 방송문화진흥회의 인적 구성 자체가 정부 여당에 유리하도록 돼 있기 때문에 얼마든지 간접통제가 가능했다. 그 통에 구성원들은 싸워야 했고, 파업이 계속될 때도 있었다. 신참 시절 어쭙잖게 뉴스 편집을 내 멋대로 했다가, 그때까지 머릿속에 개념도 서지 않았던 저널리즘의 왜곡된 구조를 첫 방송서부터 체험했던 나는 사실 용기도 별로 없으면서 그 싸움에 동참해왔고 때로는 앞장서기도 했다.

이명박정부가 들어선 이후에도 해고와 직무변경, 그리고 이를 메우기 위한 인력 보충, 이에 따른 서로 간의 반목이라는 악순환이 계속됐다. 그 와중에 나의 마지막 선택이 회사를 떠나는 것이 되어 선후배들에겐 미안하기도 했고, 허허롭기도 했으나 그것 역시 나의 선택이므로 내가 책임져야 할 일이었다.

[장면 #2] '먼 곳에서 들려온 북소리'

나의 JTBC행은 온통 논란의 연속이었다. 당연히 그럴 것이라 예상하고 있었으므로 그 논란을 고스란히 받아들였다. 그 가운데는 자못 모욕적인 힐난도 있었지만 거기에도 굳이 반론을 떠올리지 않았다. 어차피 그간의 고민을 다 내놓고 말할 수 없었고, 그럴 필요도 없었다. 게다가 고향을 떠나면서 그쪽을 향해 삿대질할 생각은 아예 없었다. 그래야만 내 행위의 정당성이 일부분이나마 확보된다 해도 그렇게 할 수는 없었다. 돌아갈 일이 없다 해도 고향은 고향이며, 함께 고민하고 고생했던 사람들이 거기에 있었다. 떠나기 전까지의 몇년 동안 어떤 일이 있었는가는 훗날 밝혀지면 다행인 것이었다. 실제로 촛불에 의해 박근혜정부가 무너진 이후 이른바 MBC의 '정상화'가 이뤄지는 과정에서 내가 겪었던 일들이 상당 부분 드러나기도 했다. 그러나 당시 MBC의 문을 나서면서는 오로지 내가 앞으로 어떻게 하느냐로 평가받으면 그만이라고 생각했다.

「손석희의 시선집중」을 떠나는 날 아침의 마지막 인사도 그 연장선상에 있었다.

제 선택에는 많은 반론도 있는 것으로 알고 있습니다. 그러나 제 나름대로 고민해왔던 것을 풀어낼 수 있는 자그마한 여지라도 남겨주시면 진심으로 감사하겠습니다. 최선을 다해서 제가 믿는 정론의 저널리즘을 제 의지로 실천해보고 훗날 좋은 평가를 받도록 노력하겠습니다.

내가 믿어야 할 것은 내가 실천해야 할 저널리즘뿐이었다고 하면 너무 처절한가, 아니면 너무 거창한가? 어느 쪽이든 상관없었다. 그때는 그냥 그것밖에 없었다는 것이 정확한 얘기일 것이다. 그리고 시간이 지나면서 그토록 힐난하고 비웃었던 사람들도 하나둘씩 돌아서주었고, 심지어는 열혈 시청자가 되어주었으며, 필요하다면 출연도 마다하지 않게 되었다. 따라서 그때의 비난과 질타, 우려의 목소리도 나는 잊었으며, 여기에 옮길 필요도 없게 되었다. 다만, 내게 작은 위로가 되었던 한 사람의 목소리가 있었으니 그것만 잠시 옮긴다.

그렇다. 나는 어느 날 문득 긴 여행을 떠나고 싶어졌던 것이다. 어떤 결정을 내리는 순간에 대해서 무라카미 하루키는 '먼 곳에서 들려온 북소리'라는 표현을 쓴다.

그것은 여행을 떠날 이유로는 이상적인 것이었다고 생각된다.

(중략)

오래 몸담아왔던 곳을 떠나는 사람들.

그들은 그런 결정이나 선택의 계기를 무엇에서 찾았을까?

그들도 먼 북소리를 듣고 이제 떠나야 할 때가 되었음을 알았을까?

(중략)

사르트르는 이 세상에 아무렇게나 내던져진 존재인 우리에게 어느 길이든 선택할 자유가 있음을 상기시킨다.

사람은 그가 가고 싶은 길이면 어떤 길이든 선택해서 갈 자유가 있다.

그러나 그 선택에 대해 그는 책임을 져야 한다.

—「배철수의 음악캠프」(2013.5.10) 중에서

이렇게 말한 후 그는 일디보(Il Divo)의 「My Way」를 선곡했다.

[장면 #3] JTBC에 세번 첫 출근 하다

아침부터 햇빛이 밝았다. 흔히 쓰는 표현대로 늦봄의 햇살이 부서지듯 했다. 2013년 5월 13일 아침에 나는 JTBC의 대프로듀서로 있던 나의 매형, 주철환의 차를 얻어 타고 JTBC로 향했다. 나의 첫 출근일이었다. 지금은 사옥이 상암동에 있지만, 당시에는 순화동이었다. 사옥 앞에는 과거 중앙일보 사옥이었을 때 세워둔 '신문배달소년상'이 여전히 커다랗게 자리 잡고 있었다. 그 앞을 돌아 지나는데 한 무리의 카메라가 정문 쪽을 향하고 서 있었다. 무심하게도 나는 '오늘 누가 여기 오나?' 하고 속으로 생각했다. 주차장 한구석에 차를 세운 뒤, 나와 매형은 정문 쪽을 향하고 있는 카메라들의 측면을 거쳐 건물 안으로 들어갔다. 카메라맨들은 정문만 뚫어져라 볼 뿐 아무도 우리를 거들떠보지 않았다.

회사 관계자들이 나와서 나를 맨 꼭대기 층의 회장실로 안내했다. 방에는 홍석현 회장을 비롯해 몇몇의 임원들이 기다리고 있었다. 창문 밖으로 멀리 인왕산이 들어왔다. 창문이 액자 역할을 한 바람에 마치 겸재(謙齋) 정선(鄭敾)의 「인왕제색도(仁王霽色圖)」를 보는 것 같았다. 아마도 당초 창문을 설계했을 때 바로 그런 풍경을 염두에 두었으리라. 그후로도 그 방에 갈 일이 있을 때면 미리 도착해 한동안 멍하니 그 '인왕제색도'를 감탄하면서 내다보곤 했다.

방 안에서는 의례적이라면 의례적인, 혹은 기대와 탐색 같은 시간이 흘렀다. 회장을 제외하고는 대부분 초면이었으므로 당연히 그랬다. 나는 공공연하게 알려진 것 외에는 미지의 인물이었으며, 그들도 내게는 마찬가지였다. 몇차례의 덕담이 지나간 후 자리에서 일어났고, 그때쯤 아래층에서 전갈이 왔다. 내가 출근하는 모습을 카메라 기자들이 찍으려고 했는데 언제 들어왔는지 놓치는 바람에 못 찍었다는 것. 그러니 다시 출근하는 모습을 연출하면 안 되겠느냐는 것이었다. 웃음이 나왔다. 아까 들어올 때 정문만 응시하고 있던 카메라들이 생각났다. 정작 옆으로 지나가는 나를 놓친 것이었다. 그래서 다시 그 햇빛 속을 걸어 들어왔다. 당시에 각 언론에 나왔던 나의 첫 출근 모습은 그때 찍은 사진들이다. 그러니 팩트는 '손석희의 첫 출근'이 아니라 '두번째 출근'이었던 셈이다.

그리고 이쯤 되면 좀 황당하긴 하지만, 세번째의 출근 요청이 들어왔다. 사내 홍보팀이 사진을 못 찍었으니 한번 더 해달라는.

JTBC의 첫날은 그렇게 전혀 예상치 못하게 출근만 세번을 하면서 지나가고 있었다. 집에서 떠나올 때 생각했던 것과는 전혀 딴판의 하루를 보냈던 것이다. 세상일이 그런 모양이다. 바로 앞일도 모르는 것이니… 하긴, 내가 JTBC로 간 것부터가 그랬다.

[장면 #4] 세가지에 더해 '품위'를 넣은 것은

"선배가 생각하는 보도의 원칙이랄까, 그게 뭔가요?"

부장들과의 첫 상견례 자리였다. 답이 준비돼 있던 것은 아니었다. 좋게 말하면 궁금해서였을 테고, 다른 한편으로는 '어디 뭐라고 하는지 보자'일 수도 있을 거라 생각했다.

"당연히 가장 우선시되는 건 팩트지요. 그다음엔 이해관계 속에서의 공정, 이데올로기에 있어서는 균형…"

여기까지는 어찌 보면 그냥 자동으로 나올 수 있는 대답이었다. 잠시 숨을 고른 후 나는 당시에 가장 많이 생각하고 있던 한가지를 추가했다.

"그리고 품위입니다. 무엇을 보도할 것인가와 어떻게 보도할 것인가에서 품위가 빠지면 안 됩니다."

그것은 나의 문제의식이기도 했다. 이미 종편들이 생기기 전부터도 기존의 저널리즘이 선정성에 오염됐다는 얘기는 넘쳐나고 있었다. 새로 출범한 종편들은 더 말할 나위 없었다. 후발 주자들로서 관심을 끌어야 하는 사정은 이해할 수 있었지만, 도가 지나쳐 보이는 건 어쩔 수 없었다. 시사프로그램은 사실과 추측을 마구 섞어 말하는 몇몇 패널들이 채널을 돌아가면서 나오고 있었고, 일부 채널은 하루 종일 잔뜩 화가 난 듯한 진행자들이 고함을 쳐대는 뉴스가 그 기이함으로 화제가 될 정도였다. 팔이 안으로 굽는 것이어서 그렇다고 하겠지만, JTBC는 그래도 나은 편이었다고 생각한다. 아무튼 '품위'는 그래서 나온 말이었다.

그렇게 해서 정리된 네가지의 키워드, 즉 '사실, 공정, 균형, 품위'는 알게 모르게 우리 보도의 원칙으로 작동해왔다고 믿는다. 그 네가지를 모든 경우에 완벽히 지켜왔느냐는 물론 함부로 장담할 일은 아니겠지만.

[장면 #5] "언론계 선후배지간에 밥은…"

이 모든 것의 시작은 그날에 있었다. 2012년 1월 14일. 홍석현 회장과의 첫 만남이었다.

JTBC는 그 직전인 2011년 말에 출범한 터였다. 이미 출범 전부터 중앙일보의 몇몇 인사들이 나를 만나 같이 일해보자 제안했지만 모두 사양했었다. 당시 종편에 대한 인식은 굳이 여기에 설명할 필요 없을 것이다. 전체 언론판의 '기울어진 운동장'론이 본격적으로 제기됐다. 내가 보기에도 이명박 보수정권의 종편 만들기는 그 목적이 뚜렷해 보였다. 이미 진행돼왔던 지상파 길들이기와 함께 방송 전체가 보수정권에 우호적으로 간다는 우려들이 팽배했다. 내가 움직인다는 것은 상상도 할 수 없는 상황이었다.

"이젠 오라는 얘기는 안 하겠습니다. 그 얘기는 빼고 그냥 세상 돌아가는 얘기나 합시다. 언론계 선후배지간인데 밥도 못 먹으란 법은 없지요."

홍 회장은 그렇게 말했다. 그리고 그 말대로 그 자리에서 나의 '이적' 문제는 한마디도 나오지 않았다. 하지만 그렇게 해서 일단 인연이 만들어진다는 것을 내가 몰랐다면 그건 말이 안 되는 일이다. 그리고 그 인연을 통해서 훗날 완전히 다른 관계로 발전할 수도 있다는 것 역시 내 나이쯤 되면 모를 리 없다. 그래서 모든 것의 시작은 그날에 있었다고 말한 것이다. 그러나 적어도 그때까지는 훗날에 일어날지 모르는 변수들을 내가 통제할 수 있다고 생각했다.

그 만남 이후 MBC에서의 마지막 일년이 지나갔다. 마지막이리라고는 생각지 않았던… 아니, 한편으로는 늘 '다음 주가 마지막일지도 모른다'는 생각을 달고 살면서 그냥 잊어버리려 한 것일지도 모르는 시간들이었다. 그것은 그 훨씬 전부터 지속돼왔던 이명박 정부의 방송 길들이기에 의한 심리적 영향이기도 했다. 그리고 냉정하게 보자면, 홍 회장과의 첫 만남이 가져온 '균열'의 영향이기도 했다.

지금부터 얘기할 몇가지 장면은 나의 MBC에서의 '마지막'을 예감케 했던 일화들이며, 당시의 방송 저널리즘이란 것이 얼마나 정치권력에 취약한 구조 속에 있었는지를 알게 해주는 사례들이다.

단, 얘기를 하기 전에 2021년 3월 25일에 MBC가 입수해서 보도한 이명박정부 당시의 국정원 문건을 소개하고 넘어간다. 그래야만 지금부터 얘기할 사례들의 맥락을 쉽게 알 수 있을 것 같아서다. MBC가 입수한 문건은 국정원이 당시 청와대에 보고한 70여건이었는데 그중에 하나가 '좌편향 방송인 재기(再起) 차단으로 공정방송 풍토조성'이었다. 그 핵심 내용은 이랬다. 괄호로 표시된 부분은 아마 개인 프라이버시를 위해 MBC가 지워서 보도한 것으로 보인다.

경영진 무소신·비판노조 지원 아래 좌파 진행자·제작진이 재기하는 양상을 보이고 있어 봄철 프로·간부진 개편 등을 활용해 퇴출
□ (   )는 그간 인적청산·문제프로 폐지 등 편파방송 정화를 추진
  ○ (   ) 등 종북성향 진행자 퇴출 및 불법행위 노조원 의법처리(180명)를 통해 방송 건전화 일조

(중략)

▫ 그러나 경영진이 퇴출을 공언했던 이념 편향 인물들이 여전
히 활개를 치고, 최근 들어 일부 문제 진행자도 복귀하는 등
대폭 이완 분위기

(중략)

○ (   )가 (   ) 라디오에 건재하고 있고, 지난해 하반기
부터 (   )도 슬그머니 진행자로 영입

(중략)

① 우선 봄철 프로그램·인사 개편을 계기로 핵심인물 척결 관철
― (   ) 등 정부비판 일관 장기 진행자에 대해서는 프로그
램 쇄신을 명목으로 최소 1명이라도 자연스럽게 건전인사
로 교체●

[장면 #6-1] '로봇물고기'를 위하여

2009년의 추석연휴는 짧았다. 10월 2일부터 4일까지 단 사흘간
이었다. 연휴 첫날인 금요일 아침에 나는 「손석희의 시선집중」을
생방송으로 진행했다. 그 방송 중간에 문자가 떴다.

"방송 끝나고 제 방으로 올라와주시지요."

● 「박형준 정무수석 시절 국정원 '사찰성' 문건 원문 공개」, MBC 뉴스 2021.3.25(https://
imnews.imbc.com/news/2021/politics/article/6128854_34866.html).

사장실에서 온 문자였다. '추석 연휴 첫날에 사장이 왜 출근을 했지?' 하는 생각이 우선 머리를 스쳤다. 그러나 나를 부르는 이유는 대충 알 것 같았다. 나는 그때 「100분토론」 퇴진 여부로 사내에서 이미 논란이 되고 있었다. 당시까지만 해도 내막은 잘 알려지지 않았지만, 정부 여당 측 인사가 지배하고 있던 방송문화진흥회에선 나의 퇴진을 꽤 강도 높게 요구하던 모양이었다.

"그러니까 손 교수가 「100분토론」을 하신 지가 이제 몇년 됐지요?"
"8년 가까이 되는 것 같습니다."

그리고 잠시 정적이 흘렀다. 첫 대화부터 결론은 나 있었으므로 사실 더 이상 대화를 끄는 것은 별 의미가 없어 보였다. "물러났으면 한다"는 얘기가 나왔고, "알았습니다" 하는 대답으로 마무리되었다. 문제는 왜 물러나느냐에 대한 설명이 없다는 것이었다. 하긴 나는 지금까지 프로그램에서 물러났던 모든 경우에 그 이유를 물어본 적은 없었다. 그냥 이심전심일 뿐. 그런데 그가 먼저 물어왔다.

"바깥에서 말이 많을 텐데 물러나는 이유를 뭐라고 할까요?"
"네? 아… 글쎄요… 생각하신 게 있으면 그대로 하시지요."
"외부인사에게 시사프로그램을 맡기지 않는다는 걸로 할까요?"
"그건 아닌 것 같습니다. 그러면 지금 시사프로그램 하고 있는 외부인사들은 다 그만둬야 합니다. 그리고 저는 학교로 떠난 이후에도 줄곧 MBC 일만 하고 있고, 제 고향이 MBC인데 외부인사 취급받는 것도 싫습니다. 그냥 「100분토론」 예산 때문에 내부 인력으로 교체한다고 하시지요."

사장도 곤혹스러웠을 것이다. 나는 그 심정을 이해할 수 있었다. 그렇게 해서 한달여 뒤인 11월 19일에 나는 「100분토론」에서 내려왔다. 회사 측에서 하차 이유를 내가 '만들어낸' 그 이유로 공표했음은 물론이다. 그 바로 다음 주에 당시 이명박 대통령은 「100분토론」 시간에 나와 '국민과의 대화'를 가졌다. 내 후임으로 들어온 사회자에 타 방송사의 진행자들까지 합류해 합동으로 만들어낸 특집방송이었다. 타이틀 '100분토론'을 뺐지만 제작진은 동일했고, 사회자도 내 후임이었으니 누가 봐도 「100분토론」이었다. 거기서 화제가 된 것은 4대강 속을 헤엄치면서 수질을 조사한다는 '로봇 물고기'를 대통령이 소개하고 모두가 신기해하는 장면이었다. 나는 거의 8년 만에 다시 시청자의 입장이 되어서 내가 떠난 「100분토론」의 그 생소한 장면들을 보았다. 만감이 교차했다.

돌이켜보면 당시 「100분토론」은 「시선집중」과 함께 나를 규정하는 프로그램이었다. 내가 「100분토론」의 진행자가 되기를 원했던 것은 토론프로그램을 대표한다는 상징성뿐 아니라, 주제와 패널을 택하는 데에 있어서의 자율성과 과감함, 그리고 균형에 대한 끝없는 추구를 믿었기 때문이다.

몇차례의 밤샘 끝장토론과 한·중·일 의원들 간에 국경을 넘어 벌였던 토론, 오사카와 상하이에서 가졌던 해외 현지 토론, 그리고 시민논객 제도의 도입 등등 「100분토론」이 앞장서서 지평을 열어온 토론 문화가 있었다. 밤늦게까지 치열한 토론을 벌이고 나면 거기서 오갔던 논쟁들이 다음 날 아침 인터넷과 지면에 등장했다. 누가 뭐래도 당시 「100분토론」은 제작진이나 나나 자부심을 느낄 만했다. 지금도 첫 방송 때의 그 긴장감과 기대감이 나의 뒷목에 남아 있다.

매일 새벽부터 「시선집중」을 진행하면서 목요일마다 「100분토론」으로 밤을 지새웠어도 피곤하다고 느낀 적이 없었다. 그 「100분토론」이 내가 떠난 화면 속에서 그토록 생소해 보인다는 것이 내게는 충격이었다. 그러나 그것은 나만의 감정이었을 뿐 그 화면 속에서 대통령은 자신감에 넘쳐 보였고, 진행자들은 밝았으며, 로봇 물고기는 자유롭게 헤엄치고 있었다.

나는 로봇물고기를 위해 8년 가까이 진행했던 「100분토론」의 자리에서 물러난 셈이라고 우스갯소리를 했다. 씁쓸했다.

사족

화면 속의 로봇물고기는 결국 현실의 강을 헤엄치지 못했다. 대부분 불량품으로 드러나 예산 57억원이 날아갔고, 억대 뇌물 스캔들까지 겹쳐서 세상이 시끄러웠다. 그리고 내가 「100분토론」에서 물러날 때 본의 아니게 악역을 맡아야 했던 사장도 결국 연임하지 못하고 물러났다.

[장면 #6-2] "훗날 다시 뵙게 되길 바랍니다"

MBC 경영진은 내가 「100분토론」에서 내려온 이후에도 「손석희의 시선집중」만은 계속하게 내버려두었다. 아마 부담스러웠던 모양이다. 「시선집중」은 이미 라디오 시사프로그램의 대명사가 돼 있었고, 청취율은 동시간대 다른 라디오 시사프로그램을 다 합쳐도 따라올 수 없을 만큼 독보적이었다. 그에 따른 광고 수주액도 상당해서 MBC 라디오 매출을 주도했다. 그러니 당장 쳐내기는 어려웠을 것이다. 당시 라디오를 관장했던 임원은 사석에서 내게 "손 선배도 청취율만 높지 않았으면 아마 버틸 수 없었을 것"이라고 말했다. 나는 그때 정치적으로 눈엣가시인 프로그램도 시장에서 앞서가면 함부로 손댈 수 없다는 교훈을 얻었다. 그러나 함부로 손댈 수 없을 뿐, 간접적으로 혹은 교묘한 방법으로 손댈 방법은 얼마든지 있다는 것도 알게 되었다.

「시선집중」에 첫번째 균열을 낸 것은 조간 뉴스브리핑을 담당하던 시사평론가 김종배를 하차시킨 것이었다. 그는 내가 「시선집중」을 맡기 전부터 같은 시간에 방송됐던 아침 정보프로그램에서 조간신문 브리핑을 해온 터여서 거의 터줏대감이나 다를 바 없었다. 『미디어오늘』의 편집국장 출신으로 정치·사회 문제를 보는 시각도 탁월했다. 진행자인 나와는 워낙 호흡이 잘 맞아 내게는 가장 믿음직한 파트너이기도 했다. 그런 김씨에 대해선 이미 그전부터 꾸준히 퇴출 시도가 있었다. 브리핑의 내용이 정부에 우호적이지 않다는 이유에서였다. 그때마다 무시하거나 다른 대안이 없다는 이유로 방어했다. 그러나 더 이상 견디기 어려운 순간이 왔다. 라디오 본부의 상층부에서 노골적으로 그를 하차시키려 들었기 때문이다. 이유도 분명치 않았고 거의 막무가내였다. 나는 이런 행태가 우회적으로 나를 치는 비겁한 짓이라고 생각했다.

2011년 5월 31일에 결국 김종배 평론가는 「시선집중」을 떠났다.

"오늘부로 뉴스브리핑을 중단하게 되었습니다. 그동안 방송 환경도 많이 바뀌었는데, 뜻하지 않게 갑작스럽게 작별인사를 드리게 됐습니다."

"저보다 더 오래 이 시간을 지켜오셨는데, 몸도 많이 상한 걸로 알고 있습니다. 건강 추스르시고 훗날 다시 뵙길 바라겠습니다."

그는 마지막 인사말에서 두가지의 암시를 남기고 떠났다. "방송 환경이 많이 바뀌었"다는 건 이명박정부 들어서 지상파에 대한 압박이 점점 심해지던 상황을 말하는 것이었고, "뜻하지 않게 갑작스럽게"는 일방적으로 전광석화처럼 몰아내기가 있었다는 뜻이었다. 내가 '훗날'을 얘기한 것은 그를 지켜내지 못했다는 미안함이 커서였을 뿐 아무것도 장담할 수 없는 희망사항이었다.

그리고 2년 뒤 내가 JTBC로 옮겨온 이후, 나는 시사프로그램이나 토론프로그램에 그를 섭외했다. 그는 한동안 버티더니 결국 종편 가운데 JTBC에만 패널로 출연했다. 나로선 '훗날 다시 보길 바란다'는 말을 지킨 셈이었는데, 사실은 더 극적인 반전이 있었으니, 그는 바로 자신이 하차당했던 「시선집중」의 진행자가 되었다.

말 그대로 '훗날 (「시선집중」에서) 다시 보길 바란다'는 말이 그렇게 실현되었던 것이다.

2020년 10월 23일에 「시선집중」은 방송 20주년을 맞았다. 10주년 기념방송에서 둘이 죽이 맞았던 김종배 씨는 이제 진행자가 되어 나를 초대했지만, 나는 결국 사양했다. 그날 그는 방송에서 "「손석희의 시선집중」으로 20년을 맞았다면 더 좋았을 것"이라고 말했다. 고마운 말이고, 만감이 교차하게 만드는 말이었다. 그러나 분명한 것은 지금의 「시선집중」은 「김종배의 시선집중」이라는 것이고, 그는 그러고도 남을 자격이 있는 사람이다.

[장면 #6-3] '소셜테이너'라는 존재

그러나 김종배 평론가의 퇴출은 서막일 뿐이었다. 그 뒤로 이른바 '흑역사'라 부를 만한 일들이 줄을 이었다.

김종배 평론가가 그만둔 이후 불과 한달도 안 된 2011년의 6월 26일이었다. 나는 매주 월요일에 「시선집중」에서 진행하던 '진보 대 보수' 토론 코너에 배우 김여진 씨를 섭외했다. 그는 당시 한진중공업 파업사태 등에 자신의 목소리를 내온 배우였다.(흔히 '개념배우'라는 호칭이 붙곤 하는데 나는 이런 식의 호칭을 좋아하지 않는다. 배우든 누구든 자신의 정치·사회적 관점은 당연히 있는 것이고, 그걸 표출하는 것이 특별한 일이 되는 세상은 비정상적이다.) 상대 패널은 보수논객으로 알려진 전원책 변호사였다. 김씨는 내 전화를 받고 흔쾌히 섭외에 응했다. 나는 출연이 성사되자마자 다음 날인 6월 27일에 서둘러 보도자료를 냈다. 적어도 「시선집중」은 출연자를 자율적으로 정한다는 것이 불문율이었지만, 김종배 건이 있은 이후로는 그런 보장이 없었다. 그래도 보도자료까지 나가면 누구든 이를 뒤집기는 어려울 것 같아서 서둘렀던 것이다. 그러나 아니나 다를까, 곧바로 상황이 꼬이기 시작했다. 회사 측에서 극력 반대하고 나왔다. 이미 발표가 났더라도 다 뒤집으라는 것이었다.

그리고 그보다 더 황당한 일이 그다음에 벌어졌다. MBC는 이때 아예 이른바 '소셜테이너 출연금지법'이란 걸 만들어낸 것이다. 이것은 속칭이고 본래는 MBC의 방송심의규정 8장 '고정출연제한 심의' 조항이었다. "사회적 쟁점이나 이해관계가 첨예하게 대립한 사안에 대해 특정인이나 특정 단체의 의견을 공개적으로 지지, 또는 반대한 인물이 시사프로그램의 고정 출연자로 출연할 수 없다"는 것이었다. 사회자도 아니고 토론자로 나오는 사람도 주간이든 격주간이든 고정으로 나오면 안 된다는 것이었다. 누가 봐도 「시선집중」이 타깃이었다. 그렇다면 '의견'을 가진 모든 사람은 어쩌다 한번만 나와야 할 뿐, 지속적으로 나오면 안 되는 것이고, 상대가 있는 토론조차 안 된다는 것 아닌가? 심지어 '김여진 출연은 확정되지도 않은 사안인데 발표했다'며 라디오 본부장을 비롯한 보직간부 네명을 징계했다. 그중 일부는 당시 사장의 측근이라고 알려져 있었으니, 이를테면 읍참마속(泣斬馬謖)이었다. 광기마저 느껴졌다. 그 네명은 따지고 보면 나 때문에 징계를 받은 것이었다.

상황이 이렇게까지 흘러가자, 회사 바깥에서도 우려 또는 조롱의 목소리가 나왔다. 정재승 카이스트 교수는 "최근에 들어본 가장 정신 나간 아이디어다. 왜 MBC 직원들은 가만있는가. 기자들은 왜 분노하지 않는가. 왜 인권위는 침묵하는가"하며 일갈했다. 작가 김탁환은 "너무 전근대적 발상이라 현대소설로 옮기긴 어렵다"고 했다.

회사 측을 상대로 한 안팎의 신경전 끝에 결국 다음 달인 7월 15일에 「시선집중」은 김여진 출연 불발을 알렸다. 소위 '소셜테이너 출연금지법'의 첫 사례였다. 나 개인적으로는 또 한번 꽁꽁 묶여 더 강하게 옥죄여오는 느낌을 피할 수 없었다. 김여진 씨는 한달여 뒤에 다른 자리에 게스트로 나가 당시의 심경을 이렇게 밝혔다.

"(소셜테이너 출연금지법은) 저를 겨냥한 것이다. 차라리 영광이다. 제가 뭐라고…"

그리고 그로부터 6년이 흐른 2017년 11월에 이 사건의 뒷모습이 드러났다. 당시 사장에 대한 국정원법 위반 등 고소사건의 수사과정에서 김여진 건에 대한 국정원의 개입 의혹이 나왔던 것이다. 검찰에 따르면 그때 내가 냈던 김여진 출연 보도자료를 국정원이 보고 MBC편성본부장에게 '김여진의 「시선집중」 출연은 안 된다'고 했으며, 이 의견이 사장에게도 전달됐다는 것이었다. 당시의 사장은 훗날 다른 자리에서 말했다.

"제 목숨을 걸고, 단연코 MBC는 장악할 수도, 장악될 수도 없는 회사다."

그러나 그 말이 일부라도 사실이었다면, 그걸 가능하게 했던 것은 그가 아니라 MBC의 깨어 있는 구성원들이었을 것이다.

[장면 #6-4] '노래'에게도 모욕적인…

2012년 18대 대통령으로 박근혜 후보가 당선된 직후인 12월 23일이었다. 「시선집중」의 프로듀서였던 박정욱이 밤중에 다급하게 내게 SOS를 쳤다.

"손 선배, 일이 좀 생겼는데요. 내일 아침 나오기로 한 박지원 원내대표를 바꾸라는 본부장 지시가 내려왔습니다."
"이 밤중에? 이유가 뭔데?"
"떠나는 사람을 왜 하느냐는 건데 저도 잘 이해가 안 가는데요."
"우리가 떠나는 사람 인터뷰한 게 한두번인가? 그리고 본부장이 왜 우리 섭외에 개입을 하지?"
"그러게요. 저도 좀 답답하네요."
"암튼 알았다. 내가 통화를 해보지."

대선에 패배한 당시 민주통합당은 후유증으로 몸살을 앓고 있었다. 원내대표였던 박지원 의원이 사퇴를 선언한 12월 21일에 섭외를 해서 성탄 전날인 24일 월요일 아침에 인터뷰를 하기로 돼 있었다. 그런데 바로 전날인 23일, 그것도 일요일 밤 10시가 넘어 이런 상황이 벌어진 것이었다. 당시 새로 부임한 라디오본부장은 부임 이후에 나를 한번도 본 적이 없었다. 만나자고 한 적도 없고, 내가 그를 찾아갈 일도 없었다. 본부장과의 대화를 정확하게 옮길 수는 없지만 대략의 흐름은 이랬다.

"손석희입니다. 내일 아침 출연자를 바꾸라 했다고 들었습니다."
"네. 적당치 않아서 그랬습니다. 새로 부임한 사람도 아니고 선거 끝나고 그만두는 사람을 왜 한다는 건지요."
"아니, 「시선집중」이 꼭 선거에 이겨서 부임하는 사람만 인터뷰해온 것도 아니고, 야당 입장에서 할 얘기들도 있는 거지요."

논쟁이 이어졌지만, 본질은 그 내용에 있지 않았다. 출연자 섭외에 라디오본부장이 직접 개입하기 시작했다는 것이 본질이었다. 대화는 결국 감정적으로 끝나게 되었다.

"출연자 문제까지 위에서 이렇게 개입하면 프로그램 만들기가 어렵습니다. 게다가 당장 오늘 밤에 취소해버리면 내일 아침에 갑자기 누구를 부를 수도 없는 것이고…"
"그러면 뭐 청취자 얘길 듣거나 노래라도 틀면 될 거 아닙니까?"
"네?"
"아니, 그리고 이런 걸 손 교수가 뭔데 나서서 이럽니까?"

얼핏 저 앞에 쓴 1984년 3월, 내가 첫 라디오 뉴스를 하고 난 다음에 들었던 그 말, "당신이 도대체 뭔데…"가 30년 가까운 긴 시간을 관통해서 데자뷔로 떠올랐다.

결론부터 말하면 그날은 내가 「시선집중」으로부터 결정적으로 한발짝 떨어진 날이 되었다. 그전까지는 아무리 상황이 어려워도 떠난다는 생각이 현실감 있게 다가오지 않았지만, 그날부터는 그것을 가능할 수도 있는 일로 받아들이기 시작했다. 이제 회사 측은 폭주를 시작할 낌새였다. 안 그러고서야 13년 가까이 대표적 라디오 시사프로그램을 진행해온 내게 '당신이 뭔데 나서느냐'고 할 수는 없는 것 아닌가. 노래라도 틀라는 말 또한 모욕적이긴 마찬가지였다(그것은 '노래'에게도 모욕적이다). 흔한 말로 잠 못 자고 몸 축내면서 지켜온 그 긴 시간들이 한순간에 빈껍데기가 되는 순간이었다.

사실 그날의 일은 「시선집중」에 대한 길고 긴 압박과 개입의 결정판과 같았다. 그동안 거의 매일 출연자 섭외를 놓고 신경전을 벌여야 했다. 회사는 철저한 기계적 중립을 요구했다. 그러나 그건 명분이었을 뿐, 실제로는 옥죄기 전략이라고 느껴졌다. 나는 이제 떠나야 할 때가 온 것인가 몇번이고 자문했다. 그날만 해도 그랬다. 그런 경우 없는 일방통보식의 우격다짐으로 프로그램에 개입한다면 점점 더 견디기 어려워질 것이었다.

정치권력에 취약했던 방송언론의 구조는 그렇게 허물어져가고 있었으며, 「시선집중」은 상징적이면서도 구체적으로 그만의 저널리즘을 빼앗겨가고 있었다.

[장면 #7] 예정 또는 예감

그로부터 한달이 지난 2013년 1월 중순에 예상치 못한, 아니 어찌 보면 예정된 것처럼 느껴지는 전화를 받았다. 매형 주철환 JTBC 대프로듀서였다. 홍석현 회장이 한번 보자고 한다는 것이었다. 그러니까 2012년 1월의 첫 만남 이후 1년 만에 다시 마련된 자리였다. 고심 끝에 나가겠다고 했다.

그날의 화제는 박근혜 당선자와의 후보 시절 인터뷰로 시작됐다. 앞선 장에서 다룬 문제의 '인혁당' 관련 질문이 들어간 인터뷰였다. 이명박정부 내내 질곡을 겪은데다가 박 후보와 그 인터뷰를 끝낸 뒤에는 내가 더 큰 풍파를 겪을 것이라는 주변의 걱정 아닌 걱정이 넘쳐났다. 나는 앞서 쓴 것처럼 이명박 후보가 당선되기 직전에도 에리카 김 인터뷰로 미운털이 박혔지만 그대로 돌파하지 않았느냐며 주변을 안심시키곤 했다. 그러나 앞으로는 그것이 결코 쉽지 않을 것이라는 예감을 이명박정부 때의 학습효과로 알고 있기도 했다. 또한 그렇게 침해받는 구조 속에서 여전히 살아남더라도 실천할 수 있는 저널리즘이란 것이 얼마나 한계가 있는지도 몸으로 깨닫고 있었다.

"이제 대선도 끝났는데 와서 일하는 게 어때요?"

홍 회장은 내 상황을 꿰뚫어 보는 듯했다. 짧은 한마디였지만, 그 말 속에는 '이제 당신은 거기선 일 못한다. 여기로 오면 최소한 방패막이는 돼줄 테니 와서 한번 해봐라'라는 뜻이 한꺼번에 담겨 있었다. 그렇다고 30년을 일한 MBC를 떠나 그토록 논란 속에 있던 종편으로 간다니… 그리고 이제 8년차에 접어든 학교와 학생들은 어찌할 것인가. 나는 그 자리에서 명확하게 답하지 못했고, 머릿속은 더 복잡해졌다. 그리고 그 복잡했던 머릿속을 좀 단순하게 만들어줬던 것은 홍 회장과의 만남 이후 영국 케임브리지 대학에서 보낸 며칠간이었다.

[장면 #8] 케임브리지의 날씨는 맑았다

영국에 대해 잘못 알려진 두가지가 있다고들 하는데 그 첫번째는 영국 남자가 신사라는 것이고, 두번째가 영국의 날씨는 늘 비가 오거나 흐리고 을씨년스럽다는 것이다. 적어도 2013년 2월 중순의 영국 날씨는 매우 좋았다. 머무는 동안 대부분 푸르른 늦겨울의 하늘이 머리 위에 있었다. 케임브리지는 내게 초행길이었다.

알려진 것처럼 케임브리지 대학은 김대중 전 대통령이 1992년 대선에서 낙선한 직후 정계은퇴를 선언하고 떠나 있던 곳이다. 케임브리지는 본부대학 외에 30개가 넘는 칼리지로 구성돼 있는데 그중 로빈슨 칼리지는 매년 '김대중 기념 세미나'를 개최하고 있었다. 나는 2013년 2월 8일에 열린 세미나에 초청받아 강연하기로 돼 있었다. 내용은 김대중 전 대통령과 직접적으로 연관된 것이 아니어도 되었기 때문에 한국의 언론 상황을 주제로 올렸다. 그때의 주된 내용이 바로 앞선 장에서 언급한 '언론의 경비견 모델' 가설이었다. 강연 내용을 정리하면서 어지러웠던 마음도 얼마간 정리가 되어갔다.

자본주의체제의 언론의 역할이란 것이 자신의 생존이 포함된 체제를 지키기 위해 때로는 정치권력에 기생하기도 하지만, 때로는 그 정치권력을 공격하기도 한다는 그 가설은 내게는 일종의 기댈 언덕이었다. 비록 기득권 세력으로서 언론의 역할을 말한 것이긴 해도, 정치권력이 바뀔 때마다 불어오는 바람에 따라 돛의 방향을 바꿔야 했던 '공영방송의 사나운 운명'을 생각하면, 나의 선택은 군자표변(君子豹變)까지는 못 되더라도, 일정 부분의 명분은 있지 않을까 했다.

물론 평자들은 내가 바로 그 기득권 언론에 복무하게 될 것이라는 논지로 나를 공격했지만, 나는 앞서 말한 대로 '내가 실천할 저널리즘'을 방패로 그 공격을 견뎌냈다. 내가 앵커를 맡자마자 삼성의 무노조 전략을 비판하고, (이 책에 쓰진 않았으나) 국정원의 댓글조작 사건을 몇달 동안 파고들었던 것은 그래서였을 것이다. JTBC 기자들은 내가 굳이 지시하지 않아도, 아니 심지어는 되레 내가 더 걱정할 정도로 열성적으로 취재했다. 이른바 '단독'이 넘쳐났고, 그 모든 것들이 정권의 입장에서는 불편할 내용들이었다. 적어도 그때 우리의 보도는 문자 그대로 '감시견'이었다. 나나 기자들에게 우리의 행위는 그냥 저널리즘이었지, 기득권이 된 언론을 지키기 위한 것은 아니었다는 얘기다.

로빈슨 칼리지에서 강연이 끝난 후, 칼리지들끼리의 음식 경연에서 거푸 우승을 했다는 그 학교의 식당에서 교수들과 모여 늦은 저녁을 먹으면서도 음식은 그저 그렇다고 느꼈다. 음식 맛에 신경을 쓸 여유가 없었기 때문이다. 나는 한국으로 돌아가면 이제 점차 신변 정리를 해야 할 것 같다는 생각에 빠져 있었다. 그 정리 대상 중에는 나의 삶을 의탁했던 MBC가 있었고, 그중에서도 오늘의 나를 있게 한 「손석희의 시선집중」이 있었다. 동시에 매 학기 치열한 수강신청 경쟁을 뚫고 들어와 나를 바라보던 학생들의 빛나는 눈동자들도 있었다.

[장면#9] 이적 전야

"보도에서의 모든 사항은 손 교수가 전권(全權)을 갖고 해나가면 됩니다. 필요하면 같이 일할 사람을 모셔와도 됩니다. 나는 손 교수가 일을 잘 해나갈 수 있도록 뒷받침을 잘 해드릴 생각입니다."

케임브리지에서 돌아온 후 두달여가 지나 세번째로 만난 홍 회장은 내게 그렇게 말했다. 1년 넘게 이어져왔던 '영입'의 과정이 마무리를 향해 가고 있었다. 그럼에도 나는 말미에 한가지를 확인했다.

"삼성 문제가 있습니다. 바깥에선 제가 옮기게 되면 두 그룹의 특별한 관계 때문에 그 부분을 눈여겨볼 것입니다. 저는 예를 들면 「시선집중」 등에서 제가 이때껏 지켜왔던 스탠스에서 벗어나지 않으려고 합니다."

홍 회장은 잠시 생각하더니 짧게 답했다.

"그건 정도(正道)를 지켜나가면 되는 일 아닐까요?"

추상적으로 들리지만 생각해보면 그 외의 다른 정답이 있을 수 없었다. 그리고 내 입장에선 그것으로 충분했다. 내가 JTBC로 와서 뉴스를 맡은 후 곧바로 터진 삼성 무노조 전략 문건 보도와 이어진 각종 삼성 관련 보도, 그리고 훗날 국정농단 정국에서의 보도로 결국 JTBC는 삼성에겐 불편한 존재가 되었다. 나는 그것이 '정도'였다고 지금도 믿는다. 그 과정에서 홍 회장은 그 짧았던 답변 외에 내게 더 이상의 첨언을 한 적이 없다. 전권을 위임한다는 약속 때문이었을 것이다.

그날의 대화는 그렇게 끝났고, 이제는 옮겨가는 일만 남게 되었다. 그리고 앞에 말했듯, 5월의 햇빛이 부서지던 날, 나는 세번 첫 출근을 했던 것이다.

[장면 #10] "온 놈이 온 말을 하여도…"

나는 JTBC로 가면서 간부급이든 평사원급이든 기자는 한 사람도 데리고 가지 않았다. 선뜻 나서줄 사람이 있을지도 미지수였지만 내가 누군가와 같이 가면 그건 다른 구성원과 벽을 쌓는 것이란 생각에서였다. 그 대신 나와 함께 간 사람들은 「시선집중」에서 길게는 10년 이상 나와 손발을 맞춰온 작가들이었다. 박창섭, 두 명의 김현정, 그리고 박수주가 그들이다. 누가 뭐래도 최고의 시사 프로그램 작가들이었다. 아마 오랜 시간 나의 등쌀에 연마된 덕도 있을 것이다. JTBC 뉴스에서 박창섭은 뉴스 전반을 들여다보고 제안을 해주는 일과 출연자 섭외가 주된 업무였고, 두명의 김현정은 '앵커브리핑'과 '문화초대석'에서 각각 발군의 역할을 해주었다. 막내 박수주는 '팩트체크'의 개국공신 노릇을 했다. 오랜 기간 같이 일해왔으므로 각각의 특성을 누구보다 내가 잘 알았고, 그에 맞춰서 일을 맡겼다. 그들의 역할은 그러니까 그때까지 뉴스프로그램에 없었던 코너들을 함께 만들고 받쳐주는 것이었다. 내가 뉴스를 그만둔 뒤에는 박창섭을 제외하고는 모두 다른 곳에서 일하고 있지만, 나는 지금도 내가 고심 끝에 옮겨올 때 함께 오겠다고 나서준 그들에게 감사하고 있다.

그렇게 시작한 JTBC에서의 모든 과정들이 사내외로 관심의 대상이었다. 내 일거수일투족이 모두 입길에 오르는 것 같았다. 1970년대 독일의 소설가인 루이제 린저(Luise Rinser)가 한국을 방문해 '마치 광화문 한가운데 벌거벗고 서 있는 것 같다'고 한 적이 있다. 그는 저작권 보호가 전혀 되지 않았던 당시의 한국사회를 비판하느라 그렇게 얘기했던 것이다. 비슷한 의미로 나 역시 그렇게 늘 벌거벗고 서 있는 느낌이었다. 내 발언 하나하나가 사내외로 알려졌고, 심지어는 지라시가 되어 내게 돌아오는 경우도 많았다. 이해할 만했다. 그런 상황에서 모든 것이 관심의 대상이 되는 건 당연했다.

웃지 못할 일화 중에는 이런 것도 있었다. 어느 날인가 회의석 상에서 나는 이렇게 말했다.

"그 문제는 온 놈이 온 말을 해도 흔들리지 않고 나아갈 겁니다. 그냥 그대로 취재해서 보도합시다."

옛시조 한 구절을 인용해서 한 말이었다. '백 사람이 백 가지 말을 하여도'란 뜻의 그 시조. 그런데 바로 다음 날 이상한 얘기가 들려왔다. "손 사장이 '오너'가 무슨 말을 해도 자기 고집대로 한다고 했다"는 것이었다. 쓴웃음이 나왔다. 내 얘기를 옮긴 그 친구는 '온 놈'을 '오너'로 들은 것이었다. 그래서 내게 그 말을 전해준 사람에게 다시 얘기해줬다.

"말을 옮기려면 고전 공부나 다시 하고 오라고 하지요."

그것은 내가 사주의 의지와는 거꾸로 가고 있다고 믿는 사람들이 자기들이 듣고 싶은 대로 들은 것임에 틀림없었다. 그러나 앞서 말했듯이 정작 대상이 된 그 '오너'는 내가 하는 일에 개입하거나 압력을 넣은 바가 없었다. JTBC가 앞장서서 보도했던 모든 이슈에서 나는 나의 '전권'을 침해받지 않았다. 물론 그 과정이 문자 그대로 완전무결했다고는 할 수 없지만, 생각해보시길. 어찌 박근혜정부의 정치적 환경 속에서 아무런 일이 없었겠는가. 실제로 2016년 2월 당시 박근혜 대통령과 이재용 삼성전자 부회장이 독

대한 자리에서 박 대통령이 홍 회장과 JTBC에 대한 불만을 10여 분 동안 쏟아냈고, 이를 이 부회장이 홍 회장에게 전달했다는 보도도 나왔다.* 홍 회장은 청와대로부터 나를 교체하라는 압력을 받았지만 자존심상 그럴 수는 없었다고 그즈음에 공개한 바도 있었다. 홍 회장은 노골적 위협을 받고 불쾌했다고 내게 털어놓은 적도 있고, 내가 알기로는 그런 경우가 꽤 여러 차례 여러 경로를 통해 있었다. 그러나 그렇다고 해서 우리가 보도의 기조를 바꾸는 일은 일어나지 않았다.

다만, 나로서는 풀기 어려운 문제가 있었으니 그것은 외부에서의 압력보다 오히려 내부의 이데올로기 문제였다. 즉, 같은 그룹 내 『중앙일보』와의 논조 차이였다. 기본적으로 두 매체는 서로 논조는 달랐으나 적어도 '합리성'을 추구하는 것은 다를 리 없었다고 믿는다. 그런데 예기치 못한 지점에서 매체 사이의 난제가 비등점에 올랐다.

[장면 #11] 한 지붕 두 가족?

'한 지붕 두 가족'. JTBC와 『중앙일보』를 두고 하는 말인데 많은 사람들이 그 차이를 말하면서 내게 질문한다. 그렇게 다른 게 가능한 거냐고. 그러면 나는 내 경험을 살려 대답한다.

● 「박근혜, 이재용에 "JTBC는 왜 그렇게 정부를 비판하나"」, 『서울신문』 2017.4.19.

"제가 MBC 라디오에서 「손석희의 시선집중」을 할 때, 그 라디오에서 하루 종일 저와 똑같은 논조로 방송이 나가지 않았습니다. 제가 이 방향으로 얘기하면, 조금 이따가 다른 프로그램의 진행자가 정반대로 얘기하는 경우도 많이 봤습니다. 한 매체 안에서도 그러한데, 비록 한 지붕 아래 있어도 매체가 다르면 서로 생각하는 게 다를 수도 있고, 문제를 풀어가는 방법론도 다를 수 있지요."

애긴 그렇게 했으나 그 과정이 쉬운 것은 아니었다. 내가 있던 MBC는 당시만 해도 일종의 순혈주의가 있어서 그것이 장점이자 단점이었는데, JTBC는 그 반대로 장점과 단점이 교차했다. 게다가 나는 기자 출신이 아니어서 JTBC 보도국엔 전부터 알고 지내던 후배도 없었다. 모두가 그야말로 초면인 상태에서 나는 어느 날 갑자기 사령탑을 맡은 셈이었다.

그래도 그때 우리는 모두 '으쌰으쌰' 했다. 서로 생각이 좀 달라도, 방향이 정해진 뒤에는 그리로 다 함께 가지 않으면 같이 망한다는 생각이 있어서였던 것 같다. 그리고 그 방향이란 것은 내가 따로 설명할 필요가 없었다. 어차피 나란 인물이 방송장이로서 어떤 생각을 갖고 있는가에 대해 모두들 알 만큼은 알고 있었으니까. 하지만 그룹 내 다른 매체인 『중앙일보』는 나와는 상관없는 조직이었고, 서로 공간도 다르다보니 가끔씩은 오해가 생기기도 했다. 그러다가 결정적으로 터진 건이 문창극 전 『중앙일보』 주필에 대한 국무총리 후보 지명이었다.

문창극 놓고 중앙·JTBC '한 지붕 두 가족' 정반대 보도

2014년 6월 13일자 『한겨레』 신문의 기사 제목이 실제로 이렇게 나왔다. 그로부터 사흘 전인 6월 10일에 당시 박근혜 대통령은 그를 국무총리 후보로 지명했다. 문제가 된 것은 그가 2011년에 한 교회에서 강연한 내용이었다. KBS 「9시 뉴스」는 지명 바로 다음 날 그 문제의 발언을 보도했다. 내용은 "하나님은 왜 이 나라를 일본한테 식민지로 만들었습니까라고 우리가 항의할 수 있겠지, 속으로. 아까 말했듯이 하나님의 뜻이 있는 거야. 너희들은 이조 5백년 허송세월 보낸 민족이다. 너희들은 시련이 필요하다"는 것이었다. 그는 여기서 그치지 않고 "남북분단을 만들게 해주셨어. 그것도 지금 와서 보면 저는 하나님의 뜻이라고 봐요. 그 당시 우리 체질로 봤을 때 한국한테 온전한 독립을 주셨으면 우리는 공산화될 수밖에 없었습니다"라고 덧붙이기도 했다. 이건 비약이 좀 심해 보였다. 자신의 이데올로기에 맞게 역사를 가정해 결론을 맺는 전형적인 오류였다.

당연히 파장이 커졌다. 박근혜정부하의 KBS에서 이런 기사가 나왔으니 청와대도 당혹스러웠을 것이다. 그러나 생각해보면 앞서 썼듯이 당시의 KBS는 세월호 보도와 관련한 청와대의 외압을 받아들였다는 이유로 오랜 갈등 끝에 사장의 해임을 이끌어낸 직후였다. 정확히 말하면, 박근혜 당시 대통령이 문창극 전 『중앙일보』 주필을 국무총리로 임명한 날이 바로 KBS 사장에 대한 해임 제청을 받아들인 날이었다. 그리고 바로 다음 날 KBS 보도국은 청와대를 향해 포문을 연 것이었다.

우선 강연문을 구해 정독해보았다. 다른 사람들의 의견도 들어보았다. 교회라는 특정 공간 내의 특정 대중을 상대로 한 것이긴 했지만, 그렇다고 모든 것이 양해될 수는 없다는 의견들이었고, 나 역시 그렇게 생각했다. 강연 내용 중에는 "6·25는 미국 붙잡기 위해 하나님이 주신 것"이란 말도 있었다. 문 후보자 측은 "우리 민족사에 점철된 시련과 이를 극복한 우리 민족의 저력을 주제로 한 것으로 그 과정을 통해 오늘날 한국이 성공할 수 있었음을 강조한 것"이라고 해명했다. 사실 특정한 문장만 떼어서 보면 전체 맥락을 왜곡할 수도 있어서 조심스러웠지만, 아무리 봐도 그의 해명을 다 받아들이기는 어려웠다. 게다가 문 후보자는 이전에 일본이 '위안부' 문제를 사과할 필요는 없다거나, 배상 문제 역시 이미 끝났다는 식의 칼럼을 쓴 바 있어서 그의 역사관 자체에 대한 비판도 일었다.

다음 날 JTBC 「뉴스9」에서는 내 앵커 멘트로 "모든 것을 하나님의 뜻으로 돌리는 기독교 특유의 인식으로 이해되는 측면도 없지 않지만, 일제의 식민지배나 위안부 문제 등 아무리 맥락을 따져봐도 이해하기 어려운 부분이 너무 많아 보인다"는 논평이 나갔다. 뒤이어 기자 리포트로 문 후보자 발언의 문제점을 짚고, 일본군 '위안부' 배상 문제 발언에 대해서는 당시 외교부 대변인의 반박 논평까지 보도했다. 거기서 끝내지 않고, 뒤이어 윤경로 친일인명사전 편찬위원장이 스튜디오로 나와 문 후보 발언을 강하게 비판했다. "문 후보의 얘기대로 하자면, 독립운동을 한 기독교인들은 하나님의 뜻을 거역했다는 뜻이냐"고 따져 물은 것이다. 한성대 총장을 지낸 그는 문창극 후보자처럼 개신교 장로이기도 했다. 결과적으로 JTBC는 문 후보자 지명에 대해 집중적으로 문제를 지적하는 방송사가 되었다. 그날만 해도 앞서 말한 리포트와 인터뷰에 이어 청와대 인사 시스템의 문제점 등 모두 7개의 관련 리포트가 나갔으니 상당한 양이었다.

그다음 날, 『중앙일보』는 네번째 면을 통틀어 문 후보자의 발언을 주제별로 요약하고 분석했다. 독자들이 강연 내용을 다 보고 전체 맥락을 파악해보라는 취지였을 것이다. "종교인으로서 교회 안에서 강연한 것이어서 일반인의 정서와 다소 거리가 있을 수 있다"는 등의 문 후보자 측 반론도 대부분 실렸다. 그 기사의 제목은 "한국 굽이굽이 시련받았지만⋯ 지금 기회의 나라 됐다"였다. 이 문장은 문 후보자 측 발언을 인용한 것이었다. 이렇게 해서 같은 그룹 내에 있는 JTBC와 『중앙일보』가 문창극 후보자를 두고 가장 반대편에 서서 가장 많은 양의 기사를 쏟아내는 결과가 되었다.

이런 상황은 다른 언론들의 눈에도 좀 의외로 비쳤던 모양이다. 앞서 쓴 대로 '한 지붕 두 가족'이라고 제목을 단 『한겨레』는 그 서두에 "『중앙일보』 기자 출신인 문창극 국무총리 후보자의 '하나님의 뜻' 발언과 역사인식에 대한 파문이 거센 가운데, 그의 친정인 『중앙일보』는 '적극 옹호', JTBC는 '비판'으로 정반대의 보도 태도를 보이고 있어 눈길을 끈다"고 썼다. 미디어 전문지인 『미디어오늘』도 꽤 기다란 분석 기사를 올렸다. JTBC와 『중앙일보』의 기사를 비교해서 분석한 뒤 최진봉 성공회대 신문방송학과 교수의 촌

평까지 덧붙였다. "중앙미디어그룹 내에서 JTBC 보도국은 특수한 것 같다. 마치 치외법권처럼, 전권을 받은 손석희 교수로 인해 중앙미디어그룹 압력이나 입김이 JTBC 보도국에 미치지 못한다고 평할 수 있다"는 것이었다.* 최 교수의 그런 분석은 맞을 수도 있고, 틀릴 수도 있다. 적어도 나는 어떤 압력이나 입김을 받은 느낌이 없었는데, 같은 그룹 내에서 불편해하는 사람이 위든 아래든 있었다면 그 분석이 다 맞다고 볼 수 없다는 뜻이다.

다만, 나는 그때 문창극 후보의 발언을 놓고 『중앙일보』가 보여줬던 보도 방향이 꼭 그가 『중앙일보』 출신이어서 그랬던 것이라고는 생각지 않았다. 언론계에 오래 있어본 사람은 이 분야가 '선배'라고 해서 녹록하게 대하지 않는다는 것을 잘 안다. 따지고 보면 그것이 공과 사를 구분하는 것이기도 하다. 내 생각에 아마 『중앙일보』는 문 후보자가 그 신문 출신이 아니었다 해도, 그의 문제적 발언에 같은 방식으로 접근했을 것이다. 그것이 사안을 보는 또 다른 시선이고 방법론이며, 그것이 사안을 인식하는 데에 도움이 되는 '다양성'의 획득이라고 믿는다면 그렇게 하는 것이다. 거기에서 JTBC와 『중앙일보』가 달랐을 뿐이다.

[장면 #12] 장사의 도구

문창극 후보자 문제를 취재했던 기자 중 하나가 한차례 태풍이

• 「문창극 망언, JTBC 뉴스 7건 집중보도… 중앙은 대변」, 『미디어오늘』 2014.6.13.

지나간 다음 내게 약간의 엄살기를 섞어 말했다.

"손 선배, 저는 이제 (중앙)일보로는 다시 못 돌아갈 것 같습니다."

무슨 뜻인지 나는 금방 알아차렸지만, 슬쩍 능청다.

"그래? 여기가 아무래도 더 나은가보지?"
"아, 뭐 그렇긴 합니다만, 그쪽에서 저를 굉장히 싫어한다는 얘기들이 있어서요."
"그 정도는 아닐 거야. 그런 얘기들은 원래 오가며 부풀려지는 법이야. 그리고 당신이 간다고 해도 내가 안 보낼 거야."

사실 지금의 시점에서는 JTBC와 『중앙일보』의 논조가 다르다는 걸 이상하게 생각하는 사람도 별로 없다. 그간의 '다름'이 축적된 결과다. 물론 이런 '다름'이 사주의 전략이라는 의구심과, 결국 중앙그룹은 양손에 진보와 보수라는 떡을 들고 '장사'를 한다는 비판도 있다는 것을 잘 알고 있다. 그리고 나는 그런 '전략'의 '도구'일 뿐이라는 식자들의 비아냥 섞인 분석이 꽤나 있어왔다는 것도 잘 안다. 그러나 '장사'라는 것도 솔직히 말하면 어느 언론사든 자유로울 수 없는 고려사항이다. 시장경제 속에 있는 언론사가 어떻게 거기서 자유로울 수 있겠는가. 수익구조가 시장에 있는 한 그것을 무시할 수 없다는 걸 신문의 초창기부터, 특히 대중신문의 역사가 말해주고 있다. 때로는 '장사'를 위해 저널리즘을 팽개친 경우도 많이 봐오지 않았는가. 나는 공영방송인 MBC에서 잔뼈가 굵었지만, 그 MBC 역시 시청료가 아닌 광고로 먹고사는 회사였기 때문에 '장사'에서 자유로울 수 없었다. 나는 그때나 지금이나 내가 그 '장사'의 '도구'라는 것을 부정하지 않는다. 다만, '좋은 도구'였기를 바란다. 그렇게 해서 사회 변화에 선한 일조를 한다면 적어도 비아냥의 대상은 되지 않을 수 있다고 믿는다.

앞서 말한 '다름'의 축적 과정에서 『중앙일보』와 JTBC 구성원들의 아픔이 없었다고 할 수 없다. 『중앙일보』 쪽에서 나에 대한 비판이 있다는 얘기도 종종 들었다. 그런 얘기를 들으면 나 역시 편치는 않다. 그러나 형제지간에도 반목하고 심지어는 원수가 되는 경우도 많은데, 그 정도는 내가 보기엔 아무것도 아니다. 혹 누군가가 내게 그런 얘기를 옮기면 나는 그냥 웃으면서 얘기한다. "그건 걱정해줘서 하는 얘기야."

JTBC의 정체성은 다시 말하지만 '합리적 진보'다. 『중앙일보』의 그것은 '열린 보수'다. 그 두가지의 정체성이 공유하는 것은 '이성과 합리'일 것이다. 그러면 양쪽의 교집합이 없을 리 없다. 실제로 『중앙일보』는 이른바 '조중동 프레임'을 벗어나고 싶어하며, 『한겨레』와 사설을 공유했던 적도 있었다. 그러니 '합리적 진보'든 '열린 보수'든 모두가 진정성을 잃지 않으면 된다고 믿는다. 그렇기만 하다면 '한 지붕 두 가족'이라 해서 사는 게 불편할 것도 없다.

2

저널리즘에서 운동으로?

[장면 #1] **"돌아오라, 손석희!"**

2019년 9월 28일. 토요일이었으므로 나는 「뉴스룸」을 진행하지 않았다. 단지 약간의 긴장감을 느끼면서 집에서 뉴스를 시청했을 뿐이다. 그날은 그해 18호 태풍 '미탁'이 필리핀해에서 발생한 날이기도 했다. 아직 우리에게 올지 안 올지 모르는 상황에서 나는 왠지 모르게 이번에는 올 것 같다는 예감에 빠져 있었다. 날씨에 대한 나의 예감은 신기하게도 잘 들어맞을 때가 많아서 나는 내가 기상청의 슈퍼컴퓨터보다 낫다고 흰소리를 하곤 했다. 그해 여름이나 겨울이 얼마나 덥고 추울 것인가, 장마는 길게 갈 것인가 등등을 나 혼자 예측하고 실제와 견주어보곤 하는 것이 내 버릇이기도 했다. 그러나 내가 그날 긴장감을 느끼면서 본 뉴스는 태풍 관련 예보는 아니었다. 그날은 미탁이 발생한 날이기도 했지만, 또 다른 태풍이 시작된 날이기도 했다.

이미 한달여 전부터 시작됐던 이른바 '조국 정국'은 태풍 미탁만큼이나, 아니 그보다 훨씬 더 강한 비바람을 품고 있었다. 그리고 그날 서초동 검찰청 앞 거리에서는 국정농단 정국 이후 처음으로 대규모의 촛불집회가 열려 그 비바람을 쏟아내기 시작했다. 이른바 검찰개혁을 위한 촛불집회는 이미 9월 중순에 시작되었지만 규모가 그리 크진 않았는데 그날을 기점으로 대규모로 폭발한 것이었다. 우여곡절 끝에 취임한 조국 법무부 장관은 첫날부터 검찰개혁을 내세웠고, 검찰이 조 장관의 자택을 압수수색한 것은 그보다 닷새 전 일이었다. 모든 상황이 그야말로 첨예하게 흘러가고 있었다.

그날의 「뉴스룸」은 톱뉴스로 집회 소식을 현장을 연결해서 보도하고 있었다. 검찰청 앞은 전국에서 모여든 인파로 꽉 찼다. 그 인파가 100만이니 아니니를 놓고 논쟁이 붙기도 했지만 그 숫자를 따지는 것은 사실 별 의미가 없었다. 국정농단 정국에서 광화문을 메웠던 사람들 가운데 많은 수가 그로부터 3년 뒤 서초동으로 옮아간 것 같았다. 그들은 3년 전 광화문집회에서 JTBC 기자들을 반겨주던 사람들이었다. 그러나 서초동집회에서 JTBC 취재진에 대한 분위기는 그때와는 완전히 반대로 가고 있었다. 조국 정국이 시작된 이래 우리의 보도 내용에 대한 반응은 엇갈리고 있었고, 서초동에 모인 사람들에게는 원망의 대상이었다. 검찰의 수사내용을 왜 일방적으로 전달하는가, 국정농단 정국에서 촛불 편에 섰던 JTBC는 왜 지금은 그렇지 못한가 하는 것들이 원망의 이유였다.

현장 분위기가 심상치 않다는 보고를 방송 전부터 들은 터라 나는 우선 취재진에게 어떤 일이 있어도 시민들과 대립하지 말아달라고 전했다. 국정농단 정국에서 촛불의 광장을 통과해온 시민들과 필요 이상의 충돌이 있으리라고는 생각지 않았지만, 그래도 자칫 감정이 격앙된 상황에서 조금이라도 우리가 부싯돌의 역할을 해선 안 될 것이었다. 예상대로 그날 약간의 실랑이는 있었어도 그 이상의 불미스러운 일은 일어나지 않았다. 그러나 전혀 예상치 못했던 일이 있었다.

현장 기자를 연결했을 때, 기자 뒤로 흰 종이에 검은 글씨로 쓴 종이 한장이 보였다.

돌아오라, 손석희!

잠시 당황하지 않을 수 없었다. 아마 나보다도 현장 기자나 앵커, 그리고 뉴스 제작진이 더 그랬을 것이다. 그러나 곧바로 생각했다. 이런 경우 화면을 빼거나 기자가 현장을 옮겨선 안 된다고. 이런 내 생각과 통해서였는지, 「뉴스룸」의 제작진도 적어도 화면상으로는 당황하는 기색이 없어 보였다. 현장 기자도, 앵커도, 화면도 그냥 평소대로 흘러가고 있었다. 나는 보도국으로 전화를 걸어 모든 걸 그냥 있는 그대로 담아내달라고 얘기했다. 런다운상으로는 뉴스 후반에 다시 현장을 연결하게 되어 있었다. 그때 현장 기자가 자리를 피해 옮길 필요도 없고, 또다시 그 문구가 나가도 그냥 담으라고 했다.

그날의 상황은 어찌 됐든 조국 정국하에서 JTBC 뉴스의 현주소였다. 보도에 대한 비판도 인정도 모두가 우리 몫이 되어야 하는 현실을 그대로 보여주고 있었다. 동시에 이른바 정론의 저널리즘을 실천한다는 것이 여전히 우리에겐 어려운 숙제이며, 세상이 양쪽의 진영으로 나뉘어 있는 것이라면, 우리는 마침내 모든 진영으로부터 멀리, 혹은 아주 멀리 떨어져 있게 되었다는 것을 깨닫게 되었다.

돌아오라, 손석희… 어디로 돌아갈 것인가. 내가 돌아갈 곳이 있나. 나는 어디에서 왔는가.

[장면 #2] '기레기' 없는 세상에 살고 싶다면

기자를 20년쯤 하면서 기사 댓글에 내성이 생겼다. '네 자궁에서 썩는 냄새 나.' 매년 받는 건강검진에서 자궁이 건강하다고 하니, 그러려니 한다. '××처럼 생긴 년.' 미의 기준이란 주관적이므로, 또 그러려니 한다. '기레기.' 이 세 글자 앞에선 무릎이 꺾이고 만다. 지구상의 모든 오물과 적의를 뒤집어쓴 것만 같다.

억울하지만, 억울해할 온전한 자격이 없다는 걸 안다. 언론은 무고하지 않다. 때로 펜을 흉기처럼 휘둘렀고, 감시해야 할 권력자의 힘을 제힘이라 착각했다. 공익과 사익을 이따금 겹쳐 보았으며, 하위 20%의 사람들을 위하는 척하면서 상위 1%와 눈 맞추려 애썼다. 교만한 게으름의 죄가 가장 크다. 정보는 '우리'만 알고, 세상은 '우리'만 읽을 수 있으며, 여론은 영원히 '우리'의 뜻대로 움직일 거라는 오판으로 변화를 거부한 죄.

쇄신하지 않는 권력은 유죄다. 검찰과 언론을 한패로 묶어 비난하는 목소리에서 '세상이 바뀐 걸 너희만 모르느냐'는 꾸짖음을 듣는다. '기레기'라는 말을 입에 쓴 약처럼 차라리 씹어 먹어야지, 다짐한다.

그러나, '기레기'라고 내뱉는 당신의 마음은 선량하기만 한가. 지난 주말 서울 서초동 촛불집회 규모를 따지느라 페이스북이 두쪽으로 갈렸다. "이렇게 엄청난데 100만명이라고 보도 안 하면 기레기다."(문학평론가인 대학 교수) "턱도 없는데 100만명이라고 보도하면 기레기다."(자유한국당 의원) 이래도 저래도 기레기가 될 운명에 웃어버렸다.

조국 법무부 장관 보도에 관한 한, 기레기 판별 기준은 '기자다움'보다는 '내 편다움'에 가깝다. 2016년 박근혜 전 대통령의 '변기 취향' 보도에 환호했던 사람들이 조 장관을 겨누는 '모든' 보도를 쓰레기 취급한다. 태블릿PC 보도로 박근혜정권을 허물어 칭송받은 종편은 조 장관을 충분히 감싸지 않는다는 이유로 기레기 리스트에 올랐고, 후보자 시절 윤석열 검찰총장의 의혹을 캔 죄목으로 기레기가 된 독립언론은 윤 총장이 역적으로 몰린 덕에 사면받았다. 무엇보다 오싹한 건 요즘 보수진영의 누구도 '기레기'를 입에 올리지 않는다는 사실이다.

욕설과 배설의 효용이 원래 그러하듯, '기레기'라고 발화하는 동안은 후련하고 짜릿할 것이다. 그러나 그뿐이다. 쓰레기 소굴이라 불리는 곳에선 쓰레기만 살아남는다. 깨끗한 모든 것은 시든다. '나쁜 기자'들은 어떤 모욕에도 꿈쩍하지 않는다. 한줌 권력, 공짜 잿밥에 목매는 사람은 어디든 있기 마련이다. 안쓰러운 후배가 말했다. "기레기라고 불릴 때마다 용감한 기자가 아니라 양순한 회사원으로 살고 싶어져요." 닮고 싶은 점이 별로 없는 선배가 말했다. "죄다 기레기라는데 그 말이 뭐가 무섭냐." '기레기'라는 말로 인해 기레기가 득세하게 되는 역설을 누가 바로잡을 것인가.

'기레기'라고 욕보이는 충격요법으로 언론을 깨우쳐 좋은 세상을 만들려는 것이 당신의 의도라고 치자. 사람을 쓰레기에 빗대는 혐오 발언이 선택적으로 용납되는 세상이 존재해도 괜찮은가. 그렇게 쌓아올린 좋은 세상은 과연 떳떳한가. 민주주의에는 언론이 필요하다. 당신이 미워하는 기자와 매체는 퇴장해도 언론은 여기 있어야 한다. 언론을 언론답게 만드는 건 저열한 조롱이 아닌 차가운 비판이다.

기자라는 직업이 최상위 권력으로 가는 우대권이던 시절은 끝났다. 열정 때문에 기자로 남아 매일을 전쟁처럼 사는 기자들이 여전히 많다. 언론이 실제보다 한심해 보이는 건 그들의 낮고 느린 목소리가 소음에 묻혀 제대로 들리지 않기 때문이다. "기레기니까 기레기라고 부르지!" 당신의 악담에 그들의 목소리는 소거되고 말 것이다.

이 글을 쓰겠다고 했을 때, 동료 여럿이 말렸다는 것을 밝혀둔다. 이 말을 하고 싶어서 그래도 썼다. "누군가에게 침을 뱉는 것으로는 세상을 바꿀 수 없다."

— 최문선 「'기레기' 없는 세상에 살고 싶다면」(『한국일보』 2019.10.3)

JTBC와 관련된 문장만 인용하려다가 아무래도 전후 맥락을 다 봐야 할 것 같아서 전문을 인용했다. 나는 최문선 기자를 본 적도 없고 잘 알지도 못하지만, 이 칼럼은 매우 인상 깊게 읽었다. 그가 쓴 고민들이 당시 조국 정국을 통과하면서 많은 기자들이 느꼈던 그것과 같을 것이다. 그리고 그의 칼럼은 지금 다른 상황에서 쓴다 하더라도 크게 바꿔 쓸 것도 없어 보인다. 그리고 나는 여전히 그의 칼럼에 동의할 것이다. 위의 내용 중에 내 눈에 특히 들어왔던 부분은 물론 JTBC를 언급한 내용이긴 했다.

태블릿PC 보도로 박근혜정권을 허물어 칭송받은 종편은 조 장관을 충분히 감싸지 않는다는 이유로 기레기 리스트에 올랐고

'칭송'에서 '기레기'로 가는 과정에 조국 당시 장관을 '충분히 감싸지 않았다'는 이유가 들어가 있었다. 언론이 누군가를 특별히 감쌀 이유는 없으며, 그 누군가가 공권력에 의해 부당하게 대우받고 있다면 그 부당함을 지적하면 될 일이었다. 물론 그게 쉬운 일은 아니다. 조국 당시 장관에 대한 수사가 본격화되면서 관련 기사가 쏟아져 나왔을 때 그 많은 정보들은 마치 용암물이 흘러가듯 폭주하면서 모든 것을 삼키고 있었다. 그것은 철저히 검찰이 주도하는 상황이었다. 그들은 당사자 조사 없이도 기소를 하는 과감함을 선보였으며, 압수수색도 그 건수와 속도에서 다른 사건과 비할 바 아니었다.

드러난 사실과 발표된 의혹, 그리고 그에 대한 반론이 뒤엉켰다. 그 포화 속에서 우리가 택한 것은 수사상황은 전하되, 반론도 분명히 담아야 한다는 것이었다. 그 과정에서 반론에 의해 보도 내용을 정정하는 일도 있었다. 물론 단지 벌어지고 있는 상황을 전하거나 반론을 다루는 데에만 그치진 않았다. 정경심 교수의 PC 은닉 등 몇가지의 단독 보도도 이어졌다. 그러니 조 장관 지지자 입장에서는 '충분히 감싸지 않았다'기보다는 '전혀 감싸지 않았다'고 느꼈을 것이다. 내가 그런 보도들을 막았다면, 나는 '돌아온' 것이었을까.

시간이 지나면서 '왜 JTBC 뉴스가 팩트체크에 나서지 않느냐'는 비판이 이어졌다. 물론 그 부분에서 남는 아쉬움도 크다. 그러나 수사 사항은 언론이 접근할 수 없는 범주에 있는 것이 훨씬 더 많았다. 그래서 택한 것이 반론을 잘 담아야 한다는 것이었지만, 조국 당시 장관을 지지하는 쪽에서는 그것으로는 갈증을 해소할 수 없었을 것이다. 게다가 반론이라는 것도 제한적이어서 매번 모든 반론을 담기도 어려웠다. 그 와중에 가장 본질적인 문제가 가려지고 있었다. 바로 검찰개혁의 당위성 문제였다.

사족

며칠 전에 후배 기자가 웃으면서 알려줬다. 내가 '마이기레기닷컴'에 올라 있다는 것이었다. 그게 뭐 하는 데냐고 했더니, 그냥 제목 그대로라고 했다. "아, 그래… 나도 기레기구나" 했더니 자기도 올라 있다면서 웃었다. 이미 수천명의 기자들이 올라 있었다. 나는 모두 열두번의 '선동·헛소리'를 한 것으로 돼 있었고, 그 대부분이 '앵커브리핑'이었다. 앞에서 인용한 최문선 기자도 있었는데 지적당한 건 겨우 두번이었다. 나 따라오려면 아직 멀었다.

[장면 #3] 우리의 숨은 더 가빠질 것이다

"타사에서는 출입처 제도를 탈피하겠다고 하지만, 나는 그건 가능하지 않을 거라고 본다. 출입처 제도 없애는 게 개혁이라고 외쳐온 지가 벌써 수십년이다. 하지만 못하고 있다. 두고 봐라. 그들도 결국 탈피하진 못할 거다. 나는 차라리 이렇게 얘기하겠다. 출입처에서 탈피할 생각을 말고, 출입처를 감시하자. 출입처를 가지면 그 출입처와 유착되고 자기도 모르게 옹호한다는 비판에서 벗어나자. 출입처를 비판할 수 없으면 기자는 존재 가치가 없어진다."

조국 정국이 여전히 진행 중이던 2019년 11월 7일의 샌드위치 미팅(보도국 내 기자들과의 대화 모임)에서 한 말이었다. 그게 얼마나 어려운 일인지 모르는 바는 아니었다. 정보원들과 척져서 유리할 게 없기 때문이다. 그러나 기자로서 그들과 가깝게 지내는 것과 척지는 것 중에 하나를 골라야 한다면 당연히 후자였다. 그런데 둘 중의 하나를 택해야만 하는 상황은 현실에선 존재하지 않는다. 내가 그날의 모임에서 말한 것은 사실은 그런 균형을 얘기한 것이었다. 당시에는 기자들이 검찰과 한통속이란 비판이 쏟아지고 있었기 때문이다. 나는 우리 기자들이 그런 비판을 받아야 할 사람들이 아니라고 믿고 있었지만, 그래도 노파심이 생겨서 그렇게 말한 것이었다.

앞서 인용한 최문선 기자의 말처럼 '깨끗한 모든 것은 시들' 수도 있다면 우리는 우리 자신이라는 존재를 경계해야 한다고 생각했다.

조국 정국에서 우리가 놓쳐선 안 될 본질은 '검찰개혁'이었다. 그러나 개혁의 객체가 되어야 할 검찰은 조국 정국에서 수사의 주체로 나섰고, 개혁의 주체여야 할 법무부 장관은 수사의 객체가 되어 있었다. 동시에 사건이 진행될수록 검찰개혁의 본질보다도 조국 당시 장관 부부의 문제에 모두의 관심이 집중되었다. 검찰개혁 정국이 곧바로 조국 정국이었다. 검찰개혁을 어떻게 다루느냐에 따라 여지없이 '친조국'이거나 '반조국'으로 수렴되는 것을 피할 수 없는 지경이 되었다. 언론뿐 아니라 진보진영 내부도 바로 그 지점에서 고민에 빠진 것 같았다.

지금은 모두 잊었을지 모르지만, 조국 정국의 시작은 검찰이 아니라 당연히 야당이었다. 청와대가 조국 전 민정수석을 법무부 장관에 내정한 2019년 8월 9일에 당시 야당이던 자유한국당은 임명을 감행할 경우 야당과 전쟁을 선포하는 것이라고 으름장부터 놓았다. 이후 보름이 넘도록 여야 간의 공방이 치열하게 계속됐다. 딸의 입시 문제나 사모펀드에 대한 의혹 등이 모두 그 기간 동안 나온 것들이었다. 검찰의 본격적인 '참전'은 8월 26일에 공식화되었다. 그날 서울중앙지검이 당시 조국 법무부 장관 후보자 가족에 대한 수사를 맡는다는 보도가 나왔고, 그 이후로는 말 그대로 전광석화였다. 바로 다음 날 수사가 본격화되면서 서울대, 고려대, 부산의료원 등에 대한 압수수색이 동시다발적으로 진행되었다. 그 이후는 이미 모두가 알고 있듯이 광범위한 수사와 기소가 계속되고 조국 후보자 측의 반발이 이어지면서 한국사회는 점차 치열한 진영 싸움으로 접어들고 있었다.

아마도 가장 결정적인 장면은 9월 7일에 검찰이 조 후보자의 부인인 정경심 동양대 교수를 사문서 위조혐의로 재판에 넘긴 일일 것이다. 당사자에 대한 조사 없이 진술과 증거만으로 충분하다며 기소한 것이었다. 매우 이례적인 일이 아닐 수 없었다. 청와대가 매우 격앙됐다는 얘기가 흘러나왔고, 그로부터 이틀 뒤에 문재인 대통령은 결국 조국 후보자를 법무부 장관으로 임명했다.

이 모든 과정이 한국사회를 커다란 소용돌이 속으로 몰아넣는 동안에 언론이 얼마만큼 검찰개혁이라는 본질을 드러내고 그 당위성과 역사성까지 짚어냈는지를 돌아보면 아쉬움이 남는다. 한국사회가 왜 검찰개혁을 이뤄내야 하는지에 대한, 무엇보다도 그 개혁의 수준은 어디까지여야 하는지에 대한 논의는 언론의 장에서 충분히 다뤄지지 못했다. 그것은 조국과 윤석열이라는 상징화된 개인들 간의 쟁투에 가려졌다. 내가 책임지고 있었던 JTBC 뉴스도 크게 다르지 않았다. 조국 법무부 장관의 취임일이었던 9월 9일부터 퇴임일인 10월 14일까지 60여건의 검찰개혁 관련 리포트를 쏟아냈으나 대부분 청와대와 법무부가 연일 내놓은 대책들과, 검찰이 일종의 자구책으로 내놓은 개혁방안을 리포트로 전달하는 수준이었다.

돌이켜보면, 이른바 조국 정국이 계속되는 동안 언론은 검찰개혁과 관련한 이슈를 다루기를 오히려 회피했던 것은 아닌가 하는 생각도 든다. 그것은 정부가 강하게 밀어붙이는 정책에 편승하기를 꺼려하는 언론의 속성을 감안하더라도 이쉬운 부분이다. 또한 조국 당시 장관이 자칭 불쏘시개가 되기를 자청했다는 검찰개혁이 무엇인지, 그것은 달성 가능하고 충분한 것인지를 따져봐야 했지만, 그것도 묻혀버렸다. 결국 조국 정국이란 것이 검찰이 자신들을 향한 칼날을 피하기 위해 의도적으로 만들어낸 것이 아니냐는 의구심들이 쏟아져 나왔다.

  장관 후보자에 대한 검증은 검찰이 밀어붙인 수사가 주도하고, 검찰개혁은 정부·여당이 주도하는 상황에서 언론이 할 수 있는 것은 초라해 보였다. 그나마 「뉴스룸」이 택할 수 있는 방법론은 '인터뷰와 토론'이었다. 황희석 검찰개혁추진지원단장, 김경수 변호사(마지막 대검찰청 중앙수사부장), 박주민 더불어민주당 의원 등이 차례로 출연해 특수부 축소 등 검찰개혁 필요성에 대해 인터뷰했고, 10월 1일에는 긴급토론을 진행했다. 이 토론회에는 유시민 노무현재단 이사장, 주호영 자유한국당 의원 등이 출연했다. 검찰개혁과 관련한 토론은 다음 해 초에 열린 2020년 「신년토론」에서도 이어졌다. 내가 「뉴스룸」을 떠나면서 마지막으로 진행한 이틀 동안의 「신년토론」은 '언론'과 '정치'를 주제로 했지만 주된 내용은 대부분 검찰개혁 관련으로 채워졌다. 특히 첫날은 유시민 이사장과 진중권 전 동양대 교수의 충돌이 이어져, 한때 함께했던 사람들(그들은 과거에 고 노회찬 의원과 함께 「노유진의 정치카페」라는 팟캐스트 방송을 하기도 했다)도 갈라설 수밖에 없게 된 현실에 나도 씁쓸함을 느꼈던 기억이다. 그다음 해인 2021년, 그러니까 내가 「뉴스룸」을 떠나고 1년 뒤 한번 더 진행한 「신년토론」은 아예

'검찰개혁'을 주제로 올렸으니 이 이슈가 얼마나 길고 질긴 생명력을 가졌던 것인가 새삼 생각한다.

이토록 오랫동안 이 이슈를 다뤘던 것은 한국사회에서 검찰개혁에 대한 논의가 그만큼 해결되지 못한 채 지속되었던 것이 가장 큰 이유일 것이다. 특히나 그 긴 시간 동안 검찰개혁이라는 과제는 양 진영의 공방 속에 설득력과 동력을 잃어가기도 했으니 안타까운 일이 아닐 수 없다.

지금에 와서 냉정하게 돌아보면 그때 우리는 할 수 있는 일이 더 있었다. 이례적으로 민정수석에서 곧바로 법무부 장관으로 직행한 경우의 당위성을 더 따져봤어야 했다. 검찰개혁의 완수를 명분으로 한 그 임명이 결국 무리수가 될 수 있다는 것을 짚어냈어야 했다. 동시에 검찰의 전광석화와 같았던 수사가 결국 검찰 기득권의 보호를 염두에 둔 것이 아니냐는 의구심을 더 강하게 전해야 했다. 또한 검찰개혁이 피할 수 없는 과제라면, 왜 그런 것인지, 지난날 검찰의 부조리와 권력지향의 행태들을 좀더 일일이 짚어냈어야만 했다.

그랬다면 이 사건을 지나오면서 느꼈던 자괴감들은 조금 덜어졌을지도 모르겠다. 양쪽에서 수없이 비난받고 조롱당하면서도 무엇을 지켜야 하는지 고민했던 기자들이 여전히 많다면 그래도 다행이다. 때로는 상황에 끌려다니고, 더 본질적으로 접근하기 어려운 환경에 있더라도, 시간이 지나면 대부분은 보인다. 다만, 그게 너무 늦으면 후회만이 남는 것이지만.

2019년 10월 20일, 서울은 백여일 만에 미세먼지 수준이 '나쁨' 단계로 들어섰다. 뉴스를 보면서 생각했다. 그동안 공기가 그렇게 맑았다니… 그 맑은 공기 속에서 우리는 그렇게 가쁜 숨을 쉬었던 것인가. 다음 날인 10월 21일에 정경심 교수에 대한 구속영장이 청구되었고, 23일에 영장 실질심사를 거쳐 24일 새벽에 정 교수는 구속되었다. 그리고 그 이후의 기나긴 법정싸움은 아직도 완결되지 않았다. 이 글을 쓰고 있는 지금은 그의 딸 조민 씨에 대한 부산대 의학전문대학원 입학 취소 결정이 톱뉴스가 되고 있다. 언론은 재빠르게도 이 결정이 대선에 어떤 영향을 끼칠 것인가를 분석하기도 한다. 조국 정국 이후 한국사회는 양분된 상태에서 또다시 분열했다. 진보진영도 갈렸다. 미세먼지는 점점 더 심해질 것이며, 우리의 숨은 더 가빠질 것이다.

[장면 #4] '…운동을 위해 저널리즘을 하진 않는다'

오랫동안 머릿속을 맴돌아온 내 나름의 주장, '저널리즘을 위해 운동을 할 수는 있어도, 운동을 위해 저널리즘을 하지는 않는다'는 것은 MBC에서 노동조합 활동을 할 때부터 가져온 나만의 금언이었다. 이 책의 1부 3장, 장면13에서 나는 위 문장의 전반부를 소제목으로 쓴 바 있다. 이제 이 장면에서는 그 후반부를 쓰면서 마무리하려 한다.

1991년 5월 중순의 어느 날 밤, 나는 MBC 노동조합의 노래패들과 명동성당에 있었다. 4월 26일 명지대생 강경대의 죽음으로 촉발된 이른바 '91년 5월항쟁'의 한가운데였다. 학생들의 분신이 줄을 이었고, 어느 시인의 '죽음의 굿판을 때려치우라'는 일갈도 늦봄의 뜨거움 속에 허허롭기만 하던 시간들이 지나가고 있었다. 그날 우리는 강경대의 노제를 앞두고 성당에서 열린 전야제에 참가해 노래를 부르고 주먹을 흔들었으며, 성당 맞은편 허름한 삼겹살집에 앉아 경찰이 쏘아댄 최루탄 냄새를 코로 막고 입으로는 소주를 들이켰다. 나는 MBC 보도국의 앵커이자 노동조합의 간부이기도 했으므로 낮에는 서울 시내에서 열리는 집회에 참가하고 저녁에는 회사로 들어와 저녁뉴스를 진행하는, 그러니까 흔한 말로 이중생활을 하고 있던 터였다. 전야제가 있던 밤에는 서울에 비가 쏟아져 그야말로 모든 것이 질척거렸다. 이 싸움의 끝이 어찌 될까에 대한 확신은 아무에게도 없는 것 같았다. 내게 선명하게 남은 기억은 쏟아지는 빗속에서 조명을 받은 후배 노조원의 그림자, 만삭이었던 그의 모습이 그 질척거리던 땅바닥에 비치던 장면이었다. 그것이야말로 앞이 보이지 않는 질척임 속에서 그래도 품어야 했던 희망이랄까.

1991년 5월의 결말은 1987년 6월과는 달랐으므로 사람들은 고민에 빠졌다. 그것은 방송사 노동조합에 있으면서 수차례의 파업을 겪었던 내게는 좀더 각별한 고민이기도 했다. 내 관심 사항은 이른바 '집합행동'(collective behavior)의 태동과 진행, 그리고 그 결과에 '조직'(organization)이 끼치는 영향과 미디어의 역할 따위였다. 그 때문인지 나는 후에 미네소타 대학원을 졸업하면서 학위논문도 이를 주제로 해서 썼다. '자원동원론'(Resource Mobilization

Theory)을 이론적 틀로 해서 쓴 그 논문은 방송사 노조 파업의 성공과 실패는 결국 대중의 여론을 얻느냐, 얻지 못하느냐에 달려 있으며, 따라서 '여론'이야말로 사회운동에 필수불가결의 '자원'으로 본다는 것이었다. 원래 이론으로서의 '자원동원론'은 그 '자원'에 자금이나 인력, 장비 등을 포함시키고, 이런 자원들을 동원, 관리하고 통제하는 '조직'을 사회운동의 핵심으로 보았다. '자원동원론'은 그 '자원'에 '여론'을 포함시키고 있지 않았지만, 나는 무형(無形)의 '여론'을 그 자원에 추가해서 가장 핵심으로 봤다. 그 이후에 썼던 다음 글은 논문에서 얻은 결론을, 내 나름 그런 고민을 시작하게 했던 1987년과 1991년의 상황에 적용한 것이었다.

87년 6월과 91년 5월을 떠올려보자. 호헌철폐를 주장하면서 시작된 87년 6월 항쟁과 강경대의 죽음으로 촉발된 91년 5월의 항쟁은 내가 보기엔 한국 사회운동의 진화단계를 보여주는 좋은 예이다.

사회학자들은 오랜 기간 내재돼 있던 사회적 불만이 우연한 계기에 폭발함으로써 커다란 집합행동으로 나타나는 경우를 전통적 사회운동의 범주에 넣는다. 이 경우 대중을 끌어모으는 데에 대규모의 조직이라든가 사전 계획은 본격적으로 존재하지 않으며 집합행동은 자연발생적으로 일어난다.

87년 6월항쟁은 물론 학생운동 조직이라든가 일부 시민사회 단체 조직이 운동을 선도하긴 했지만 그보다 더 큰 동력은 5공 내내 대중을 짓눌러왔던 권위주의 정권에 대한 불만과 분노였다. 거기에 간접선거를 핵심으로 하는 4·13 호헌선언이 촉매작용을 한 셈이다. 또한 당시의 항쟁에 결정적인 역할을 한 것은 전혀 조직되지 않은 '넥타이 부대'였다.

이에 비해 현대적 사회운동은, 학자들에 따르면, 보다 대규모의 사회운동 조직이 주도한다. 이들 조직은 운동을 성공시키기 위해 필요한 자원, 예를 들면 자금, 인력, 여론 등을 동원하며, 전술, 전략을 세우고 집행한다. 91년 강경대 사건 당시는 이미 이러한 조직들이 폭발적으로 늘어나 있던 시기였다.

87년 이후 수많은 노동조합이 생겨났고, 시민사회단체도 양적, 질적으로 본궤도에 오르고 있었으므로 이들이 학생운동 조직과 함께 한달 이상 지속되었던 '노태우정권 퇴진을 위한 국민대회'를 주도했던 것이다. 물론 강경대의 사망은 시위과정에서 우연히 발생한 것이라 할 수 있지만 사망 이후 벌어진 운동의 경과는 대규모 사회운동 조직의 역할을 빼놓고는 설명하기 힘들다.

그러나 결론적으로 말하면 후자의 운동은 적어도 현상적으로 볼 때 성공하지 못했다. 따라서 나는 조직에 의한 사회운동이 전통적 관점의 사회운동에 비해 훨씬 과학적이긴 하지만 반드시 성공을 담보한다고 보지 않는다. 가장 중요한 이유는 조직 바깥의 대중을 자칫 소외시켜버림으로써 대중적 불만의 발산이 축소되는 경향이 있기 때문이다. 즉, 조직에 의한 운동은 진화된 것이긴 하지만, 동시에 운동이 조직 자체에 고립될 수도 있다는 것이다. (후략)

——「'킹메이커'는 오직 국민뿐」(『문화일보』 2003.12.26)

당시에 이 글을 썼던 이유는 노무현정부 당시의 정치적 팬덤 현상과 그 현상이 가진 한계를 논하기 위해서였다. 오래된 글이지만, 나는 이를 국정농단 국면의 촛불집회와 그 이후에 벌어진 새 정부 하에서의 정치적 흐름에 적용해도 크게 어긋나지 않을 것이라고 생각한다.

　그런데 역시 문제의 핵심, 내 고민의 핵심은 그런 상황에서 언론, 즉 저널리즘의 역할이었다. 내 나름의 결론을 내기까지의 과정은 생략하고 결론만 말하자면 이렇다. 정치·사회적으로 오랜 억압 구조, 혹은 모순의 구조 속에서 일어난 현상을 정파적 이해관계를 떠나서 다룰 수 있는 것이 옳은 저널리즘이라면 우리는 최선을 다해 그렇게 해야 한다는 것. 만일 그런 저널리즘을 막는 세력이 있다면 이를 돌파하기 위한 운동은 할 수 있는 것이 아닌가. 과거 권위주의 정부 시절의 말미에 태어난, 내가 속했던 언론노조들은 그것을 목적으로 했다고 나는 믿는다. 하지만, 저널리즘이 어떤 정치적 목적을 가지고 그것을 실현하기 위해 매진한다면, 그것은 운동을 위해 저널리즘을 이용하는 것이 아닌가. 그 운동 과정에서 나오는 사실들을 보도하는 것이야 당연한 일이지만, 저널리즘의 범위를 벗어나 '지지'하거나 '지원'할 수는 없다는 것이었다.

　조국 정국이 지속되면서 「뉴스룸」도 고전했다. 어느 평자는 「뉴스룸」이 자신의 시청자들 편을 들지 않기 때문이라고 일갈했다. 그럴 수도 있겠다. 그러나 그것이 꼭 옳은 판단은 아닐 수도 있었다. 매스미디어가 여론을 지배하던 시대는 갔고, 지금은 디지털 시대이고, 이용자들이 뉴스를 선택하기도 하고 '믿고 거르기도' 하는 시대이니 거기에 적응하라는 충고도 들었다. 그럴 수도 있을 것이다. 결국 다 똑같은 말들이다. 그걸 좀더 목에 힘주고 얘기하자면, 자기확증편향, 포스트트루스, 진실의 개인화 등등이 될 것이다.

오만가지 분석도 나왔다. 심지어 한편에서는 내가 검찰에 약점 잡혀 검찰 편을 든다는 얘기까지 들렸다. 웃기는 얘기다. 그런가 하면 나와 우리 기자들을 분리해서 서로 의견이 안 맞는다는 식으로 분석하는 평자들도 있었다. 그건 자신들의 희망사항일 뿐이다. 그런 분석에 솔깃할 만큼 비겁하진 않다. 나는 그때 우리 뉴스의 최종 책임자였다.

언론은 담장 위를 걷는 존재들일지도 모른다. 진실과 거짓, 공정과 불공정, 견제와 옹호, 품위와 저열(低劣) 사이의 담장. 한발만 잘못 디디면 자기부정의 길로 갈 수도 있다는 경고는 언제나 유효하다. 다만, 그 담장 위를 무사히 지나갔다 해도 그 걸음걸이가 당당한 것이었는지 아슬아슬한 것이었는지는 보는 사람에 따라 달라질 터이니 참으로 어려운 일이다. 그런 면에서 보자면 뉴스를 떠나 있는 지금의 나는 염치없이 평안하다.

사족

태풍 미탁은 내 예감대로 한반도에 상륙했다. 미탁과 함께 태동한 그때의 또 다른 태풍을 나는 예상하지 못했을까. 글쎄… 그 태풍이 올 것을 예상했어도 나는 배를 띄웠을 것 같다. 그래서 표류하여 '돌아갈' 곳이 없다 해도.

3

레거시에서 디지털로

[장면 #1] "텔레비전은 나의 생애 안에서 태어나고 스러져간다"

1998년. 벌써 지난 세기가 되어버렸다. 그해 미국 미네소타 주립대 대학원의 봄학기에 나는 '미국 방송 역사' 강의를 듣고 있었다. 학부 강의였지만, 대학원 수업과 병행으로 들어야만 하는 선택 과목이었다. 70대의 노교수였던 어빙 팽(Irving Fang)은 자신이 어렸을 때 할아버지의 손을 잡고 뉴욕 박람회에 갔던 얘기를 꺼냈다. 1939년 4월에 열린 그 박람회는 미국 최초로 텔레비전을 일반에게 공개한 행사였다. 그날 텔레비전이 한 일이라곤 두시간 남짓의 개막식 중계가 전부였지만, 아무튼 역사적인 날임엔 틀림없었다. 팽 교수는 할아버지와 함께 처음으로 텔레비전을 대했을 때의 느낌을 길게 얘기했는데 잊어버리기도 하고, 못 알아들은 부분도 있지만 이 말은 꽤 인상 깊게 남았다.

"나는 요즘 텔레비전의 시대가 저물고 있는 걸 보고 있다. 그러니까 텔레비전은 나라는 한 사람의 생애 안에서 태어나고 스러져 가는 거다."

텔레비전 방송의 시작은 영국의 BBC가 앞섰지만, 미국은 특히 2차대전 이후에 이를 대중화시켰고, 그로 인해 사회변혁은 물론 이른바 글로벌 커뮤니케이션의 변화까지 일어나게 되었다. 그 텔레비전이 저물고 있다니… 나는 그때까지만 해도 노학자의 말에 동의하기 어려웠다.

그리고 바로 다음 해 내가 미네소타 대학을 떠날 무렵, 저널리즘 학과의 옆 건물이었던 포드홀(Ford Hall)이 미디어센터로 바뀌는 걸 지켜보았다. 포드홀은 원래 철학과 건물이었다. 하버드를 비롯해 미국의 오래된 대학들은 캠퍼스의 중앙에 철학과 건물을 두곤했는데, 그것은 철학이 모든 학문의 중심에 있다는 뜻에서였다. 그 철학과 건물이 미디어센터로 바뀌면서 PC들로 가득 차게 된 것이었다. 극적인 변화였다. 그렇게 해서 세기말 미네소타 주립대의 저널리즘 학과는 올드미디어를 버리면서, 철학을 비워낸 포드홀에 뉴미디어를 채워 넣었다.

내 지도교수였던 친 추안 리(Chin Chuan Lee) 교수는 레노베이션으로 산뜻하게 바뀐 연구실에서 나를 맞으면서 이렇게 투덜거렸다.

"이게 무슨 학교야! 호텔이지!"

[장면 #2] '다음 뉴스'인가, '네이버 뉴스'인가

그러니까 미네소타 대학 저널리즘 학과의 그 모든 변화는 세기 말에서 세기 초로 넘어가는 그 시기에 일어났던 것이다. 나는 어찌 보면 운이 좋게도(혹은 운이 나쁘게도) 그 전환기에 있었다. 마치 어빙 팽 교수가 할아버지의 손을 잡고 뉴욕 박람회에 갔던 때처럼. 아무튼 내가 그 대학에 있던 1999년까지도 도서관에서 오래된 자료를 찾아보려면 컴퓨터가 아닌 마이크로필름을 돌려야 했다. 내 논문도 USB가 아닌 디스켓에 저장해두던 시절이었다. 그보다 2년 전인 1997년에 미국으로 갈 때 내가 배워간 컴퓨터는 윈도우 체제가 아닌 '도스'였으니 지금 돌이켜보면 딴 세상 얘기다.

그렇다. 완전히 다른 국면(stage)으로의 전환에 대한 얘기다. 산업사회에서 정보사회로의 전환, 올드(매스)미디어에서 뉴미디어로의 전환, 아날로그에서 디지털로의 전환, 집단에서 파편으로의 전환. 그런 것들이 그때의 화두였다. 그리고 동시에 고민했던 것이 '전환'은 곧 이전 시대와의 '단절'인가, 아니면 '확장'인가였다. 당시의 미디어 학자들은 그런 문제로 씨름하고 있었다. 즉, '단절'은 새로운 정보사회가 과거의 산업사회와는 결별한 새로운 정보체계를 가진 다른 성격의 사회라는 것이고, '확장'은 새로운 정보사회가 과거 산업사회의 모순 등을 이어받은 상태에서 정보능력만 커진 사회라는 것이었다. 나는 '단절'보다는 '확장'에 더 동의했다. 즉, 미디어로만 놓고 보자면 정보를 전달하는 도구(device)의 발전은 있어왔지만, 정보가 변화한 것도 아니고, 그 정보의 흐름이나 분배의 구조 그리고 정보에 의한 지배구조가 근본적으로 바뀐 것도 아니지 않은가. 동시에 저널리즘의 측면에서 보자면 그동안 제시돼왔던 원칙이나 기준 같은 것들이 바뀔 이유도 없어 보였다. 솔직히 지금은 그런 생각들도 내 머릿속에서 도전받고 있긴 하지만(아직 바꾸진 않았다).

매스미디어 뉴스의 플랫폼을 깨고 나가자는 생각은 아마도 그런 내 자세 때문에 갖게 됐는지도 모른다. 즉, '확장'의 차원에서 디지털과 온라인 플랫폼을 생각했던 것이다.

JTBC로 옮겨온 지 한달쯤 지난 2013년 6월에 포털 '다음'의 부사장을 만난 자리였다. 그때 나는 아직 앵커로 나서기 전이었다. 그는 『경향신문』 출신으로 그전부터 잘 알고 지내던 사이였다.

"손 사장님, JTBC에서 뉴스를 새롭게 런칭하게 되면 그때는 우리 '다음'에서 실시간 중계를 하는 게 어떻겠습니까?"

"라이브로요? '다음'을 열면 바로 뉴스 생방송으로 들어간다는 건가요?"

"네, 홈페이지상에 JTBC 뉴스 코너를 띄워놓고 클릭하면 바로 볼 수 있는 거지요. 뉴스 시작 전과 후까지 계속 노출시키는 겁니다. 다시보기도 가능하고…"

"네. 흥미롭네요. 그런데 아마 콘텐트를 포털에 그냥 갖다주는 거라서 논란이 좀 있을 겁니다."

그러나 그런 고민은 오래가지 않았다. 그때 JTBC 뉴스의 시청률은 1%도 안 되는 0.6~0.8% 정도에 머물고 있을 때였다. 나는 우선 사람들이 어떻게든 우리 뉴스를 접촉할 수 있는 기회를 늘리는 것이 중요하다고 생각했다. 어떤 방식으로든 일단 보기나 해야 호의를 갖든 욕을 하든 할 것 아니겠는가. '다음'이 비록 시장 지배력은 '네이버'에 못 미친다고 해도, 저녁 내내 우리 뉴스가 포털의 대문에 떠 있는 것은 실보다 득이 훨씬 많을 것이었다.

"그렇게 하지요. 플랫폼을 깨고 나가는 건데 나름 의미도 있을 것 같네요."
"저희도 준비를 잘해보겠습니다."

그렇게 해서 방송뉴스를 사상 처음으로 포털에 생방송으로 얹는 계획이 시작되었다. 지금은 더 심화됐지만, 포털이 신문과 방송의 콘텐트를 이용해 영향력을 키우고, 기존 언론들이 그에 종속되는 것에 대한 비판은 그때도 비등했다. 일부 신문들은 그래서 포털에 기사를 공급하지 않는 경우도 있었다. 그런데 아예 뉴스를 통째 라이브로 갖다주다니… JTBC 뉴스가 경쟁력을 갖추고 있었다 해도 내가 그런 제안에 동의했을까? 글쎄다. 지금 생각으로는 아마 그랬더라도 나는 동의했을 것이다. 철학과 건물이 미디어센터로 바뀐 지 이미 13년이 지났을 때인데… 혼자 살아남는 미디어는 없다고 생각했다. 서로가 이익이 된다면 그런 식의 콜라보 또는 합종연횡은 막을 수 없는 것이라고 봤다. 그리고 상황은 내가 생각했던 것보다 더 크게 번지고 있었다.

"손 선배, '네이버' 쪽에서 연락이 왔는데요. '다음'과 기획하고 있는 뉴스 생방송을 자기들하고도 하잡니다."

뉴스 개편을 한달쯤 앞둔 그해 8월에 보도국 디지털 담당 쪽에서 전해준 얘기였다. 나는 잠시 당황했다. 왜냐하면 이 프로젝트는 '다음'과 비밀리에 진행하고 있었고, 당연히 '다음'하고만 함께하기로 약속을 했던 차였기 때문이다. 흔히 하는 말로 '이 바닥에 비밀은 없다'였다.

"그래도 '다음'하고 약속한 게 있는데…"
"점유율이 '네이버'가 두배가 넘는데도요?"
"좀 생각을 해보자고 하지. 오케이하려면 '다음' 쪽에 양해도 구해야 하고."

'네이버'는 꽤 조급했던 모양이다. 며칠 지나지 않아 담당 임원이 찾아왔다. 그때까지 존재감이 별로 없었던 JTBC 뉴스를 왜 그리 포털에 얹으려 했을까가 궁금했다. 그러나 그것 역시 답을 찾는 데에 오래 걸릴 일도 아니었다. 우선은 포털들도 지금처럼 다양한 사업을 벌이기 전이었고, 당장 검색과 뉴스편집 차원을 벗어난 새로운 아이템과 활로가 필요했다. 그리고 JTBC 뉴스는, 논란 끝에 옮겨간 내가 맡게 될 것이므로 첫 시도의 대상으로는 여러가지로 유리하다는 계산도 했을 터였다.

결국 그해 10월 21일부터 '다음'과 '네이버'에 JTBC 「뉴스9」이 동시에 실시간 중계됐다. 그런데 우리만이 아니었다. 그사이에 지상파를 포함한 다른 방송뉴스들도 모두 달려들었다. 그래도 '다음'은 JTBC와의 첫 인연을 지키느라 몇몇 공중파와 우리만 실시간으로 올려놓았다. 또 JTBC만을 위한 단독 페이지를 마련해 취재기자들이 사용자들과 소통할 수 있는 코너까지 만들어주었다.

지금은 포털이 각 방송사의 메인뉴스뿐 아니라 주요 시사프로그램도 실시간 중계를 한다. 그리고 이제는 포털만이 기존 방송 플랫폼을 대신하는 주요 채널도 아니다. 아시다시피 유튜브도 중계한다. 거실에 앉아 텔레비전으로 뉴스를 보는 사람은 점점 줄어드는 것이다.

2013년 6월에 '다음' 부사장의 제안을 받아들이지 않았다면 어땠을까? 나는 콘텐트를 포털에 내주지 않은 올드미디어의 전사가 되었을까? 그건 좀 자조적으로 말하자면 그냥 웃기는 소리일 뿐이다. 내가 아니었어도 결과는 마찬가지였을 것이며, 나는 그 고민을 제일 먼저, 가장 짧게 했던 사람일 뿐이다. 나는 지금도 올드미디어는 뉴미디어와 합작해서 살아남는다고 믿는 쪽이다. 애초에 영화가 그랬다. 텔레비전이 나왔을 때 위기를 느낀 할리우드는 처음엔 창고에 필름이 쌓여 있어도 텔레비전에 주지 않았다. 그 대신 70밀리미터나 시네마스코프 같은 대형화면과 입체 영화로 승부하려 했다. 그러나 그런 영화들은 막대한 제작비를 필요로 했다. 영화관의 스크린도 물론 커야 했다. 다 돈이 들어가는 일이었다. 결국 할리우드는 스튜디오와 필름창고 문을 열고 텔레비전과 공생하는 쪽으로 전략을 바꿨다. 그러면서 각자의 고유영역을 만들고 지켜갔던 것이다. 라디오도 텔레비전의 위협을 받았지만, 자동차에 실려 모바일이 가능한 매체로 진화한 것과 더불어 21세기 들어서는 비주얼 기능도 적용하면서 공생해왔다. 오늘날의 라디오는 인터넷을 빼고 생각할 수 없다. 책도 마찬가지 아닌가. 이북(e-book)은 대표적인 아날로그 매체인 책이 디지털과 만나 살아남은 진화의 예다. 아마 지금의 뉴미디어도 훗날엔 올드미디어가 될 것이고, 그때도 그런 합작과 공생은 있을 것이다.

그래서 '전환'은 '단절'이 아닌 '확장'이고 모두가 행복한 해피엔드인가. 여기까지만 얘기하고 끝내면 그럴 수도 있겠다.

[장면 #3] 포스트트루스 시대?

2019년 10월 22일의 '앵커브리핑'을 옮긴다.

흑과 백… 저널리즘

뉴스룸의 앵커브리핑을 시작하겠습니다.

호주의 거의 모든 언론사는 어제자 신문 1면을
온통 먹칠로 채웠습니다.
지면 하단에는 "정부가 당신에게 진실을 가릴 때, 그들이 숨기는 것은 무엇일까"라는 문구가 인쇄돼 있었지요.

정부 당국이 언론에게 자료를 제공하지 않았으며
언론인을 탄압했다는 것에 항의하는 취지였습니다.

온통 검은색으로 칠해진 그 신문들…
정부와 언론은 필연적으로 대척점에 있다는 오랜 경구는
그렇게 어둑어둑한 뉴스로 또다시 증명되고 있었다고나 할까.

그때의 신문지면은 반대로 하얬습니다.
『동아일보』 백지광고 사태…

1974년의 겨울을 관통했던 그 상황은
유신정권의 언론탄압으로 그 신문에 광고가 끊겼던 7개월을
말합니다.
시민들은 호주머니를 털어서 응원광고를 싣는 것으로 저항
했던
그 또한 어둑어둑했던 시대…

반세기 가까운 시간들을 지나서
유신시대의 한국사회와 21세기의 선진국 호주를 연결하는
것은
국가와 시민사회의 경계선에 서 있는 저널리즘에 대한 고민
일 것입니다.

그러나 이런 고민은 이제 가까운 미래에
매우 부차적인 고민이 될 수도 있다는 생각.
왜냐하면 우리는 또 다른 고민의 출발선을 이미 떠났기 때문
이죠.

덩치 큰 매스미디어뿐만 아니라
1인 유튜브 방송까지 여기에 가세하여 각자의 뉴스를 생산하
는 시대.
제각기 다른 요구를 가진 소비자가 제각기 다른 뉴스를 소비
하고 있는 세상.

언론에 영향을 끼치는 존재는
과거로부터 국가뿐 아니라 시민사회이기도 했고,
그 시민사회가 각자의 미디어로 무장을 시작한 이래
기존의 이른바 레거시 미디어는 그 권위가 해체되기 시작했
다는 것을
지난주 앵커브리핑에서 이미 고백한 바 있습니다.

어느 신문기자의 표현을 빌리자면,
전통적 의미의 '기자다움'보다는
포스트트루스 시대의 '내 편다움'이 더 환영받는 시대에
이른바 '기레기'가 되지 않으려면 기자는 무엇을 어떻게 해야

하는가.

그럼에도 불구하고 결국 가장 기본이고 중요한 것은 사실과
진실이라면…
그 사실과 진실은 누구에 의해 평가받고 증명돼야 하는가.

어제 먹칠한 신문 1면을 발행한 먼 나라 언론의 마음.
오래전 백지광고로 권력과 맞서던 언론의 마음.

그리고 오늘의 우리에게 다시금 그러한 시대가 온다면
사람들은 자신의 호주머니를 털어서 응원광고를 내줄 것인가.
그런 일은 없을 것이라는 솔직한 예측.

왜냐하면 사람들에겐 이미 각자의 진실이 존재하는
'유튜브'가 있기 때문에…

오늘의 앵커브리핑이었습니다.

'앵커브리핑'은 그동안 몇차례에 걸쳐 저널리즘에 대한 고민이
나 다짐 등을 담아냈다. 이날의 내용은 전통적 매스미디어들이 겪
고 있는 이른바 포스트트루스 시대의 고민이었다. 2019년 10월은
알다시피 조국 정국이 한창이던 때이기도 했다. 그러나 그런 정치
적 상황이 아니더라도 저런 고민은 이미 있어왔던 것이었다.

포스트트루스 이전에 포스트모더니즘(Post-Modernism)에 대한 논의가 활발했던 때가 있었다. 1980년대 이전부터였으니 꽤 오래 전의 일이다. 그때도 기존의 권위에 대한 저항과 사회적 패러다임의 변화가 포스트모더니즘 논의의 핵심이었다. 매스미디어에 대한 문제제기도 그때 이미 있었다. 즉, 언론이 제공하는 진리는 없다는 것. 진리에 대한 판단은 각 개인이 할 수 있다는 것. 권위를 가진 존재로부터 분배되는 진리는 전통적 지배구조를 공고화할 뿐이라는 것 등등. 그 외에도 거의 모든 분야, 즉 영화, 소설, 건축 등에서 포스트모더니즘을 구현하는 작품들이 나왔다. 영화 「터미네이터」는 통상적 내러티브의 순서를 뒤바꿈으로써 포스트모더니즘 영화의 반열에 올랐고, 건축에 있어서는 천장 배관을 그대로 드러내고, 에스컬레이터를 건물 외부에 배치한 프랑스 파리의 퐁피두 회관이 그렇다.

내가 보기에 포스트트루스는 포스트모더니즘의 디지털판일 뿐이다. 그런데 그때와 다른 것은 정보를 전파하는 도구의 엄청난 발전으로 매스미디어에 저항하거나 이를 능가하는 개인들이 존재하게 되었다는 점이다. 인터넷 초기부터 그런 조짐은 있었다. 매스미디어가 대중에게 절대적으로 영향을 끼칠 수 있던 시대는 지나갔다. 백보 양보해서 말해봐야 '상대적으로 좀더' 영향을 끼칠 수 있을 뿐이다. 아니면 아예 매스미디어는 불신하거나 적대적으로 대하는 대상이 되기도 한다. 그리고 개인은 기존의 언론에 대적할 매우 효과적인 무기를 찾아냈으니 그게 유튜브인 것이다.

이른바 개인 미디어의 대부분은 유튜버다. 1인이 아닌 소규모의 조직도 있으나, 매스미디어와 대척점에 있다는 뜻에서 손쉽게 개인 미디어라고 부를까 한다. 다만, 여기서 개인 미디어는 주로 정치적 이슈를 소재로 방송하는 채널에 국한한다. 그것이 이 책의 목적에 맞는다. 이들은 일부의 경우 전통적 미디어가 내세우고 있는(실천하고 있느냐는 별개다) 정보전달의 기준에서 벗어나 있다. 즉, 그냥 '내 편'을 위한 미디어라고 보면 된다. 그 이유에 대해 이들은 도리어 기존 언론의 지나친 정파성을 지적한다. 그 파급력은 개인 미디어에 비할 수 없으므로 더 위험하다는 것이다. 개인 미디어는 그 위험에 저항할 수 있다. 따라서 정보전달과 함께, 혹은 그보다 훨씬 큰 비중으로 '주장'을 담아낸다는 논리다. 그런데 때로는 주장을 뒷받침하는 근거도 필요한 법이다. 물론 개인 미디어들도 그 근거를 취재하고 제시하는 데에 공을 들일 것이다. 그렇게 해서 변화를 이끌어낸 사례도 분명히 있다. 문제는 혹여라도 그 근거가 오염됐을 경우다. 매스미디어와 같은 큰 조직도 그런 것을 걸러내지 못하는 경우가 많은데(실제로 나도 여러번 이런 문제 때문에 시청자에게 사과를 했다), 개인 미디어는 더 취약할 수밖에 없지 않겠는가.

이제부터 인용할 사례는 본의 아니게 유시민 전 노무현재단 이사장의 경우다. 이유가 있다. 위에 옮긴 '앵커브리핑'은 바로 같은 날 보도된 JTBC 뉴스와 유시민 전 이사장과의 '사건'과 관계된 것이기도 했다.

[장면 #4] 부수적 피해

2019년 10월 21일에 유시민 이사장과 오랜만에 문자로 대화를 나눴다. 개인의 프라이버시가 있으니 그 내용을 따옴표를 따서 옮기진 않겠다. 유 이사장이 자신이 진행하던 유튜브 방송에서 당시 정경심 교수의 자산관리인이었던 김경록 PB(Private Banking)가 JTBC에 인터뷰를 요청했으나 우리가 거부했다는 주장을 한 이후 그 사실관계에 대한 이견을 주고받은 것이었다.

조국 법무부 장관이 취임 35일 만에 물러났지만 그와 관련된 사태가 여전히 한국사회를 흔들고 있었고, 검찰 수사가 브레이크 없이 달리고 있을 때였다. 유 이사장은 논란의 소용돌이 한가운데에 있었다. 그가 진행한 「알릴레오」는 검찰 수사와 대척점에 서서 조국 전 장관을 엄호했다. 김경록 씨는 그보다 두달 전인 그해 8월 말에 정 교수의 부탁으로 그의 동양대 연구실에서 PC를 가지고 나와 은닉했다는 혐의로 2021년 유죄가 확정된 인물이다.

유 이사장과 이견을 주고받기 사흘 전인 10월 18일 「유시민의 알릴레오: 언론개혁 임파서블」의 내용은 이랬다.

"(김경록 씨가) KBS와의 인터뷰 후 엄청나게 실망하고 배신감을 느껴서 JTBC를 접촉했어요. 손 사장님이 아실지 모르겠는데 JTBC를 해보려고 접촉했다가 안 됐대요."(유시민)

"(김경록 씨를) 인터뷰하면 당연히 특종이 많이 나오는데 왜 JTBC가 안 받았는지 궁금합니다."(정연주)

그런데 사실은 정반대였던 것이다. JTBC는 그보다 두달 전인 8월 28일에 처음으로 김경록 PB를 접촉했고, 그 이후 열번 가까이 추가 접촉을 시도하고 인터뷰를 청했지만, 거절한 것은 김 PB였다. 그러던 중에 「알릴레오」의 방송 내용이 나간 것이었다.

유시민 이사장은 사실 확인을 한 이후, 나와의 대화 다음 날인 10월 22일에 '알릴레오 라이브'를 통해서 깨끗하게 사과했다.

제가 착오가 있었다. KBS 인터뷰에 실망한 김 PB가 JTBC와 접촉했다는 건 사실과 다르다. 밀도 있는 접촉이 이뤄진 건 KBS 인터뷰 전이다. 제가 시점을 착각해서, 시점을 뒤바꿔놓으니 맥락이 달라져, 거부한 것처럼 되어버렸다. 사실관계 착오는 저의 잘못이다.

그는 덧붙이기를 "인권을 무시하고 헌법도 무시하며 보도윤리를 지키지 않아서 사회적 흉기가 되고 있는 일부 언론의 야만적 행위와 싸우기 위해 「알릴레오」를 하고 있다"고 말하기도 했다. 앞서 말한 포스트트루스 시대 개인 미디어의 목적성을 자신의 시각에서 말한 것이다. 그리고 그가 마지막으로 한 말에 나는 잠시 만감이 교차했다.

어려웠던 한 시기를 지나오는 과정에서 제게 정말 커다란 희망과 위로의 원천이 되어주었던 JTBC 방송국에 본의 아니게 저

지르게 된 결례에 대해 사과말씀 드린다.

그가 말하는 '어려웠던 한 시기'가 무엇을 의미하는지 알 것 같았다. 그래서인가. 그는 내가 JTBC에서 「뉴스9」를 시작한 지 얼마 되지 않아 인터뷰이로 출연해주었다. 대부분의 진보진영 인사들이 '종편' 출연을 마다할 때였다. 그 이후로도 내가 진행한 「신년 토론」의 첫 회부터 마지막 회까지 한번도 빠지지 않고 참여했다. 또한 「썰전」의 중흥기도 그의 덕이었다. 2017년 19대 대통령 선거방송을 비롯한 주요 선거방송도 함께했다. 그는 농담으로 자신이 'JTBC 직원'이라고 얘기했을 정도였다. 개인적으로도 말할 나위 없었다. 내가 MBC에서 유 전 이사장의 뒤를 이어 「100분토론」을 맡은 건 그의 천거가 주효하기도 했다. 그는 뛰어난 논객인 동시에 날카로운 토론 사회자였다. 나는 물론 「100분토론」의 최장수 진행자이긴 했지만, 초기부터 한동안은 유시민 전 이사장과 그 이전 초대 진행자였던 고 정운영 교수의 그늘에 있었고 거기서 벗어나는 데에는 오랜 시간이 걸렸다. 그래서 입버릇처럼 "사회자로서의 나의 경쟁력은 '장수'한 데 있다"고 말하곤 했다.

나나 JTBC가 그런 그와 잠시나마 불편한 상황 속에 놓였던 것은 조국 정국이 가져다준 일종의 '부수적 피해'(collateral damage)였다고나 할까.

[장면 #5] 권위도 스러져간다. 한 생애 안에서…

그러나 본질적으로 보자면 유시민 전 이사장과의 '사건'은 훨씬 더 많은 함의를 갖고 있었다. 그것은 디지털 세상이 가져다준 커뮤니케이션의 '확장'이 결코 '해피엔드'로만 끝날 수 없다는 것을 말해주고 있었다. 그가 2021년 초에 내놓은, 자신의 또다른 방송과 관련한 사과문이 그것을 증명해주었다.

분명한 사실의 뒷받침이 없는 의혹 제기는 여론 형성 과정을 왜곡합니다. (중략) 저는 비평의 한계를 벗어나 정치적 다툼의 당사자처럼 행동했습니다. (중략) 과도한 정서적 적대감에 사로잡혔고 논리적 확증 편향에 빠졌습니다. (중략) 단편적인 정보와 불투명한 상황을 오직 한 방향으로만 해석해, 입증 가능성을 신중하게 검토하지 않고 충분한 사실의 근거를 갖추지 못한 의혹을 제기했습니다.

저널리즘의 영역으로 치환하자면, 그는 디지털 개인 미디어도 아날로그 시대의 매스미디어와 똑같은 저널리즘의 원칙과 정신을 가져야 함에도 그것이 실패할 수도 있다는 가능성을 말하고 있었다.(다시 말하지만 매스미디어가 그런 원칙과 정신을 온전히 실천했는지는 별개 문제다.) 이것은 저 위에 내가 동의한다고 말한 '확장'(즉, 디지털은 정보전달의 확장을 도울 뿐 이전 시대의 저널리즘 원칙이나 기준과의 단절을 의미하는 것은 아니라는)의 개념을 그 역시 그대로 적용한 것이었다.

그러나 타인 혹은 다른 진영 등을 비난하는 것으로 몸집을 키워 온 일부 유튜버들은 이 시간에도 저급한 상상력과 언어를 동원해 미디어 생태계를 더럽히고 있는 것이 현실이다. 그들은 온갖 가짜 뉴스의 온상이기도 하다. 그것이 그들에게 매우 유효한 수익모델이란 것이 사회적 비극이라면 비극이다. 그들 일부는 확인되지 않았고, 확인하려고도 하지 않은 왜곡된 소문이나 부정확한 정보로 가짜뉴스를 만들어내고도 사과하지 않는다. 그리고 정치인들은 그들을 이용해 정치적 이득을 얻는 구조가 고착화되었다.

물론 이렇게까지 된 데에는 기존의 언론도 크게 기여했다. 그들 역시 오랜 저널리즘 역사에서 "비평의 한계를 벗어나 정치적 다툼의 당사자처럼 행동"했으며, "과도한 정서적 적대감에 사로잡혀 논리적 확증 편향에 빠졌"고, "단편적인 정보와 불투명한 상황을 오직 한 방향으로만 해석해, 입증 가능성을 신중하게 검토하지 않고 충분한 사실의 근거를 갖추지 못한 의혹을 제기"하기도 했던 것이다. 그럼에도 사과하지 않았으며, 어쩔 수 없이 사과할 때는 대부분 마지못해 해오지 않았던가.

유시민 전 이사장의 사과는, 개인 미디어를 운영한 그 역시 레거시 미디어의 오랜(그러나 온전히 실천하지 못한) 저널리즘의 덕목들을 받아들이고 있다는 것을 알려주었지만 그러한 덕목들이 지금의 미디어 생태계에선 여전히, 그리고 점점 더 지켜지기 어려울 것이라는 현실을 역설적으로 다시 일깨워주었다.

포스트모더니즘이든 포스트트루스이든 그것이 생겨나는 이유는 기존의 권위가 더 이상 인정받지 못하기 때문이다. 미디어도 집단에서 파편으로, 수용자들도 집단에서 파편으로 분화돼가는 디지털의 시대에 그런 권위 역시 이젠 파편화되어 스러져간다. '한 사람의 생애 안에서'.

4

코너를 돌면
새로운 저널리즘이 보인다

2014년 9월 22일에 그때까지의 「뉴스9」에서 「뉴스룸」으로 이름을 바꾸고 시간도 9시에서 8시로 앞당겼다. 사실 이 개편은 앵커였던 나와 기자 김소현(내가 JTBC로 와서 함께한 첫 동료 앵커였다)만 빼고는 다 바꾼 것이었다. 무엇보다도 뉴스를 100분 가까이 하기로 한 것이 큰 변화였다. 그것이 다른 많은 변화를 견인했다. 앞서 썼듯이 당시 오병상 보도총괄이 강하게 주장했다. JTBC가 뉴스를 부활시켜 제대로 하는 것을 보여주려면 저녁 프라임 시간대를 뉴스로 채우는 것이 좋겠다는 것이었다. 한편으론 기자 숫자도 적고, 신생 방송인 주제에 지나친 호기를 부리는 것이 아닌가 싶었다. 끝나는 시간은 비슷한데 시작하는 시간은 한시간이나 앞당긴 셈이니, 어찌 보면 용감하고 무식한 일이었다. 그렇게 해서 방송사 저녁 메인뉴스로는 최초로 100분짜리 뉴스프로그램이 탄생하게 되었다. 솔직히 말하자면 뉴스 시간을 늘리는 것이 회사의 이해관계에도 맞았다. 제작비 사정으로 저녁시간대에 다른 프로그램을 새로 만들어 넣기도 어려웠던 것이다.

그래도 보도국은 모두 해보겠다는 의지들이 있었다. 사실 되는 집안과 안 되는 집안의 차이는 바로 그것, 의지가 있느냐 없느냐다. 지상파에서도 아침 뉴스는 2시간 가까이 하고 있었지만, 그건 같은 뉴스를 시간대별로 내보내면서 시간을 채우는 식이었다. 저녁 종합뉴스를 그렇게 할 수는 없는 일이었다. 결국 부임하면서 내세웠던 '한걸음 더'가 답이 될 수밖에 없었다.

하지만 그 긴 뉴스 시간을 리포트로 모두 채우기란 불가능했다. 매일 안정적으로 분량이 나올 수 있는 코너가 필요했다. 그렇게 해서 태어난 코너들이 한국 방송뉴스사에 기록될 만한 존재들로 자리매김했다.

'앵커브리핑' '팩트체크' '비하인드 뉴스' '문화초대석'. 이들 코너들을 돌면 새로운 저널리즘이 보였다. 그리고 이미 시작했던 그날의 '엔딩곡'까지. 아쉽게도 지금은 사라졌거나 축소된 코너들이지만 이들은 모두 「뉴스룸」의 성격을 규정하는 존재이기도 했다. 다른 채널들에서 뒤따라 만들었어도 '오리지널'에는 미치지 못했다고 생각한다.

불가능할 것이라고 주장하는 사람도 있었지만 나는 '문화초대석'을 빼고는 모두 매일 제작할 것을 고집했다. 찔끔찔끔 나가서는 시청자들에게 각인되기 어렵다고 봤다. 그리고 매일 제작해서 방송해야만 출연 기자들을 코너의 성격에 맞게 캐릭터화할 수 있다는 계산도 있었다. 방송기자의 캐릭터화는 그 기자의 개성이 코너에 맞게 잘 드러나게 해서 시청자들에게 친숙하게 다가갈 수 있게 만드는 것이다. 이것이 「뉴스룸」의 각인 효과를 위해서는 필요한 작업이라고 봤다.

1. 앵커브리핑

우리가 흔히 아는 대로 고유명사에서 보통명사가 된 경우는 '바바리'나 '초코파이'를 들 수 있을 것이다. 때로는 그 명칭에 상표권이 있느냐 없느냐로 법정분쟁까지 가지만('초코파이'는 이미 보통명사가 되어버려서 상표권을 주장할 수 없다는 판례도 있다) 역으로 보면 누군가 만들어낸 단어가 그만큼 대중적이 됐다는 의미이기도 하다. 그 반대의 경우는 어떨까. 즉, 원래는 보통명사지만 그것을 사용한 쪽에게 의미적으로 귀속되는 고유명사가 된다면? 이 경우는 누군가 똑같은 명칭을 사용해도 법적으로는 전혀 문제가 없지만, 관례적으로는 좀 꺼려질 것이다. 더구나 경쟁관계에 있는 상황이라면 자존심 문제도 생긴다. 내가 진행했던 「(손석희의) 시선집중」이나 「100분토론」도 그 타이틀을 베껴 쓰는 경우는 없다. 이미 머릿속에 고유명사화됐기 때문이다. 또한 거기서 그치는 것이 아니라 그렇게 고유명사화된 단어들은 또다시 보통명사처럼 쓰이기도 한다. 지금도 텔레비전 프로그램 등에선 '시선집중!'이란 자막을 쓰기도 하고, 세간에서 서로 언쟁할 일이 있을 때 '그럼 여기서 100분토론을 해볼까!' 하는 말을 쓰는 것이 그런 예다. 즉, 명사의 자격이 순환되는 현상이랄까.

'뉴스룸'이란 이름 자체도 따지고 보면 보도국이란 뜻의 보통명
사이지만 미국의 TV드라마 타이틀로 쓰였다가, 적어도 한국에서
는 JTBC의 메인뉴스를 뜻하는 고유명사처럼 되었다. '앵커브리
핑'도 마찬가지였다.

2014년 9월부터 2019년 12월까지 방송된 '앵커브리핑'은 한국
방송 저널리즘의 새롭고도 완전히 다른 얼굴이었다. 한국의 방송
언론 역사에서 앵커가 자신의 에디토리얼을 생방송으로 엮어낸
바는 '앵커브리핑'을 빼고는 없었다. '앵커브리핑'은 「뉴스룸」의
논조와도 어긋날 일이 없었다. 때로는 '앵커브리핑'이 제시하는 논
조가 「뉴스룸」 내의 다른 뉴스들을 견인했다.

'앵커브리핑'은 주요 이슈에 대한 앵커의 생각을 '대놓고', 그러
나 거칠지 않게 공감을 이끌어내는 방법으로 만들어졌다. 특이하
게도 그것은 뉴스라는 사회학에 인문학을 끌어들이는 방법으로
가능한 일이 되었다.

공감할 수 있는, 혹은 임팩트를 줄 수 있는 원고와, 그 원고를 살
려내는 화면들, 그리고 이를 최종적으로 전하는 앵커의 퍼포먼스
까지 모두가 조화롭지 않으면 안 되었다. 작가 김현정과 뉴스제작
부의 프로듀서 김홍준 등이 '앵커브리핑'을 있게 한 주역들이었다.
우리는 그런 고난도의 작업을 무려 950번이나 생방송으로 해냈다.
나로서는 방송경력 30여년의 노하우를 집약시켜야 하는 일이기도
했다. 원고가 완성되기까지 작가와 함께 머리를 쥐어짜는 시간이
매일 계속되었다. 진행도 주제에 따라 속도를 달리했고, 한순간의

숨 멈춤, 단어의 힘주기까지 내 경험과 계산을 결합시켰다.

그래서일까. 「뉴스룸」을 떠나고 난 후 가장 해방감을 느꼈던 것이 바로 '앵커브리핑'에서 벗어났다는 걸 실감할 때였다.

[장면 #1] 기원은 큰빗이끼벌레였다

그날의 앵커석에는 큰빗이끼벌레의 구조를 나타낸 그림판이 세워졌다. 「뉴스룸」의 전신인 「뉴스9」은 몇달째 4대강사업 문제를 파고들고 있었다. 이미 완공된 4대강사업에 방송에선 거의 유일하게 우리만 매달렸다. 다 끝난 문제를 왜 파고드느냐는 질문을 받았다면 나는 그렇게 대답했을 것이다. '그렇기 때문에 어젠다 키핑이 필요한 것'이라고.

큰빗이끼벌레는 4대강사업으로 파생된 갖가지 환경문제의 전형이었다. 보로 막혀 고인 물에 그 벌레들이 창궐했다. 그날의 뉴스에선 시청자들에게 큰빗이끼벌레란 대체 어떻게 생겨먹은 놈인가에 대해 설명하면 공감대를 얻을 것이라 생각했다. 그렇게 해서 그날 내가 직접 설명한 그 시간을 '앵커브리핑'이라고 임의로 이름 붙였던 것이다. 그렇게 딱 한번 했는데, 아예 개편 이후의 「뉴스룸」에 이렇게 앵커가 직접 브리핑하는 코너를 만들어 넣는 게 어떠냐는 의견들이 나왔다. 말 그대로 '어쩌다 앵커브리핑'이 돼버린 셈이다.

[장면 #2] 인문학, 그리고 수미상관법

개편 첫날의 「뉴스룸」은 부산스러웠다. 50분 하던 뉴스를 갑자기 100분 동안 하려니 당연한 것이기도 했다. 그 와중에 이제껏 아무도 하지 않았던 '앵커브리핑'이 방송된 것이었다. 넉대의 카메라와 그 카메라들 앞에 달린 텔리프롬프터에는 첫 '앵커브리핑'의 원고 내용이 비치고 있었다. 이제 시작이었다. '앵커브리핑'은 「뉴스룸」의 모든 앵커 코너가 그랬듯이 생방송을 고수했다. 나는 늘 농담처럼 말했다. 리허설과 사전 녹화가 가장 싫다고… 사후(事後) 가공(加工)의 기회조차 없애버려야 내용이 생생해지며 뒤탈도 없다고 믿었다.

그리고 개편 이후의 '앵커브리핑'은 '어쩌다' 태어난 코너가 아니었다. 당초 단순한 '설명문'으로 만들려 했던 '앵커브리핑'은 첫날부터 관점과 감상이 담긴 에디토리얼로 출발했다. 당시 야당이었던 새정치민주연합의 문희상 비대위원장을 다룬 '저돌(猪突)'로 시작한 것부터가 그랬다. 문 위원장이 자신을 '산돼지처럼 돌파하는 스타일'이라고 해서 그날의 키워드는 '저돌'이었고, 그런 돌파력으로 당내 계파도 청산하고, 무엇보다 세월호의 의혹을 풀어내라는 주문을 담았다. 돌이켜보니 참 오래됐는데 세월호는 아직도 풀린 것이 없다는 게 씁쓸하기도 하다. 아무튼 한동안 '앵커브리핑'은 이렇게 그날의 주요 키워드를 선정한 후 그 단어에 맞춰서 상황을 풀어내고, 앵커의 관점이나 주장 등을 담는 방법을 택했다. '앵커브리핑'의 또 다른 미덕은 앞에 잠깐 말한 것처럼, 삭막하기만 할 수 있는 뉴스에 인문의 소양을 도입했다는 것이다. 시와 소설, 고전 등이 그날의 주제를 풀어내기 위해 인용되었다. 김현정 작가가 적당한 예를 찾아내느라 고생깨나 했다. 또한 시간으로 치면 대략 3, 4분 내외의 길이였지만, 점차 수미상관법을 명확하게 적용해서 '앵커브리핑'만의 문법을 확립하기도 했다. 2015년 12월, 한국방송비평학회는 '앵커브리핑'에 그해의 방송비평상을 주었다. '앵커브리핑'을 시작한 지 불과 1년 만이었다. 상패에 적힌 내용은 이러했다.

그날의 빅이슈를 문학과 철학, 역사를 넘나들며 명징하게 파헤쳐, 선정적이고 자극적인 뉴스가 차고 넘치는 현실에서 뉴스의 품격을 제고했으며, 뉴스의 인문학적 확장을 시도함으로써 경직된 시사보도에 활로를 열었다.

많은 사람들이 그동안의 '앵커브리핑' 가운데 어떤 것이 가장 기억에 남느냐고 묻는다. 그때마다 무엇을 떠올려야 할지 난감하다. 나는 그날의 브리핑이 마음에 들지 않으면 하지 않았다. '앵커브리핑' 제작진들은 하루 일을 쉬게 되니 좋기도 했겠지만, 한편으로는 무척 서운해하기도 했다. 그렇게 해서 방송한 것이 950번인데 그중에 하나를 꼽으라니… 그래도 군이 꼽으라면 첨예했던 정치적 이슈에 대한 브리핑보다는 사람들에게 위로가 되었던 것들이 더 기억에 남긴 한다. 여기에 더하자면 내 나름의 저널리즘에 대한 생각들을 단편적으로나마 얹어놓은 '앵커브리핑'들이 그렇

다. 이 책에는 그중의 몇개만을 뒷얘기와 함께 남긴다. 그리고 독
자들의 이해를 돕기 위해 부득이하게 전문을 옮겨 싣는다.

[장면 #3] "노회찬에게 작별을 고합니다"

뉴스룸의 앵커브리핑을 시작하겠습니다.

노회찬…
한 사람에 대해, 그것도 그의 사후에…
세번의 앵커브리핑을 하게 될 줄은 몰랐습니다.

사실 오늘의 앵커브리핑은
이보다 며칠 전에 ─그의 죽음에 대한 누군가의 발언이 논란
이 되었을 때 했어야 했으나

당시는 선거전이 한창이었고,
저의 앵커브리핑이 선거전에 연루되는 것을 피해야 했으므로
선거가 끝난 오늘에야 내놓게 되었음을 먼저 말씀드립니다.

제가 학교에서 몇푼거리 안 되는 지식을 팔고 있던 시절에
저는 그를 두어번 저의 수업 시간에 초대했습니다.

솔직히 말씀드리자면 처음에는 저도 요령을 부리느라

그를 불러 저의 하루치 수업 준비에 들어가는 노동을
줄여보겠다는 심산도 없지 않았지요.

저의 얕은 생각을 몰랐을 리 없었겠지만,
그는 그 바쁜 와중에도 아주 흔쾌히 응해주었습니다.
그리고 다음 해, 또 그다음 해까지
그는 저의 강의실을 찾아주었습니다.

그때마다 제가 그를 학생들에게 소개할 때
했던 말이 있습니다.

"노 의원은 앞과 뒤가 같은 사람이고,
처음과 끝이 같은 사람이다."

그것은 진심이었습니다.

제가 그를 속속들이 알 수는 없는 일이었지만,
정치인 노회찬은 노동운동가 노회찬과 같은 사람이었고,
또한 정치인 노회찬은 휴머니스트로서의,
자연인 노회찬과도 같은 사람이었습니다.

그가 세상을 등진 직후에 전해드렸던 앵커브리핑에서
저는 그와의 몇가지 인연을 말씀드렸습니다.

가령 그의 첫 텔레비전 토론과
마지막 인터뷰의 진행자가 저였다는 것 등등.

그러나 그것은 어찌 보면 인연이라기보다는
그저 우연에 가까운 일이었을 터이고,
그런 몇가지의 일화들을 엮어내는 것만으로
그가 가졌던 현실정치의 고민마저
다 알아채고 있었다 할 수는 없을 것입니다.

그래서 그의 놀라운 죽음 직후에
제가 알고 있던 노회찬이란 사람을
어떻게 규정할 수 있는가를 한동안 고심했고,
그 답을 희미하게 찾아내가다가
결국은 또 다른 세파에 떠밀려 그만 잊어버리고 있던 차에
논란이 된 그 발언은 나왔습니다.

"돈 받고 스스로 목숨을 끊은 분의 정신을 이어받아서야…"

거리낌 없이 던져놓은 그 말은 파문에 파문을 낳았지만
역설적이게도 바로 그 순간에… 그 덕분에
한동안 잊고 지냈던 노회찬에 대한 규정,
혹은 재인식을 생각해냈던 것입니다.

즉, 노회찬은⋯

'돈 받고 스스로 목숨을 끊은 사람'이 아니라
적어도 '돈 받은 사실이 끝내 부끄러워 목숨마저 버린 사람'
이라는 것.

그보다 비교할 수 없이 더 큰 비리를 지닌 사람들의
행태를 떠올린다면

우리는
세상을 등진 그의 행위를 미화할 수는 없지만
그가 가졌던 부끄러움은 존중해줄 수 있다는 것.

이것이 그에 대한 평가에서 가장 중요한 것을 빼버린
그 차디찬 일갈을 듣고 난 뒤 마침내 도달하게 된
저의 결론이었습니다.

그렇게 해서 저의 동갑내기 노회찬에게⋯
이제야 비로소 작별을 고하려 합니다.

오늘의 앵커브리핑이었습니다.

2019년 4월 4일의 '앵커브리핑'이다. 좀 길지만 원고 형식 그대로 옮겨놓았다. 그날의 '앵커브리핑'은 평소보다 긴 4분 30초가량이었다. 그러나 원래 원고는 4분 10초 정도면 끝나게 돼 있었다. 거기에서 20여 초가 늘어나게 된 것은 이유가 있었다.

나는 정작 그가 세상을 떠난 날에는 '앵커브리핑'을 하지 않았다. 무슨 말을 해야 할지 종일 생각해도 떠오르지 않았다. 그날 나는 '앵커브리핑' 대신 백혈병으로 세상을 떠났던 삼성반도체 공장 노동자 고 황유미 씨의 아버지 황상기 씨를 인터뷰했다. 고 노회찬이 누구보다도 관심을 기울였던 사건이므로… 그리고 다음 날이 되어서야 "비통한 자들의 민주주의"라는 제목으로 고인을 추모했다. 미국의 사회운동가 파커 J. 파머(Parker J. Palmer)의 글을 인용한 제목이었다. '마음이 부서진 자들에 의해 민주주의는 진보한다'는…

어느 해보다도 뜨거웠던 2018년의 여름 한가운데서 그가 떠난 이후 9개월이 다 되어서야 마지막으로 그에게 '작별을 고하게' 된 것은 한 정치인의 발언 때문이었다. 브리핑의 중간에 나오는 큰따옴표 속의 발언은 당시 재보궐선거 유세에 나섰던 한 정치인의 말이었다. 그 말이 나를 다시 일깨운 것이었다. 내가 그를 아직 보내지 못하고 있다는 것, 즉 그를 어떤 식으로든 평가하고 정리하지 못하고 있었다는 것, 거기엔 매우 복잡미묘한 감정들이 교차하고 있었다는 것을 깨닫게 되었다.

나는 이제는 어떻게든 그에 대한 생각을 정리해내고 싶었다. 아마도 노회찬을 생각하는 많은 사람들도 그러리라 생각했다. 새벽 1시가 훨씬 넘어서야 컴퓨터 앞에 앉은 나는 그제서야 그와 어떻게 '작별'해야 할지 알 것 같았다. 그래서였을까? 고심의 시간이 길었던 데 비해 그날의 '앵커브리핑'을 쓰는 데에는 30분이 채 걸리지 않았다. 작가 김현정에게 다 쓴 원고를 보낸 것이 새벽 2시쯤이었다. 그리고 그날 밤 「뉴스룸」에서 '앵커브리핑'의 타이틀이 돌아가기 시작했을 때, 얼핏 불안해졌다. '내가 이 브리핑을 잘 마칠 수 있을까…'

분위기는 무거웠다. 가끔 '앵커브리핑'이 누군가를 위한 진혼곡을 썼을 때처럼, 그날도 그랬다. 그리고 브리핑이 진행되면서 점점 더 분위기는 무거워져갔다. 적어도 나의 느낌으로는 그랬다. 앵커 안나경은 늘 그랬던 것처럼 스튜디오 한쪽에서 내가 브리핑하는 것을 지켜보고 있었다. 그를 비롯해 모두가 긴장감을 느꼈는지 필요 없는 일체의 동작을 멈춘 것처럼 보였다. 그리고 결국 마지막 구절을 마치지 못하고 나는 브리핑을 멈출 수밖에 없었다. "저의 동갑내기…"까지 말하고 나서 더는 말을 잇지 못했던 것이다. 무려 20초가 넘는 시간 동안 침묵이 흘렀고, 나는 내 감정을 추스르느라 무진 애를 쓰고 있었다.

'저의 동갑내기…'에서 내가 멈춰 설 수밖에 없었던 것은 사연이 있었다. 2009년 11월 19일, 내가 MBC에서 「100분토론」을 마지막으로 진행하던 날, 노회찬은 그 토론에 나왔다. 8년 가까이 진행한 「100분토론」을 떠나는 날이라 제작진은 몇몇 유명인들로부터 고별사를 받아왔는데, 그 가운데는 서울시장이 되기 전의 변호사 박원순이 있었다. 그는 고별사 마지막에 웃으면서 '손 교수가 나하고 나이가 비슷한데 그렇게 젊어 보이는 비결이 뭐냐'고 했다.

박원순 변호사는 원래 '노안'으로 놀림을 받던 처지였으므로 스튜디오에서는 웃음이 터졌다. 내가 그 말을 받아 '사실은 여기 있는 노회찬 의원도 나와 동갑이다'라고 해서 방청객들이 더 크게 웃음을 터뜨렸다. 노회찬은 V 자를 그려 보이며 함박웃음을 웃었다. 그 장면은 오래도록 인터넷 등에서 화제가 되었고, 세 사람은 그렇게 '동갑내기'로 세상에 알려졌던 것이다.

스튜디오 안은 모두가 쥐 죽은 듯이 조용했다. 그 20여 초 동안 말 그대로 완벽한 정적이 스튜디오를 채웠다. 내게는 너무나 길었던 그 시간 동안 온갖 상념들이 머릿속을 스쳐 지나갔다. 그러나 어찌 됐든 끝내야 했고, 이젠 정말 끝내야 한다는 생각으로 옮겨 갔을 즈음에서야 나는 가까스로 추스를 수가 있었다.

그 힘들었던 '앵커브리핑'을 마무리했을 때 나는 비로소 세상에 없는 노회찬과 작별했지만, 내 기억 속의 노회찬과는 마침내 다시 재회할 수 있었다.

사족1

2주일 정도 지난 4월 17일 『경향신문』에 실린 이정철 한국국학진흥원 연구원의 칼럼 「오늘날의 '수기치인'」은 "노 의원은 앞과 뒤가 같은 사람이고, 처음과 끝이 같은 사람입니다", "정치인 노회찬은 노동운동가 노회찬과 같은 사람이었고, 또한 정치인 노회찬은 휴머니스트로서의, 자연인 노회찬과도 같은 사람이었습니다"라는 구절을 인용하면서 "이 말이야말로 조선시대 지식인들이 이상적 인간의 삶을 압축한 개념, '수기치인(修己治人)'의 거의 완벽한 현대적 표현이란 생각이 들었다"고 썼다.

당시 자유한국당의 어느 의원은 그날의 '앵커브리핑'에 대해 "어떤 이에게는 잔인하다 못해 냉혈한의 모습으로 일갈하고, 어떤 이에게는 한없이 관대한 휴머니스트의 모습으로 울먹이는 그는 결국 균형감을 완전히 상실한 한 진영의 선동가였다"고 혹평했다. 그러면서 "어린 시절부터 무척 동경했고 응원했던 (중략) 언론인 손석희를 이제야 미련 없이 보낸다"고 작별을 고했다.

어떤 사족에 동의하실지는 결국 또 독자의 몫이 되었다.

[장면 #4] "한놈만 미안하다고 해라… 한놈만…"

"임금이 배를 가라앉히고 나루를 끊고
가까운 곳의 인가도 철거시키도록 명했다."

조선의 왕 선조는 1592년 임진왜란이 일어난 그해
수도와 백성을 버리고 피란길에 올랐습니다.
배를 가라앉히고 나루를 끊어 강을 건너지 못한 백성이 속출했습니다.

"민중은 아무도 불쌍히 여기지 않았다."

그래서였겠지요. 이미 백성들 마음속에서

그는 조선의 왕이 아니었을지도 모릅니다.

그리고 여기… 판박이와 같은 역사의 반복이 있습니다.

"그날 새벽, 걷고 걸어서 한강 다리 앞에 도착했을 때,
갑자기 그 한강 다리는 폭탄을 맞고 시뻘겋게 달아올랐다.
그러고는 곧 무너져 내리고 끊겨버렸다."

어릴 적 집안 어른들로부터 들었던 참담했던 목격담.

한국전쟁이 시작되고 3일 만인 1950년 6월 28일 새벽의 일이
었습니다.
국군은 북한 인민군의 남하를 막는다는 구실로
한강 인도교를 폭파해버렸습니다.

누구도 미리 알려주지 않았기에 다리를 건너다 사망한 민간
인만 수백명.
이승만정권은 여론이 극도로 나빠지자
그로부터 석달 뒤에 책임자를 사형시켰으나
그것으로 끝이었을까.

미리 녹음된 목소리로 국민들을 안심시켜놓고
자신은 일찌감치 부산으로 도피해버린 대통령은 책임이 없었

을까.

그리고 또한 여기, 역사의 데자뷔가 있습니다.

"세월호 구조의 골든타임은 9시 30분까지였다."

청와대 참모는 이렇게 말했습니다.
그러니까 대통령이 해경의 보고를 받기도 전에 이미 골든타임은 끝났고,
그렇기에 대통령의 책임은 없다는 것이죠.

난국에 빠진 한국사회를 구해낼,
그야말로 골든타임은 점점 다해가는 지금.
청와대는 그렇게 세월호의 '골든타임'이라는
차마 꺼내놓기 힘든 가슴 아픈 단어를 또다시 입에 올렸습니다.

그래서 역사는 오늘도 우리에게 낯선 질문을 던지고 있습니다.
대관절 국가의 책임은 어디까지인가….

세월호 특조위 청문회장에서 한 생존 화물기사가 간절하게 되뇌었다는
이 한마디를 다시 한번 전해드리는 것으로 마무리를 대신합니다.

"한놈만 미안하다고 해라… 한놈만…"

2017년 2월 2일의 '앵커브리핑'은 문장에 쓴 그대로 날이 서 있
었다. 사실 이렇게 직접적이고도 강렬한 어조로 '앵커브리핑'을 진
행한 예는 많지 않았다. 가능하면 은유를 활용했고, 고유명사 대신
대명사나 보통명사를 쓰는 것으로 말하는 이나 듣는 이의 부담을
줄이기도 했다. 그러나 하다보면 그러기 어려운 때도 있는 법이다.
이날이 그랬다. 그 이유는 브리핑 전체에 그대로 드러나 있다.

이 글을 쓰기 며칠 전에 다큐멘터리 영화를 만드는 김솔지 감독
이 카메라팀과 함께 내 사무실을 찾았다. 그는 소설가 윤정모 선
생의 딸이다. 그가 어릴 적 대학로의 집회 현장에서 어머니와 함
께 있는 것을 본 이후 거의 30년 만에 다시 만나게 되었다. 그는
오랜 시간 세월호참사를 다룬 다큐멘터리 영화를 제작해왔는데
요즘 제작 중인 영화를 마지막으로 작업을 접겠다고 했다. 그 마
지막 세월호 다큐멘터리에 나와의 짧은 인터뷰를 담겠다는 것이
었다. 왜 접으려 하느냐고 물으니 이젠 많이 지쳤다고 했다. 진상
규명도 요원하고, 책임자 처벌은 더욱 불가능해 보이는데 과연 이
런 작업이 어떤 의미를 가질 것인가 하는 한탄이었다. 얘기를 나
누다가 나의 말 몇마디로 이들을 위로할 수 없을 것이라는 생각이
들었다.

어젠다 키핑이니 뭐니 하면서 세월호참사에 대한 보도를 수백
일 동안 이어갔다고 했지만, 우리가 한 일을 이들에게 비교할 수

있을까. 이들은 7년 동안 진상에 대한 갈구를 멈추지 않았다. 이들에게 어떤 낙관을 보여줄 수 있을까. 인터뷰에서 세월호의 역사성과 사회적 의미, 그리고 이 정부 들어서도 진전이 없는 진상 규명 등에 대해서 얘기했지만, 나의 말들로 현실의 허허로움을 채울 수는 없었다.

그리고 그들이 돌아간 후 잠시 멍해진 머릿속에 거의 5년이 다 된 '앵커브리핑'이 떠올랐던 것이다.

"한놈만 미안하다고 해라… 한놈만…"

[장면 #5] '바람은 언제나 당신의 등 뒤에서 불고…'

2019년 12월 31일, 지난한 길을 걸어왔던 '앵커브리핑'도 마지막을 고하게 되었다. 나는 그로부터 이틀 뒤인 2020년 1월 2일을 끝으로 「뉴스룸」을 떠나게 돼 있었다. 신년 이틀의 「뉴스룸」은 「신년토론」과 함께 일산 스튜디오에서 방송했으므로, '앵커브리핑'은 상암동 본사 스튜디오에서 마무리하게 되었던 것이다. 나도 그랬지만, 함께해온 작가 김현정과 제작 스태프들의 아쉬움은 컸을 것이다. 그런 마음들을 그날의 '앵커브리핑'에 고스란히 담아놓았다. 마지막에 나오는 아일랜드 켈트족의 기도문은 어느 해부터인가 매년 마지막 '앵커브리핑'에 인용했다. 많은 사람들이 그 기도문으로 위로받았다고 전해오곤 했다. '앵커브리핑'을 만들고 지켜봐준 모든 이들에게 마지막으로 그 기도문을 진심으로 바쳤다.

뉴스룸의 앵커브리핑을 시작하겠습니다.

947회째를 맞는 올해 마지막 앵커브리핑은
저의 마지막 브리핑이기도 합니다.

'여윈 바늘 끝이 떨고 있는 한,
바늘이 가리키는 방향을 믿어도 좋습니다.'

그는 떨리는 것이
지극히 자연스러운 일이라고 말했습니다.

동그란 나침반 안에 들어 있는 지남철.
그 자석의 끝은 끊임없이 흔들리는데…

그 흔들림이야말로
가장 정확한 방향을 찾아내기 위한
고뇌의 몸짓이라는 의미…

선배 세대가 남긴
살아감에 대한 통찰은 그러했습니다.

'정지 상태에 머물러 있으면 부패와 타락에 이르지만…

끊임없이 움직인다면
어쩌면 영원히 지속될 수 있지 않을까.'

폴란드 작가 올가 토카르추크 역시
끊임없이 움직이며 방황하는 존재들을
작품에 담았습니다.

삶이란 누구에게나 공평하게 불안정한 것이니
흔들리고, 방황하며 실패할지라도.
그는 계속 움직여야 한다고 말합니다.

또한 교황 베네딕토 16세의 사임 과정을 담은 영화
「두 교황」은 그 움직임의 생존적 의미를 담아냅니다.

나이 든 교황이 건강 때문에 스마트워치를 차고 생활하는데
그가 한동안 움직이지 않을 경우 어김없이 알람이 울립니다.

멈추지 마세요. 계속 움직이세요.

그래야 비로소 살아 있는 것이라는 그 냉정한 경고는
가톨릭의 수장인 교황에게도, 또한 오늘을 사는 우리에게도
공히 해당되는 말이 아닐까…

수없이 올바른 목표점을 향해서
끊임없이 떨고 있는 그 나침반처럼
두려운 듯 떨리며 움직여온 우리의 2019년.

그리고 몇시간 뒤 만나게 될 새로운 2020년 역시
멈추지 않는 끊임없는 움직임으로
나아가시기를 바라며…

그간의 앵커브리핑에서 가장 많은 분들의 사랑을 받았던
아일랜드 켈트족의 기도문을 보내드리는 것으로
뉴스룸의 앵커브리핑을 모두 마치겠습니다.

'바람은 언제나 당신의 등 뒤에서 불고,
당신의 얼굴에는 항상 따사로운 햇살이 비추길…'

사족

앞서 '앵커브리핑'은 950회가 방송되었다고 썼지만, 방송에서는
947회가 마지막이라고 말하고 있다. 제작진이 전체 횟수를 잘못 세었
기 때문이다. 그것도 최근에야 우연히 발견했다. 나는 평소에도 제작
진들에게 산수를 못한다고 농담 섞인 핀잔을 주곤 했는데 내 말이 틀
리지 않았다.

2. 팩트체크

「뉴스룸」이 한국의 저널리즘에 기여한 바를 꼽으라면 나는 '앵커브리핑'과 함께 '팩트체크'를 본격적으로 시작했다는 것을 주저 없이 내세우겠다. '앵커브리핑'이 사회적 약자, 건강하고 합리적인 시민사회와의 연대를 우선시하되 표현의 방법은 유연하게 하려고 노력했다면, '팩트체크'는 훨씬 더 칼날 위에 있었다. 그야말로 맞느냐 틀리느냐의 문제들을 직접 대면해야 했고, 그만큼 '결론'에 고집스러워야 했다. '앵커브리핑'과 마찬가지로 '팩트체크' 역시 굳이 경쟁력 차원에서 보더라도 후발 주자들보다 앞서 있었다. 그 이유는 크게 두가지로 설명할 수 있을 것이다. 우선 매일 쉬지 않고 했다는 것, 그리고 팩트체커의 역할을 했던 기자들이 각자의 개성을 살려 자신들만의 코너도 만들 수 있었다는 점이다. 특히 매일 코너로 시도한 것은 차차 설명이 되겠지만, 여러가지 부수효과를 가져오기도 했다.

팩트체크란 기능을 장르화시킨 것은 물론 우리가 처음은 아니었다. 이미 미국, 영국, 스페인, 이탈리아, 멕시코 등지의 꽤 많은 매체들이 팩트체크의 기능을 하고 있었다. 특히 미국은 3대 팩트체크 기관이라고 할 수 있는 '팩트체크.org'(factcheck.org), '폴리티팩트'(Politifact), '워싱턴포스트 팩트체커' 등이 주로 정치적 이슈를 가지고 팩트체크를 하고 있었다. CNN도 선거기간에는 비정기적으로 '리얼리티 체크'(Reality Check)란 걸 했다. 이들은 아마도 트럼프 덕분에 유사 이래 가장 바쁜 시기를 보냈겠지만.

그들과 우리가 달랐던 점은 팩트체크의 대상을 정치뿐 아니라 사회 각 분야로 더 넓혔고, 가능하면 매일 지속적으로 함으로써 팩트체크의 기능을 극대화시켰다는 점이라고 본다. 온라인을 기반으로 하는 '폴리티팩트' 등이 매일, 혹은 정기적으로 팩트체크 기사들을 내보냈지만, 방송 가운데는 매일 뛰어드는 채널이 없었다. 실제로 팩트체크를 하는 외국의 많은 언론사들이 JTBC의 시도에 깊은 관심을 표했다. 대체 당신네 방송사는 어떻게 겨우 대여섯명의 한 팀이 매일 방송으로 팩트체크를 하느냐는 문의도 많이 들어왔다. 앞서 말한 '폴리티팩트'를 처음 만든 듀크 대학의 빌 아데어(Bill Adair) 교수는(창간 당시에는 『탬파베이 타임스』의 워싱턴 지국장이었다) 훗날 학회 때문에 한국에 들렀을 때 일부러 회사까지 찾아와 이런저런 궁금증을 풀고 가기도 했다.

그러는 사이에 팩트체커인 기자들에 대한 인지도도 높아졌고, 이는 「뉴스룸」의 신뢰도에도 영향을 미쳤다고 본다. 그러나 따지고 보면 그런 것들은 부차적인 것일지도 모른다. '팩트체크'가 끼친 본질적인 영향은 단지 한 방송사 뉴스의 신뢰도나 개인의 인지도와 관련된 것이 아니다. 그것은 디지털과 함께 파편화되고 확증편향적으로 흘러가는 미디어 환경에서, 레거시 미디어가 그래도 미디어이기 위해 붙잡고 있는 마지막 동아줄이었는지도 모른다.

[장면 #1] '안 함. 다들 아파서…'

초대 팩트체커였던 기자 김필규는 내가 어느 날 관련 자료를 건네주며 코너를 만들어보라고 한 이후부터 고민이 많았던 듯했다. 나는 머릿속에 처음으로 '팩트체크'라는 코너를 떠올렸을 때부터 김 기자가 적임이라고 생각하고 있었다. 그는 평소의 태도나 외모까지도 가장 팩트체커에 가까웠다. 그러나 잘할 수 있다는 믿음과 실제로 실천하는 것은 다른 일이었다. 처음 시도하는 일인데다가 자칫 실수라도 있었다가는 팩트체크라는 행위 자체가 정당성을 잃게 되기 때문이었다. 지원도 변변치 못해 기자는 김필규 달랑 하나였고, 제작프로듀서와 작가 두명과 자료조사 인력 두어명이 전부였다. 솔직히 말해 그 이상 지원이 어려운 것이 우리의 사정이기도 했다.

"사장, 일주일에 한번 정도로 하는 게 어떨까 합니다."
"안 돼, 매일 해."
"이걸 매일 하는 방송사는 다른 나라에도 없는데…"
"그러니까 매일 해야지."

김필규 기자에겐 내가 억지를 부리는 것으로 느껴졌을 것이다. 그러나 내 나름의 계산으로는 적어도 1년 이상은 매일 팩트체크를 할 일이 차고 넘쳐 보였다. 정치인들의 '어제는 틀리고 오늘은 맞는다' 식의 말 바꾸기도 대상이었고, 유튜브 등에서 쏟아져 나오는 가짜뉴스들도 온 세상에 즐비했다. 내가 2001년에 MBC에서 맡았던 프로그램인 「미디어비평」의 경험도 한몫했다. 그 프로그램은 주간물이긴 했지만 러닝타임만 30분이 넘었다. 그래도 할 말을 다 하지 못했다는 느낌이 늘 남았던 것이다. 좀 무식한 비교이긴 하지만, '팩트체크'는 길어야 5분 안팎이니 주말 빼고 평일에만 하는 걸로 보자면 뭐가 힘들겠냐고 마음속으로 밀어붙였다. 게다가 기존의 언론에 인터넷 매체까지 「미디어비평」 때와는 비교도 안 되게 늘어나서 정보와 오정보가 혼재돼 있었다. 이 정도면 팩트체커에겐 물 반 고기 반 아닌가. 이렇게 어찌 보면 '과격한' 아이디어를 고집하지 않았더라면 '팩트체크'는 그냥저냥 한 코너로 있다가 사라져갔을지도 모른다.

그렇게 해서 2014년 9월 22일 「뉴스9」이 「뉴스룸」으로 확대 개편되면서 '팩트체크'도 시작되었다. 첫날의 주제는 '담뱃값 인상이 서민증세냐 부자증세냐'였다. 이후로도 정책이나 정치적 이슈가 없는 날은 시민들의 일상과 관련된 것까지 궁금한 것은 모두 팩트체크했다. 그러나 역시 '팩트체크'의 본령은 정치적 이슈일 수밖에 없었다. 코너의 성격상 첨예한 부분을 다뤄야 했으므로 시비에 휘말릴 가능성은 점점 더 커졌다. 아주 가끔이긴 했지만 '팩트체크'가 정부 비판에 치우쳤다는 반응도 나왔다. 아마도 대표적인 것이 박근혜정부가 임기의 반환점을 돌 무렵 대통령 공약 달성률을 체크했을 때였을 것이다. 하지만 그런 기능도 없다면 '팩트체크'는 왜 존재하겠는가. 김필규 기자는 팩트체크 대상을 다양화하면서 이런 상황을 적절히 조절해가는 것처럼 보였다. 심지어는 당시에

선풍을 일으켜서 구하기도 어려웠던 스낵 과자까지 소재로 삼기도 했다.

그러는 사이에 자연스럽게 기자의 캐릭터화도 이뤄졌다. 즉, 앵커가 사장이고 기자가 사원이라는 구도 속에서 앵커는 기자에게 압박 질문을 하기도 하고, 가끔은 기자가 앵커를 곤혹스럽게 만들기도 하는 식이었다. 물론 원고에는 없는 상황이었다. 시청자들은 그런 '케미'를 재미있어했다. 일종의 격(格)을 파하려는 시도였는데, 이 방식은 나중에 「뉴스룸」의 다른 코너, 예를 들면 '비하인드 뉴스'에도 적용되었다. 다만, 그것은 인위적인 연출에 의해서는 불가능한 일이었고, 평상시의 관계가 방송에 반영된 것이라고 한다면 나의 착각일까.

사족1

이 글을 쓰면서 '팩트체크'의 방송 기록을 다시 살펴보는 중에 잠시 숙연해짐을 느끼는 순간이 있었다. 2016년 2월 2일자는 '팩트체크'가 결방을 했는데 그 이유를 보니 이렇게 적혀 있는 것이었다. '안 함. 다들 아파서…'

사족2

사실 '팩트체크'의 이런 고단한 팔자는 방송 첫날부터 정해져 있었는지도 모른다. 그날은 김필규 기자의 둘째 아들이 태어난 날이고, 그는 둘째가 태어나는 순간, 첫 방송을 위해 스튜디오에 있었다.

사족 3

사족을 세개나 달다니… 그럴 만한 이유가 있다. 이번 사족은 반전을 위한 것이다. 김필규 기자를 비롯한 '팩트체크' 팀은 만날 힘들다는 소리를 입에 달고 살았지만, 가만 보면 꼭 그렇지도 않은 듯했다. 그들은 김 기자가 팩트체커로 있었던 1년 10개월 동안 그간의 팩트체크 내용을 무려 3권의 책으로 연이어 엮어냈다.

[장면 #2] '탄핵, 헌법으로 체크하다'

"그래도 손 선배와 안 하니까 좀 서운하긴 하지요."

2대 팩트체커로 발령받은 기자 오대영은 그렇게 말했다. 아마 나도 좀 서운하리라는 걸 눈치채고 한 말이었을 것이다. 오대영 기자가 들어오면서 '팩트체크'는 안나경 앵커와 함께 진행하는 것으로 바뀌었다. 「뉴스룸」에서 안나경 앵커가 갖는 비중으로 봤을 때 자연스러운 결정이었다. 내가 김필규 기자와 할 때 가끔씩 장난기를 섞었던 것과 달리 그 둘은 매우 진지했다. 그건 두 사람이 원래 진지한 성격인 탓도 있지만, 주어진 조건이 그렇게 만든 측면도 강했다.

오대영 기자가 '팩트체크'를 시작한 것은 2016년 7월 18일이었다. 그러니까 불과 석달 남짓 만에 JTBC는 최순실의 태블릿PC를 보도했다. 그가 이 코너를 맡았을 때는 이미 국정농단 사건의 기미가 보이기 시작한 무렵이었고, 결국 태블릿PC로 활화산처럼 폭발했던 것이다. 그 뒤로는 정말 질풍노도와 같이 상황이 펼쳐졌다. 정치권과 세상에서 넘쳐난 그 많은 말과 말들이 '팩트체크'의 공급원이 되어주었다. 특히나 대통령 탄핵 국면으로 들어가면서 온갖 가짜뉴스들까지 홍수를 이루었다.

그 소용돌이 속에서 '팩트체크'는 기준이 되기도 했고, 감시자가 되기도 했다. 이를 위해 오대영 팀이 택한 레퍼런스는 당연하게도 '헌법'이었다.

하지만, 말이야 '당연하게도'라고 했어도 헌법을 분석하고 적용해 당시의 모든 상황을 풀어내기란 쉽지 않은 일이었을 것이다. 그럼에도 그들은 매우 기민하고도 명확하게 팩트체킹을 해냈다. 2016년 10월 24일 「뉴스룸」이 최순실의 태블릿PC를 보도한 당일에 이미 '팩트체크'는 잠적한 상태였던 최순실의 국내 송환이 가능한가를 체크하고 있었다. 그 이후로 다음 해 5월 9일 대통령 선거가 있기까지 반년 넘게 '청와대 문서 유출 가능한가' '거국 내각 실현 가능성은? 헌법 따져보니' '헌법으로 본, 현직 대통령 수사 가능한가?' '공무원이 대통령 하야 외치면 불법일까?' '직무정지 대통령, 업무보고 받을 수 있나?' 등등. 그야말로 숨 가쁘게 몰아쳤다.

박근혜 대통령이 결국 탄핵되고 난 직후인 2017년 3월 말에 오대영 팀은 팩트체크 팀으로서는 네번째의 책을 펴냈다. 책의 제목도 "탄핵, 헌법으로 체크하다"였다. 아마도 당시에 나온 탄핵 관련 서적 가운데 이만큼 헌법에 천착해서 국정농단과 탄핵이라는 사건의 맥락과 역사를 정리한 책도 드물 것이다. 이 팀이 그 와중에 어떻게 책까지 펴냈는지는 나로서는 불가사의한 일이다.

팩트체커 오대영은 2년 11개월이라는 최장수 기록을 세우고 2019년 6월 말에 '팩트체크'에서 물러났다. 힘들긴 했지만 가장 뜨거웠던 시기를 팩트체커로 보냈으므로 그에겐 기자로서 행운의 시기였을 것이다. 그래서일까. 그는 떠나지 않았으면 했으나 김필규 기자가 그랬듯이, 앞의 물은 흘러가는 것이고, 뒤의 물은 또 흘러오는 것이다. 그리고 지금 오대영 기자는 「뉴스룸」의 메인 앵커다.

[장면 #3] 천번을 더 바로잡아도

"선배, 우리가 '팩트체크' 가지고 국제인증을 받아볼까 합니다."
"그런 것도 있나?"

나는 사실 그런 데엔 문외한이고 그리 큰 관심을 둔 적이 없었지만, 3대 팩트체커 이가혁은 달랐다. 그는 이를테면 '팩트체크의 세계화'에 공헌한 셈이다.

"그건 누가 주는 건데?"
"포인터(Poynter)라고 미국의 저널리즘 연구기관이 설립한 IFCN이란 곳인데요, 심사 기준이 까다롭긴 합니다."

IFCN(International Fact-Checking Network)의 심사기준은 과연 까다로웠다.

1. 불편부당성과 공정성
2. 자금과 기관의 투명성
3. 방법론의 투명성
4. 개방적이고 정직한 정정

　대략 위와 같은 기준에 맞게 보도를 하는지 그동안 방송됐던 내용과 운영상황, 거기에 평판조사까지 더해 IFCN은 무려 두달 이상을 실사하고 평가한 끝에 판정을 내렸다. 2020년 1월 28일 마침내 '팩트체크'는 국내에선 최초로, 유일하게 IFCN 인증을 받았다. 프랑스 AFP, 르몽드, 미국의 워싱턴포스트 등이 기존에 인증을 받은 곳이었다. 이뿐 아니었다. 같은 해 8월에 '팩트체크'는 페이스북과 제휴를 맺고 페이스북에 유통되는 가짜뉴스를 검증하는 역할을 시작했다. 이 제휴는 페이스북이 먼저 제안한 것이었다. 국내에서 유일한 IFCN 인증 언론사였으므로 가능한 일이었다.
　팩트체크는 이제 부인할 수 없이 분명한 저널리즘의 한 장르가 되었다. 그러나 거꾸로 보자면 안타까운 일이기도 하다. 그만큼 언론의 생태계는 무너져 있고, 가짜뉴스를 양산하는 유사(類似) 언론도 많아졌으며, 이를 적절히 악용하는 집단이나 개인도 많아졌다는 것을 뜻하기 때문이다.
　「뉴스룸」의 '팩트체크'에 한가지 아쉬운 점이 있다면 자기비판을 본격적으로 하지 못했다는 것이다. 나는 몇차례 '팩트체크'의 미디어 비평 기능을 강조하면서 자사의 뉴스도 도마 위에 올릴 것을 주문했으나 늘 현실의 벽에 부딪혔다. 동료를 비판하고 그 비판을 받아들이는 일이 쉽지 않다는 걸 잘 알지만, 나는 그것이 가능한 일이 되어야만 팩트체크 저널리즘도 완성된다고 믿는다.

'팩트체크'는 이제 네번째 팩트체커인 최재원 팀으로 넘어왔고, 1,100회가 넘는 팩트체킹을 했다. 거짓을 수정하는 일을 천번을 훌쩍 넘겼으니 우리는 그만큼 더 진실에 가까워진 것일까.

3. 비하인드 뉴스

그냥 편하게 얘기하자면 역사에 정사(正史)가 있고 야사(野史)가 있듯이 뉴스에도 뒷얘기가 당연히 있다. 사람들은 정사보다도 야사를 더 재밌어한다. 뉴스의 경우도 마찬가지다. 때로는 뉴스의 뒷얘기들이 오히려 전체적인 뉴스의 맥락이나 배경을 파악하는 데에 도움이 되기도 한다.

방송뉴스에서 뉴스의 이면을 처음으로 본격적으로 다뤘던 것이 2003년에 시작된 YTN의 '돌발영상'이다. 주로 정치인들이 주고받는 대거리들을 따로 편집해서 내보내던 코너였다. 물론 평상시 같으면 뉴스에는 나오지 않을 장면들이었다. '비하인드 뉴스'의 아이디어는 당시 제작부국장이었던 배원일에게서 나왔는데, 그는 평소에도 뉴스의 방향성뿐 아니라 코너의 '작명'에도 특출한 의견을 내놓곤 했다. 얘기를 듣자마자 나는 '돌발영상'을 떠올렸다. 재밌을 것 같았다. 단지 재미뿐 아니라 촌철살인도 기대했다. 거기에는 '팩트체크'처럼 기자의 캐릭터화도 기여했다.

[장면 #1] 야사 기자

2017년 10월 말의 어느 날 '비하인드 뉴스'를 마치고 스튜디오를 나가려는 코너 담당 기자 박성태를 붙잡아 앉혔다. 바로 뒤이어서 유튜브 라이브로 이어지는 '소셜 라이브'(JTBC 뉴스가 디지털 콘텐트로 따로 만들어 「뉴스룸」 뒤에 붙여서 방송했다. 주로 취재 뒷얘기를 듣는 프로그램이었다. 나는 대개 앞부분에 잠시 출연했다가 나가면서 기자들에게 진행을 맡겼다)에 그를 출연시키기 위해서였다. 물론 예정돼 있던 것은 아니었다. 말 그대로 돌발 상황이었지만, 잘 소화해내리라고 믿었던 구석이 있었다.

"오늘 이렇게 갑자기 붙잡아둔 것은 유저 여러분들이 박성태 기자의 '소셜 라이브'도 보고 싶어하실 것 같아섭니다."

그 뒤로 이어진 5분 정도의 토크는 사실 뭐 그리 중요한 정보가 있는 것도 아니었다. 박성태의 평소 하는 일 등을 좀 장난스럽게 묻고 대답하는 형식이었다. '비하인드 뉴스'의 또 다른 비하인드를 보여준 셈이었다. 유튜브상의 반응은 대단했다. 그날의 장면은 이른바 '기자의 캐릭터화'가 순기능을 할 수 있다는 것을 또 한번 확인해준 사례가 되기도 했다.

기자의 캐릭터를 만든다는 것은 그가 전하는 뉴스 자체도 특정 이미지에 갇히게 만들 수 있기 때문에 쉽게 권장할 수는 없는 일이다. 그러나 특정 코너를 맡아 그 코너의 특성과 맞는 캐릭터를 만들어낸다면 그건 얘기가 달라진다. 예를 들어 '팩트체크'의 김필 규, 오대영, 이가혁 기자 등이 나름의 '또바기' 캐릭터화로 코너의 특성화에 기여했다면 '비하인드 뉴스'의 박성태 기자도 마찬가지 였다. 그는 '사장 앵커 앞에서 쩔쩔매는', '진땀을 많이 흘리는' 사 원인 동시에, '그래도 꼬박꼬박 말대답하는', '때로는 매우 기발하 게 둘러대는' 기자로 자리매김했다. 그것이 '비하인드 뉴스'라는 코너의 성격과 맞아떨어진 것이었다. 그리고 그것은 미리 정해진 대본에 의한 것이 아니라 두 사람의 즉흥으로 완성된 캐릭터이기 도 했다.

나는 평소에도 박성태 기자를 농담식으로 '야사 기자'라고 불렀 다. 다만, 그럴 때마다 좀 미안한 느낌도 들었다. 시간이 지나면 그 도 그런 굴레에서 벗어날 것이다. 그래도 그는 지금도 나를 만나 면 '쩔쩔매는 척'을 한다.

사족

'비하인드 뉴스'의 시작은 기자 이성대와 함께였지만, 얼마 지나지 않 아 연수를 떠나는 바람에 박 기자가 후임으로 들어온 것이었다. 누가 운이 좋았던 것인지는 나도 잘 모르겠다.

[장면 #2] the

'비하인드 뉴스'를 낸 첫날 댓글이 달렸다.

왜 꼭 영어로 제목을 정해야 하나? 그리고 영어 표현도 틀렸다. 제대로 하려면 비하인드 더 뉴스(Behind the News)라고 해야 한다.

맞는 말이었다. 안 그래도 '앵커브리핑'과 '팩트체크'까지 코너 이름 대부분이 영어로 돼 있던 참이었다. 이름을 정하기 전에 의견을 모으기도 했는데 아무래도 그만한 게 없었다. 그런데 the가 빠졌다는 지적까지 들어온 것이었다. 필경 그걸 지적한 시청자는 그만큼 「뉴스룸」을 아꼈던 것이리라. 뉴스제작부 쪽의 의견이 잠시 분분했다. 문법을 지켜야 한다는 의견과 얼마나 잘 만드느냐가 더 중요하다는 의견이 팽팽했다. 토론 끝에 이름은 그냥 '비하인드 뉴스'로 하되 타이틀 자막은 'Behind the News'로 하기로 했다. 일종의 절충안이었다.

그렇게 생겨난 '비하인드 뉴스'는 나중에 기자 양원보가 진행하는 '원보가 중계'로 바뀌더니 그후에 기자 김소현을 거쳐 최종혁이 진행하는 '백브리핑'으로 바뀌었다. 코너 성격상 미담만을 전해주는 것은 아니어서 여기 등장하는 사람들은(주로 정치인이다) 기분이 어떨까 싶다. '정치인들에겐 무플보단 악플이 낫다'는 속설을 믿을 뿐이다. 그나저나 '백브리핑'이란 표현은 어법상 맞는 것인가… 잠시 불안해진다.

4. 문화초대석

'문화초대석'은 그 전신이 MBC 라디오 「손석희의 시선집중」에서 매주 토요일에 진행했던 '토요일에 만난 사람'이다. 매일 칼날 위를 걷다가 토요일이 되면 주로 문화예술계 인사들을 인터뷰했다. 인터뷰 시간도 평일은 10~15분이었지만 토요일은 40여분 동안이었다. 내게는 가장 기다려지는 시간이기도 했다.

JTBC로 와서 「뉴스9」을 시작한 뒤 대중문화 쪽도 뉴스에 담기로 한 것은 그런 경험 때문이기도 했다. 「시선집중」에서 이 일을 맡았던 작가 김현정(앞서 말한 '앵커브리핑'의 작가 김현정과는 동명이인이다)이 「뉴스룸」에서 일하고 있다는 것도 힘이 됐다. 당대의 문화계 인사들이 「뉴스룸」으로 오는 길은 모두 그를 통했다. 라디오 때부터 개척해놓은 길이었다. 그러니까 인터뷰만 같을 뿐, 다른 방송사와 다른 프로그램이 '문화'라는 키워드로 서로 주고받은 코너였던 셈이다.

생각해보자. 저널리즘이 무엇인가. 오늘의 일들을 기록해내고, 그것을 각자의 관점으로 담아낸 다음 공감을 얻어내는 것. 노래든 영화든 그림이든 '문화' 현상을 담아내는 것도 명백한 저널리즘의 영역이다.

[장면 #1] 우리의 삶을 지배하는 것은

그날의 편집회의에서는 약간의 이견이 있었다. 그것은 뭐랄까, 일종의 실용주의 노선과 엄숙주의 노선 간의 이견이랄까… 나는 사실 그 둘 사이를 왔다 갔다 하는 사람이긴 하다. 그날의 나는? 물론 실용주의 쪽이었다.

"사장, 대중문화초대석 말입니다. 배우나 가수들이 사실 영화나 음원이 나왔을 때만 나오잖아요?"
"그렇긴 하지요."
"그래서 우리 뉴스가 쉽게 말하면 광고를 해주는 역할을 하는 것 같아서요."
"그런데 그런 계기가 없이는 안 나오잖아요?"
"그러니까 메인뉴스가 좀 신중해야 하지 않을까 하는…"
"그러면 신문에서는 어떡하지요? 신문도 대중문화를 다루잖아. 영화나 음반이 나오면 배우, 가수들 인터뷰도 하고… 근데 메인뉴스라고 해서 다루면 안 될 이유가 있나요? 나오면 꼭 신작 영화나 음원 얘기만 하는 것도 아니고 말이지요. 그리고 난 문화에 있어서는 그런 엄숙주의가 없습니다. 소위 고급문화와 대중문화를 구별하지도 않구요."

나는 뉴스에 기업의 홍보성 기사가 들어오는 것은 철저히 차단해야 한다고 주장해왔다. 정치 분야도 마찬가지였다. 그러나 문화

분야에는 좀 관대해지자고 했다. 그 중요성에 비해 상대적으로 훨씬 홀대를 받고 있기 때문이다. 또한 문화 분야를 대함에 있어 장르를 구별하고 그것이 차별로 이어지는 것에는 반대했다. 클래식은 미디어에 의해 존중받는데, 대중가요는 메인뉴스에 못 나오란 법은 없다. 이 코너를 시작한 지 거의 1년 반이 다 된 2016년 1월 첫 주의 초대석에서 나는 이렇게 말했다.

뉴스 시간에 왜 대중문화 인물을 자꾸 만나느냐 하고 말씀하시는 분들도 계신데, 저희는 그런 필요 이상의 엄숙주의는 피하고자 합니다. 우리 삶의 일부분이고, 또 심지어는 우리 삶을 지배하는 것이 대중문화이기도 하니까요.

그날 내 앞에 앉아 저 오프닝을 들은 사람은 배우 정우성 씨였다. 그리고 여기서 끝나지 않았다. 그로부터 일년 반이 지난 시점에서도 여전히 나는 그런 논란을 신경 쓰고 있었던 모양이다. 2017년 6월 나는 그때까지의 '대중문화초대석'이란 이름에서 '대중'이란 글자를 빼버렸다.

원래 '대중문화초대석'이란 이름을 갖고 있었는데 가만히 생각해보니 문화에 대중문화나 고급문화는 따로 없는 것 같아서 좀 뒤늦은 깨달음 끝에 오늘부터는 그냥 '문화초대석'이라고 부르기로 했습니다.

그리고 그날 내 앞에 앉아 저 오프닝을 들은 사람은 가수 이효리 씨였다.

[장면 #2] "내일 날씨는…"

2015년 11월 초였다. 그날의 초대손님은 인터뷰가 모두 끝났는데도 자리에서 일어나지 않고 그대로 앉아 있었다. 하긴 좀 애매했을 것이다. 그 인터뷰가 그날 뉴스의 거의 마지막 순서였으므로 어차피 조금 이따가 끝날 것이긴 했다. 그는 잠시 고민한 끝에 그냥 앉아 있다가 다 함께 일어나는 쪽을 택한 것 같았다. 나도 '이제 나가셔도 된다'는 사인을 보낸다는 것이 잠깐 타이밍을 놓치는 바람에 어정쩡하다고 느끼던 차였다. 그때 함께 진행하던 한윤지 앵커(그는 김소현 앵커의 후임이었다)가 날씨예보 기사를 들고 들어오는 것이 보였다. 언뜻 장난기가 발동했다. 나는 그 날씨 기사를 받아 그에게 넘겨주면서 말했다.

"오늘 출연하셨던 강동원 씨가 아직 안 나가고 계십니다. 내일 날씨는 강동원 씨가 잠깐 전해드리겠습니다."
"…아… 네, 내일은 전국에…"

그다음에 이어진 그의 일기예보는 그 내용이 무엇이었는지 그도 시청자도 잘 기억하지 못할 것이다. 졸지에 일기예보를 한 그는 머리를 싸맸고, 시청자들은 행복했으며, 나는 득의만면했다는 것만 기억할 뿐. 그날 밤부터 다음 날까지 인터넷을 달군 기사는 배우 강동원 씨의 일기예보 기사였다. 일종의 해프닝이었던 이 장면은 문화계로서는 매우 반가운 에피소드이기도 했다. 방송사의 메인뉴스에서 이런 인터뷰의 장이 없었으므로 '문화초대석'은 생겨났을 때부터 문화계에서 환영을 받았다. 강동원 씨의 출연 이후엔 그 파급력에 대한 관심까지 더해졌다. 실제로 그가 그 당시 출연했던 영화는 크게 히트했는데 모르긴 몰라도 그 '일기예보'가 끼친 영향도 없지 않을 것이다.

'문화초대석'에 앉았던 사람들은 단지 영화인이나 가수뿐이 아니었다. 클래식 연주자, 스포츠 선수, 학자도 있었고, 작가도 있었다. 따지고 보면 정치인을 제외한 모든 분야의 사람들이 '문화'를 얘기한 시간이기도 했다. 나와는 난생처음 보는 이도 많았지만 모두가 격의 없이 대화했다. 전날 국가대표 은퇴를 선언하고 나온 축구선수 차두리 씨는 내게 '이제 겨우 공과 비슷한 속도가 됐는데 왜 은퇴하느냐?'(그는 언제나 공보다 빨리 뛴다는 우스갯소리를 들어왔으므로)는 질문을 받았고, 배우 한석규 씨와는 나이를 가지고 농담이 오가기도 했다.

물론 출연자들도 만만치 않았다. 배우 김혜자 선생은 내게 '깍쟁이 같다'고 하여 나를 당황시켰고, 가수 서태지 씨는 '밤새도록 얘기하고 싶다'고 한 뒤 초대손님 가운데 가장 길게 30여분이나 인터뷰하고 갔다. 작가 김훈 선생은 '당신의 뉴스 진행은 내가 지향하는 문체와 유사하다. 동지를 만난 느낌이다'라고 하여 나를 감동시켰고, 가수이자 작곡자인 김민기 선생은 은둔자(적어도 시청자들이 보기에는)로 지내다 갑자기 세상 밖으로 나온 것 같아서 나는 '이제 드디어 문화초대석이 완성되는 느낌'이라는 감회를 내놓지 않을 수 없었다. 봉준호 감독은 말미에 거꾸로 나를 인터뷰했다. 딱 한가지 질문이었다. "2016년 10월 24일 저녁 7시 59분에 어떤 생각을 하셨습니까?"가 그의 질문이었다. 그가 말한 그날은 최순실의 태블릿PC를 보도한 날이었다.

해외 인물들도 한국에 들어오면 '문화초대석'에 앉았다. 배우 맷데이먼은 진중하고 교양 있어 보였으며, 휴 잭맨은 쾌활했다. 배우러셀 크로는 목에 힘이 들어간 것 같아 '영화 「레미제라블」에서 당신 노래는 별로'라고 농담하자 약간 기분이 상한 듯했으며, 성악가 호세 카레라스는 나와 인터뷰한 다음 날인가에 몸살로 공연을 펑크 내고 떠났다. 물론 인터뷰 탓은 아니었을 것이다. 작가 베르나르 베르베르와 알랭 드 보통도 '문화초대석'을 찾았다. 특히 알랭드 보통과는 뉴스에 대한 얘기를 한참 나눴는데 서로 통하는 바가 많아 나중에 이 책의 말미에 다룰 생각이다.

그러나 제아무리(?) '문화초대석'이라도 문을 닫아야 할 때가 있었으니 2016년 10월에 시작된 최순실 국정농단 사건 때가 그랬다. 10월 초에, 지금은 아카데미의 주인공이 된 배우 윤여정 선생이 '난 정말 「뉴스룸」의 왕팬이다'라고 고백하고 간 후 「뉴스룸」은 최순실의 태블릿PC를 터뜨렸고 그다음 해 5월에 「택시운전사」의 송강호 씨가 나올 때까지 반년 이상 '문화초대석'은 열리지 않았다. 도저히 그 분위기에서 편안한 대화가 이어질 것 같지 않아서였다. 그 와중에 내한공연을 한 비틀즈의 링고 스타가 출연을 원했을 때는 '그래도 비틀즈인데…' 하며 받아들였다가 출연 당일에 취소했다. 아무래도 당시 분위기와 안 맞을 것 같아서였다. 링고 스타도 국내 상황을 잘 알고 있던 터라 갑작스러운 취소임에도 흔쾌히 받아들였다. 피아니스트 조성진 씨도 어찌 보면 피해자였다. 녹화를 하고서도 역시 방송을 못 내다가 다음 해 설 연휴에 대폭 줄여서 냈다. 조성진 씨는 그로부터 2년 가까이 지난 2018년 12월 초에 다시 출연해 인터뷰하고 라이브 연주를 5분 30초 동안이나 했다. 모차르트의 「피아노 환상곡 3번」. 이런 경우 대개 방송에선 중간에 끊곤 했지만, 이날만큼은 끝까지 다 듣자고 했다.

　6년 가까이 120명이 넘는 사람들을 만나면서 나는 그들이 우리가 추구하는 저널리즘과 동떨어져 있다는 생각을 하지 않았다. '문화'는 우리의 일상과 별개로 존재하지 않기 때문이다. 영화든, 소설이든, 노래든 모든 문화활동은 우리의 시대를 담아내는 일기와 같은 것이다. 오히려 우리가 흔히 생각하는 정치나 사회, 경제 같은 것들보다 더 우리의 일상을 흔들기도 하고 가라앉게도 하는 것이다. 그리고 문화예술인들은 끊임없이 사회를 지켜보고 실천하는 사람들이기도 했다. 배우 정우성 씨는 두번째 출연한 날, 그 자신이 먼저 영화 얘기는 하지 않겠다며 난민만을 주제로 얘기하고 갔다. 앞서 말한 대로 최순실 국정농단 사건이 터지기 직전 「뉴스룸」에 출연한 배우 윤여정 선생은 그로부터 반년 넘어 「뉴스룸」에 한번 더 나왔다. 그날은 '문화초대석'이 아니었다. 2017년 5월 9일 대통령 선거일이었다. 그는 광화문광장에 설치된 「뉴스룸」 스튜디오에 패널로 앉아 민심을 전했고, 같이 참여한 패널은 유시민 작가였다.

5. 엔딩곡

그것은 순전히 나의 취향이긴 했다. 뉴스를 끝내면서 노래를 듣는다는 것. 그러나 그것만으로는 부족했다. 왜 그 음악을 듣는가에 대한 설명이 필요했다. 하지만 그 설명은 생략했다. 시청자가 각자 해석하면 될 일이었다. 그리고 실제로 시청자들은 각자 알아서 받아들였다. 그리고 희한하게도, 아니 어쩌면 당연하게도 그 각자의 해석 가운데는 나의 의도와 맞아떨어지는 것이 있었다. 그것도 많이… 그래서 음악도 저널리즘의 영역으로 들어왔다.

[장면 #1] 시대는 변한다

내가 저널리즘 공부를 위해 머물렀던 미국 미네소타주에서는 일년에 한번씩 밥 딜런 모창대회가 열렸다. 1998년 가을의 어느 날 나는 텔레비전을 이리저리 돌리다가 그 모창대회를 보게 되었다. 엘비스 프레슬리를 모창하는 대회는 해외토픽으로 본 적이 있지만 밥 딜런이라니…

그는 미네소타 출신이었다. 내가 다녔던 미네소타 주립대를 그도 다녔으니 좌우지간 동문인 셈이다. 그가 몇년 전에 노벨문학상을 받았을 때, 나는 그가 끝까지 시상식장에 나타나지 않기를 바라는 사람들 축에 속했다. 그건 그가 전기기타를 들고 무대에 나타났을 때 통기타를 버린 그를 비난했던 관중들과 아마도 비슷한 심정이었다고나 할까? 기존의 권위에 맞서는 존재에 대한 동경은 지금 시대에도 유효하다.

2013년 9월 16일 「뉴스9」을 처음으로 맡은 날, '엔딩곡'은 이미 오래전부터 정해져 있었다. 밥 딜런의 「The Times They Are A-Changin'」.

나는 이 노래의 가사를 들을 때마다 늘 가슴이 벅차올랐다. 시대를 대변하는 노래에 목적이 있는 것이라면 이 노래는 그것을 가장 교양 있으면서도 가장 치열하게 달성하고 있다고 생각한다. 그 긴 가사를 모두 소개할 수는 없으므로 마지막 구절을 옮긴다.

The line it is drawn, the curse it is cast
선은 그어졌고, 저주는 쏟아지네
The slow one now will later be fast
지금은 더딘 누군가는 훗날엔 빨라지리라
As the present now will later be past
현재는 훗날 과거가 되듯이
The order is rapidly fadin'
질서는 급속히 사라져가리라
And the first one now will later be last
그리고 지금의 앞선 자는 훗날엔 가장 뒤처지리라
For the times they are a-changin'
시대는 변하는 것이니…

나는 이 노래가 내가 맡은 뉴스의 미래를 노래해주는 것이길 바랐다. 어찌 됐든 당시 우리의 뉴스는 가장 뒤처진 자로서 기존의 질서에 도전해야 했으므로.

그리고 6년 4개월 뒤인 2020년 1월 2일 나의 마지막 뉴스에서도 나는 이 곡을 '엔딩곡'으로 올렸다. 언젠가 내가 진행하게 될 마지막 뉴스의 '엔딩곡'으로 다시 쓰겠다는 계획은 이미 내가 첫 뉴스를 하던 날 정해놓았던 것이기도 했다. 시대는 그때든 언제든 변하는 것이니.

[장면 #2] 이주일의 「젊음의 음악캠프」

1986년의 어느 날, 일요일에 나갈 프로그램을 한창 녹음하고 있을 때 스튜디오 창밖으로 이주일 씨가 지나갔다. 프로듀서였던 조정선과 나의 머릿속에는 누가 먼저랄 것도 없이 같은 생각이 떠올랐던 것 같다.

'이주일 씨한테 오프닝을 부탁해볼까?'

그렇게 해서 전혀 예상치 못하게 그날의 오프닝은 이주일 씨가 하게 됐다. 당시 최고의 코미디언이었던 그가 새파랗게 젊은 프로듀서와 진행자의 청을 흔쾌히 들어주었던 것이다. 특유의 더듬는 말투로.

"애..애청자 여..여러분.. 저..젊음에에 음악캐..캠프에 이주일입니다."

비록 짧은 오프닝이었지만, 청취자들은 너무나 반겼다. 방송도 파격이 있어야 한다는 것을 배운 날이었다. 우리에게도 파격이었지만, 이주일 씨 역시 파격을 즐길 줄 아는 사람이었다.

아는 사람들은 알지만, 「배철수의 음악캠프」는 원래 「젊음의 음악캠프」였고, 나는 신참 시절이던 1986년에 그 진행자였다. 그러나 불과 반년 정도 하고 급작스럽게 보도국 기자로 발령이 나는 바람에 라디오를 떠나야 했다. 내 후임은 지금은 연예계의 실력자가 된 이수만 씨였다. 그가 2년 좀 넘게 진행하던 프로를 배철수 씨가 물려받아 무려 30년 이상을 해오고 있는 것이다.

그러니까 나는 이래 봬도 전직 음악프로그램 DJ였고, 그 본능은 그후로도 가끔 발현되었다. 주로 내가 진행했던 「손석희의 시선집중」의 명절 특집에서였다. 국악 하는 이, 대중가요 하는 이, 성악 하는 이, 클래식 연주하는 이들이 「시선집중」의 스튜디오를 찾았다. 내내 골치 아픈 정치 인터뷰만 하다가 이들과 함께 진행하는 시간이 어찌 즐겁지 않았겠는가.

2012년 1월의 설 연휴 특집에서는 아예 내가 선곡도 하고 원고도 다 써서 원맨쇼를 했다. 그렇다고 아무 노래나 낼 수는 없어서, 프로그램의 성격에 맞춰서 나름 메시지 있는 노래들만 선곡했더니, 다 듣고 난 캐나다의 어느 교포는 힐난성 댓글을 달기도 했다. '내가 왜 여기까지 와서 손석희가 틀어주는 미국 애들 운동가요를

듣고 있어야 하나' 이런 내용이었던 걸로 기억한다. 그는 음악이
가진 힘을 몰랐거나, 아니면 너무 잘 알았던 것이리라. 그 특집의
제목이 "손석희의 음악캠프, 배철수 없이도 한다"였다. 그리고 그
특집의 타이틀 음악이 또한 「The Times They Are A-Changin'」
이었다.

[장면 #3] '카리브에서 온 편지'

「손석희의 시선집중」 추석 특집에 출연한 음악평론가 임진모
씨는 그날따라 신이 난 듯했다. 나보다는 몇살 아래였지만, 우리는
동년배처럼 느낄 때가 많았다. 하긴 이 나이에 몇살 차이가 무슨
의미가 있겠는가만은.

> "그러니까 우리 세대가 어찌 보면 가장 다양한 음악의 세례를
> 받은 세대잖아요. 트로트, 포크, 팝, 클래식, 국악까지 한꺼번에
> 존재했거든요."(임)
> "그렇긴 하지요. 요즘은 전부 기획사 노래에다가 걸그룹, 보이
> 그룹 아니면 뜨질 못하니까."(손)
> "그래서 비록 잘살진 못한 세대지만, 음악적으로는 아주 풍부
> 한 감성을 가진 세대란 얘기지요."(임)

그가 지칭한 '우리 세대'란 전후 베이비붐 세대를 말하는 것이
었다. 1960, 70, 80년대의 음악적 세례를 '실시간'으로 받은 우리

세대는 내가 보기에도 운이 좋았다.

이주일 씨부터 임진모 씨까지 왔으니 본론을 말할 때가 되었다. 내가 뉴스에 음악을 도입하기로 한 것은 그냥 우연히 그런 아이디어가 떠올라서가 아니라, 나름의 배경이 있기 때문이라는 것이다. 이제껏 말한 경험이 없었다면 아마도 딱딱하고 날카로운 뉴스에, 그것도 촛불로 타오르던 그 격동의 시기에 「겨울에서 봄」(안녕하신가영)이나 「Fragile」(스팅) 같은 노래를 틀 생각을 못했을 것이다.

단지 파격의 재미뿐 아니라 의미도 찾아야 한다는 것은 나와 시청자들이 함께 탐색해온 길이기도 했다. 예를 들면 나는 「100분토론」을 떠날 때 「The Frozen Man」(제임스 테일러)을 '엔딩곡'으로 넣었다. 그 곡은 내가 훗날 JTBC에서 마지막 「뉴스룸」과 바로 이어진 「신년토론」을 이틀 동안 진행할 때, 그 첫날의 '엔딩곡'이 되었다. 사람들은 왜 저 곡일까를 생각했을 것이다. 아마도 좀더 궁금했던 사람들은 가사를 검색했을 것이며, 결국엔 왜였는지를 알아챘을 것이다.

그렇게 해서 시작된 '엔딩곡' 찾기는 내게는 작은 즐거움이기도 했지만, 때로는 머리를 쥐어짜야 하는 노동이기도 했다. 그러나 음악이 어떻게 해서 저널리즘을 담아낼 수 있는지는 선명해졌다. 일테면 미세먼지가 극심했던 날에 나왔던 「Smoke Gets in Your Eyes」(나나 무스쿠리) 정도는 그냥 애교였겠지만, 국가가 도청을 한 뉴스가 나온 날 영화 「타인의 삶」의 주제곡을 튼 것은 약간 어려운 퀴즈였다고나 할까… 때로 언론으로서 자괴감을 느낄 때면 「Dirty Laundry」(돈 헨리)를 고르는 것으로 대신했다. 이른바 장사가 되는 스토리를 만들어내기 위해선 무엇이든 하는 언론을 신랄하게 비판한 곡이었다.

아마도 가장 의견이 분분했던 곡은 가수 권진원 씨의 「카리브에서 온 편지」였을 것이다. 이 곡은 최순실의 태블릿PC 관련 보도를 최초로 했던 바로 다음 날, 그러니까 2016년 10월 25일에 냈다. 솔직히 말하면 태블릿PC 보도가 나오기까지의 과정이 긴장의 연속이어서였을까, 나는 그다음 날은 그냥 편한 음악을 내보내고 싶었다. 굳이 이슈와 연결하지 않고, 그냥 편안하게 머릿속을 비워줄 수 있는… 그래서 떠오른 것이 그 곡이었다. 경쾌하고, 마치 카리브해의 밝은 햇살이 해변에 부서지는 듯한 느낌을 주는, 허밍이 곁들여진 연주곡이었다. 그런데 시청자 반응은 정반대로 나타났다. 내가 그 곡을 택한 것이 무언가를 암시한다는 것이었다. 즉, 최순실 씨나 박근혜 씨의 비밀계좌가 카리브해의 어느 국가에 있고, JTBC가 이미 현지 취재에 들어갔다는 말까지 돌았다. '엔딩곡' 하나가, 비록 일부였겠지만 여론을 왜곡시킬 수 있다는 걸 그때 알았다. 다음 날은 「Norwegian Wood」(비틀즈)로 힘을 뺐고 (비밀계좌가 노르웨이에 있다는 말은 안 나올 테니까), 주말을 지낸 뒤에는 '반짝이는 모든 것은 금이라고 믿는 여인'이 등장하는 「Stairway to Heaven」(레드 제플린)으로 다시 본론으로 돌아갔다.

그런가 하면 2018년과 2019년으로 이어지면서 남·북·미가 해빙하고 다시 결빙하던 시기에 김민기 선생의 「철망 앞에서」와 「봉우리」는 각각 그 부침을 상징해주었다. 그때의 들떴던 '희망'과 가라앉았던 '관조(觀照)'를 수십년 전에 나온 노래들이 대변해주고 있었다.

「뉴스룸」에 있는 동안 모두 870번 '엔딩곡'을 골랐다. 쏟아지는 뉴스를 정리하면서 어떻게 그런 작업을 했는지 내가 생각해도 고단했을 법하다. 물론 모든 곡이 그날의 뉴스와 닿아 있던 것은 아니다. 마치 「카리브에서 온 편지」처럼…

사족

내가 JTBC 뉴스를 진행했던 6년 4개월 동안 '엔딩곡'이 나가지 않은 시기도 있었다. 세월호참사가 일어난 2014년 4월 16일부터 2년 동안 나는 '엔딩곡'을 고르지 않았다. 2016년 4월 18일에 '엔딩곡'을 다시 시작했고, 그 첫 곡은 윤종신이 만들고 정인이 부른 「오르막길」이었다.

5

저널리즘의
선한 설계를 위해

1833년에 미국의 벤저민 데이(Benjamin Day)가 불과 23살의 나이에 『더 선』(The Sun)을 만든 것은 이른바 '페니프레스'의 본격적인 시작이었고, 매스미디어 시대의 개막이었다. 그전까지는 신문이 주로 대통령 연설문이나 정부의 발표문을 뉴스로 받아쓰는 매체였지만, 이제 산업혁명기의 인쇄기 덕분에 값싼 가격으로 신문을 대량 생산할 수 있게 된 매스미디어 시대는 전혀 다른 형태의 세상으로 들어가는 것을 의미했다. 신문은 가판대에 널리고, 배달소년들에 의해 대중들에게 전달됐다. 신문사도 기하급수적으로 늘어났다. 독자를 늘려야 광고주들도 호응하므로 각 신문사는 더 많은 뉴스를 필요로 했다. 이를 위해 신문사들은 직접 취재에 나서서 얘깃거리를 가져오는 사람들을 고용했고, 그렇게 지금의 기자라는 직업이 시작된 셈이다. 그리고 기자들에게 그때부터 지금까지 '단독'은 숙명이었다. '단독'이야말로 가판대에 널려 있는 그렇고 그런 얘기들 가운데 독자들의 손이 가게 만드는 가장 효과적인 미끼였다. 그것은 취재 행위를 독려하고 때로는 언론의 존재 이유를 완성하는 요소였다. 하지만 그로 인해 촉발된 과열 경쟁은 이제 막 태동하기 시작한 저널리즘의 어두운 단면이기도 했다.

페니프레스, 대량으로 보급된 값싼 신문의 또 다른 단면은 선정주의였다. 각종 스캔들과 자극적인 스토리들이 지면을 지배했다. 경쟁이 극심할수록 나타나는 당연한 결과였다. 그것은 19세기에나 21세기에나 별반 다를 것 없는 자본주의체제 속 언론의 모습이기도 하다.

그러나 페니프레스가 단점만을 초래한 것은 아니었다. 대중지 못지않게 정론지에 대한 수요도 창출했다. 일부 계층이 아닌, 교육받은 대중을 두루 만족시키기 위해서는 그만큼 각계각층의 이익을 균형 있게 다뤄야 했고, 그래서 흔히 말하는 정론지에 대한 갈구도 있었던 것이다.

디지털과 유튜브가 주류가 돼버린 시대에 페니프레스 얘기라니… 내가 생각해도 너무 거슬러 올라가긴 했다. 하지만 이것이 시장경쟁 속의 언론이라는 구조에서 벗어난 얘기일까? 저널리즘을 실행하는 도구의 변화가 (신문에서 라디오, 텔레비전, 그리고 인터넷으로) 있어왔을 뿐, 저널리즘의 정신을 말하는 데에 페니프레스 시대의 구조와 디지털 시대의 구조가 다를 리 없다.

[장면 #1] "한두번도 아니고 지속적으로 기사를 가로채는…"

2018년 1월이었다. '뉴스타파'에서 볼멘소리가 들려왔다. JTBC 가 '단독'을 가로챈다는 것이었다. 그해 1월엔 이대목동병원에서 신생아 사망사건이 터졌다. 예전에 이대병원 하면 출산을 위해 다 들 달려가던 대표적인 병원이었다. 그런데 신생아 사망사건이라 니. '뉴스타파'는 이 병원의 주사처방 실태를 단독으로 냈는데 같 은 날 JTBC가 '단독'이라고 붙여 같은 내용을 보도했다는 것이다. 취재를 도운 부모들의 요구는 '뉴스타파'가 보도한 이후에 다른 언 론사들도 보도를 하라는 것이었지만 JTBC가 이를 듣지 않았다는 것이었다. '뉴스타파'의 기자는 '한두번도 아니고 지속적으로 기사 를 가로채는 짓을 계속하는 JTBC가 이해가 안 간다'고 다소 감정 섞인 비난을 내놓기도 했다.

내용을 살펴보니 '뉴스타파' 입장에서는 불쾌하기도 하고 억울한 일이기도 했겠으므로 우선 미안하다는 말부터 전했다. 물론 JTBC 기자 쪽의 주장을 들어보면 나름의 이유가 있었지만, 그렇게 얘기 해봤자 팔은 안으로 굽는다는 얘기밖에 안 나올 것이었다. 그리고 독립언론을 표방하는 '뉴스타파'와 이런 문제로 싸우고 싶지도 않 았다. 생각할수록 이 모든 일의 전말이 무척 소모적이며 그 자체 가 피곤하다고 느껴졌다. 언론들이 서로 한시간이라도 앞섰다고 주장하고 힐난하고 하는 일 자체가 그랬다. 요즘 같은 시대에 사 람들에게 그것이 무슨 의미를 갖는 것일까. 내가 시청자나 독자 입장에 서보더라도, 그런 데엔 별 관심이 없을 것 같았다. 중요한 긴 진실이고, 그것은 속도를 절대적 가치로 요구하지 않는다. 그 자체를 지켜낼 것을 요구할 뿐이다. 그런데도 왜 우리는 그토록 '단독'에 매달려왔을까.

앞서 말한 대로 특종경쟁이란 것도 본질적으로는 상업주의의 결과물에 가까운 것이다. 나는 앞선 장에서도 말했지만 그 상업주의적 측면을 무조건 비판하는 엄숙주의자는 아니다. 시장에서 생존하려면 상업주의를 마냥 배격할 수 없다. 하지만 그렇다고 지금도 화면과 지면, 특히나 온라인의 포털 화면에 넘쳐나는 '단독'의 정당성까지 확보되는 것은 아니다. 그 '단독' 모두가 정말 가치를 가진 '단독'일까.

2020년 7월 7일의 『미디어스』는 '조사를 해보니 그렇지 않다'고 밝히고 있다. 『미디어스』가 인용한 민주언론시민연합의 모니터 결과는 언론사들이 '단독'이라고 주장한 기사의 28퍼센트가 제대로 된 단독이 아니거나, 그중 일부는 아예 전혀 단독이 아니라는 것이었다.* 모니터가 이때 나왔을 뿐이지, 사실 무분별한 '단독'은 이미 '단독'이란 보도 행태가 시작됐을 때부터 함께해왔다.

'뉴스타파'의 볼멘소리와 나의 사과. 그리고 그전에도 몇차례 있었던 이런 종류의 논쟁과 신경전. 이런 소모적인 과정에서 나는 모든 것을 한꺼번에 해결할 수 있는 방안을 생각하게 되었다. 적어도 JTBC에게는 방법이 없지 않았다.

• 「방송사 [단독] 보도, 얼마나 진짜 단독일까」, 『미디어스』 2020.7.7.

[장면 #2] '장사'를 포기한 뉴스

JTBC 뉴스가 앞으로 자사의 단독취재라 하더라도 뉴스프로그램에서 '단독'이라는 표현을 쓰지 않는다. 언론사로서는 처음 있는 일이다.

2018년 2월 28일의 JTBC발 보도자료는 이렇게 시작하고 있었다. 뉴스프로그램은 물론 온라인에 공급되는 기사 제목에서도 '단독'이란 표현을 삭제하기로 했다. "취재 경쟁에서 '단독'이 가져다준 긍정적 효과도 있었지만, 오남용으로 인한 폐해가 있음을 인정한다"는 내용이었다. 보도국 내에서는 '단독'의 기준을 보다 강화해서 정말 '단독'다운 것에는 그런 표현을 허용하자는 의견도 있었다. 그러나 '그 기준을 그러면 어떻게 정할 것이냐'에서 막혔다. 설사 기준을 자세히 정해놓는다 해도, 그것 자체가 정량적인 기준이 아닌 정성적 기준에 의한 것인 바에야(기사의 가치는 주관적으로 판단할 수 있으므로) 애시당초 지켜지기 어려운 것이었다. 결국 JTBC는 '단독' 표기를 폐지했다.

그리고 이날 보도자료는 이렇게 마무리하고 있었다.

JTBC 보도국은 한발 더 나아가 사건사고 뉴스의 선정성을 배제한다는 원칙도 강화했다. 사안에 대한 지나치게 상세한 묘사, 재연을 통한 사실의 왜곡 등을 방지하겠다는 것. 특히 엽기적 사건이나 치정 사건 등의 경우 필요 이상의 구체적 묘사와 연속 보도를 지양하겠다는 입장이다.

'단독'도 버리고, 선정적 보도도 안 하겠다고 했으니, 어찌 보면 '장사'는 안 하겠다는 것이었다. 업계에서 보면 미련한 선언일 수 있었다. 겉으로는 아닌 척해도 실상은 그 두가지를 열심히 하는 것이 상당수 언론들의 행태라는 것을 부인할 수 없지 않은가.

그리고 실제로 그날부터 JTBC 뉴스는 '단독' 없는 뉴스를 이어 갔다. 필요하다면 'JTBC가 취재한 바에 따르면'이라는 표현을 썼을 뿐이다. 그건 어떤 뉴스든, 설령 단독취재가 아니더라도 그렇게 표현할 수 있는 것이기도 했다. 당시는 미투 보도의 와중이었고, 뒤이어 그해 6월의 싱가포르 북미회담, 그리고 남북정상회담 등 굵직한 사건이 이어질 때였다. 우리에게 들어오는 결정적 제보도 있었고, 말 그대로 단독으로 취재한 내용들도 많았지만, 그래도 굳세게(?) '단독'을 붙이지 않았다.

그러나 반응은 별로 크지 않았다. 아까 말한 JTBC의 '단독 버리기' 보도자료도 미디어 전문지인 『미디어스』를 빼고는 아무 데서도 받아서 보도하지 않았다. 당연해 보였다. 어느 매체가 타사의 단독 폐지 선언을 선전(?)해주겠는가. 우리가 '단독'을 안 붙인다 해서 다른 언론사에 영향을 끼친 것도 아니었다. 아무도 따라오지 않았을뿐더러, 오히려 더 좋아했을지도 모를 일이었다. 타사의 뉴스프로그램이나 온라인 기사에는 여전히 '단독'이 넘쳐났다.

[장면 #3] "손 사장의 취지에는 공감하지만…"

"단독을 다시 부활시키는 게 어떠냐는 의견이 있는데 고민입
니다."

내가 「뉴스룸」을 떠난 지 반년이 넘은 2020년 8월쯤에 보도총
괄과 보도국장이 얘기를 꺼냈다. 어렵게 입을 연 것 같았다.

"이유는 뭐라고 하나요?"

"아무래도 모두들 '단독'을 붙이는데 우리만 안 붙이자니 기사
주목도가 떨어진다는 겁니다. 기자들 사기 문제도 있는 것 같구요."

"공통된 의견인가요? 처음엔 모두 찬성해서 그렇게 하기로 한
건데…"

"우리 입장을 지켜야 한다는 의견도 많습니다. 그런데 아무래도
시간이 지날수록 일부에서는 다른 의견이 나오네요. 취지는 좋지
만 현실적으로는 어려운 게 아니냐는 거지요."

"총괄의 의견은 어떠신가요?"

"글쎄요, 저는 그래도 우리 입장은 계속 지켜야 한다고 봅니다.
'단독'이 갖는 문제를 우리가 얘기하고, 우리가 입장을 뒤집으면
바깥에서도 시선이 곱지 않을 것 같습니다."

그날의 대화는 그렇게 끝났다. 그러나 한번 들기 시작한 회의는
점점 그 덩치를 키워가는 법이다. 하긴 공들여 단독으로 취재했어

도 인터넷에서는 몇분도 지나지 않아 속보가 넘쳐났다. 누가 처음으로 취재한 기사인지 관심을 갖기는커녕, 뒤따라온 언론사의 기사가 더 많은 조회수를 기록하는 일이 비일비재했다.

9월 어느 날의 보도국 미팅에서 나는 내 입장을 고집하지 않겠다고 했다. 그래도 보도국에선 한동안 '단독 폐지'라는 JTBC만의 정책을 버리지 않았다. 모두가 문제점도 알고 취지도 알고 있었기 때문이다. 나는 재차 '버려도 괜찮다'는 메시지를 보냈으나 엄밀히 따지면, 그 정책이란 것이 나의 전유물도 아니었으니 판단은 보도국에서 할 것이었다.

그리고 '단독'을 버린 지 2년 8개월 만인 10월 6일에 결국 JTBC는 '단독' 표기를 부활시켰다. 「[단독] 2년 전 사라진 북한 외교관… "조성길 대사대리, 한국 정착"」 기사였다. 전 주이탈리아 북한 대사대리였던 조성길이 2년 전에 사라졌는데 그의 정착지가 한국이었다는 단독 보도였다.

『미디어스』는 JTBC의 '단독 포기'와 '단독 부활'을 다룬 유일한 매체였다. 『미디어스』는 두번째 기사에서 이렇게 전했다.

> JTBC 한 기자는 "손석희 사장이 단독을 없애기로 한 취지는 충분히 공감한다"면서 "하지만 현실적인 부분에서 보도의 주목도가 떨어져 저연차(低年次) 기자들 사이에서는 단독을 붙여야 하지 않겠냐는 목소리가 있어왔다"고 전했다.●

● 「JTBC 2년 8개월 만에 [단독] 보도 부활」, 『미디어스』 2020.10.15.

나는 지금도 '단독' 타파론자다. 그러나 후배들을 원망하진 않는다. 내가 몽상가가 아닌가 자책하기엔 우리가 실험한 '단독 없는' 2년 8개월은 짧지 않은 시간이었다.

[장면 #4] 짜릿한 시작, 고통스러운 지속

2015년 1월 22일에 스위스 태생의 작가이자 철학자인 알랭 드 보통(Alain de Botton)을 인터뷰했다. 그는 알려진 대로 한국에 관심이 많았는데, 아마도 그의 책이 한국에서 많은 사랑을 받고 있다는 것이 한몫했을 것이다. 그때가 이미 네번째의 한국 방문이었다. 그런데 내가 그와 인터뷰한 것은 당시 나온 그의 책이 바로 '뉴스'를 다루기 때문이었다. 『뉴스의 시대』(*The News: A User's Manual*, 한국어판 문학동네 2014). 그때까지 나왔던 그의 책들과는 결을 달리하는 일종의 뉴스 지침서라고나 할까. 그리고 단지 뉴스를 다뤘대서가 아니라, 내가 생각하고 있던 뉴스의 방향과 그가 생각하는 것이 상당 부분에서 일치한다는 것도 그를 인터뷰하게 된 이유였다.

인터뷰 가운데 몇군데만을 옮기면서 이 장에서 언급하는 이른바 '선한 저널리즘'이 무엇인가를 생각해보려 한다. 그가 주장한 첫번째는 '편향'에 대한 고정관념 깨기였다.

"오늘날 많은 언론사들은 시청자나 독자에게 '거래할 게 있다'고 말합니다. '우리는 당신에게 어떻게 생각해야 할지는 알려

주지 않을 거야, 다만 사실만 전달할게'라고 하죠. '우리는 정보
를 제공할 뿐이니, 똑똑한 당신이 알아서 그게 어떤 뜻인지 생
각하라'는 겁니다. 그러면서 '우리는 편향되지 않았다'고 말해
요. (중략) 제가 속한 사회에서도 BBC 등 소위 좋은 언론사들이
'아냐, 아냐, 우리는 아무에게도 영향을 미치고 싶지 않아'라고
하는 것을 볼 때가 있는데요. 저는 좋은 언론사들이 영향력을
우려하면서 입을 다물고 있는 탓에 도리어 좋은 생각들을 놓치
고 있다고 생각해요. 그래서 저는 제 책에서 사람들이 '편향'이
라는 단어를 좀더 대담하게 생각하도록 만들려 했어요. 당연히
'나쁜 편향'도 존재하고, 우리는 그것을 멀리해야 하죠. '나쁜 편
향'보다는 차라리 '편향이 없는 게' 낫습니다. 그러나 '편향이 없
는 것'보다 훨씬 더 나은 것은 '좋은 편향'이에요.”

처음부터 그는 매우 논쟁적인 지점을 짚고 있었다. 그가 예로
든 BBC의 저널리즘은 지금까지 저널리즘 매뉴얼로 통해온 면이
있는데 그게 일종의 편집증적 경향이 될 수 있다고 진단하고 있었
다. 하지만 따져보자. 우리 중 어느 언론이, 심지어는 BBC까지도
완벽한 '무편향'을 실천하고 있을까.
　'편향' 문제에 내가 관심을 가졌던 것은 그때 시작한 지 얼마 되
지 않았던 '앵커브리핑'과도 관계가 있었다. 그날그날 일어나는 사
건에 대해서는 그야말로 사실 그대로 전달하는 것이 필요했지만,
그와 별도로 '앵커브리핑'은 사안에 대한 나의 생각과 채널의 관
점을 조심스럽게, 때로는 매우 명확하게 담는 과정이었다. 방송뉴

스에선 처음 하는 시도였고, 무조건 무엇이든 공정해야 한다는 '압박'으로부터 잠시나마 해방되는 시간이기도 했다. 이것은 앞선 장에서 설명한 것과 같다. 그러나 동시에 '앵커브리핑'은 그 편향 문제로 공격의 대상이 되기도 했다. 그래서 본의 아니게 약간의 위축을 겪게 되는 경우도 있었던 것이다. 게다가 알랭의 말처럼 '좋은 편향'과 '나쁜 편향'을 정의하는 것도 쉬운 일은 아니었다. 그러나 적어도 '상식과 합리'의 차원에서 단지 사실의 나열뿐이 아닌 진실의 추구를 목표로 한다면 그런 편향은 양해받을 수 있다는 얘기를 하고 있는 것이었다.

동시에 그런 편향은 이슈에 대한 지속적인 관심을 불러일으키는 것과 맞닿아 있었다. 애초에 우리가 뉴스를 개혁하자면서 내세웠던 것들이 바로 '한걸음 더' 들어간다는 것이었고, 그렇게 함으로써 어젠다 키핑을 실천할 수 있다는 믿음이 있었는데, 알랭은 그런 우리의 생각을 지원하고 있는 셈이었다. 바로 이어진 대화다.

"그리고 당신은 책에서 또 하나 중요한 관점을 제시했습니다. '민주정치의 진정한 적은 다름 아닌 뉴스에 대한 적극적인 검열이라고 여기기 쉽다. 하지만 진정한 적은 무작위의, 쓸모없는, 짧은 뉴스들의 홍수다'라고. (후략)"

"만약 당신이 한국의 교육체계를 바꾸고 싶어한다고 해봅시다. 언론이 사람들에게 교육에 어떤 문제가 있다고 알려주지 않는다면 바꾸기 어려울 겁니다. 그래서 당신에겐 언론이 필요한 거죠. 언론이 문제점들을 꺼내놓거든요. 그런데 문제는 언론이 계속해시 주제를 바꾼다는 거예요. 하루는 교육이었다가 다음 날은 바다였다가… (할리우드 여배우) 킴 카다시안의 행적이었다가, 그다음 날은 제니퍼 애니스톤의 임신 소식이었다가… 그럼 결국 사람들은 어제 뉴스를 기억하지 못하게 되거든요. 추진력이 없는 셈이죠. 냉소적으로 본다면 이게 우리가 아무것도 바꾸지 못하게 막는 어떤 음모라고도 말할 수 있을 겁니다."

그가 주장하는 것이 내 식으로 말하면 '어젠다 세팅을 넘어선 어젠다 키핑'이었다. 그렇다. 내가 이 장에서 알랭 드 보통 인터뷰를 비교적 길게 다루는 것은, 이미 눈치채셨겠지만 이 책에서 말하는 저널리즘의 방법론에 그의 생각이 원군(援軍)이 돼주고 있기 때문이다. 그중에서도 이 부분이 그랬다.

다만, 그는 책에서 모든 방송미디어의 함정인 시청률, 즉 흡인력에 대해서는 말하지 않았다. 어젠다 키핑을 이어가는 문제는 늘 시청률이라는 척도에 의해 도전받았다. 세월호참사 관련 보도를 200일, 그리고 그보다 나중에는 300일 가까이 팽목항 현장에서 이어갈 때가 그랬다. 그밖에 거의 모든 어젠다 키핑의 시도에서도 마찬가지였다. 우리는 한번 시작하면 끝을 본다는 이미지를 시청자들에게 주었지만, 그걸 끝까지 이어가는 동안에 안팎의 반론이 늘 뒤따랐다. 밖에서는 정치적 의도라고 의심하는 쪽도 있었지만, 내부에선 시청률 걱정도 한몫했다.

"제가 주장하는 것은 정말 최고의 언론인이 할 일은 그저 뉴스나 전하면서 모두를 잠들도록 하는 게 아니라, 중요한 것을 재미있게 만들고 또 재밌는 건 뭐든지 중요한 것으로 만드는 일이란 거예요. 우리는 어떤 것에서라도 흥미를 느낄 수 있잖아요. 물론 '심각한 소식만 다루면 시청률이 떨어질 거야'라고 얘기할 수도 있겠죠. 하지만 언론인의 역할은, 우리 사회에서 가장 중요한 이슈를 가능한 한 재미있게 만드는 겁니다. 물론 어려운 일입니다. 예술가와 같은 일이지요."

앞선 답변에서도 그랬지만 그는 정말 쉽게 말하는 능력이 있었다. 그러면서 내게 요구하고 있었다. '당신도 나처럼 어려운 걸 쉽게 뉴스로 말하란 말이오'라고. 그러나 그게 얼마나 어려운 일인가. '뉴스'에서 '재미'있는 것이란 결국 새로운 사실을 알아내는 것이고, 한가지 이슈에서 아무리 새로운 사실을 계속 알아내서 보도해도, 그보다 더 자극적이거나 중요한 사건이 터지면 그것 이상으로 '재미'있기는 틀린 일이다. 바로 그런 뉴스의 속성 때문에 위정자들이든 언론이든 정보 우위에 있는 세력들은 더 새롭고, 더 자극적인 뉴스로 프레임을 바꾸고 여론을 바꾸려 시도해왔던 것이 아닌가.

나의 마지막 질문은 당시 프랑스의 주간지인 『샤를리 에브도』(Charlie Hebdo)와 관련한 표현의 자유 문제였다. 『샤를리 에브도』는 원래 도발적 풍자로 알려진 매체였는데, 이슬람 창시자 무함마드를 조롱하는 만평을 실었다가 이 인터뷰가 있기 직전인 1월 7일 사무실에 총기 테러를 당해 무려 12명이 숨지는 사고가 있었다. 이 내용은 생략할까 했으나 시사하는 바가 있어 옮긴다.

"저는 표현의 자유에 대해 전적으로 찬성합니다. '『샤를리 에 브도』는 당연히 목소리를 높여야 하고, 그 누구도 언론인에게 총을 겨누어서는 안 된다' 같은 거죠. (중략) 하지만, 저는 표현의 자유만으로 좋은 언론을 만들 수 있다고 생각하지는 않습니다. 좋은 언론은 자유로울 뿐 아니라 지혜롭습니다. 자유는 항상 좋은 것이고, 늘 보호받아야 합니다. 하지만 자유는 우리가 이루려는 좋은 뉴스와 좋은 언론사를 만드는 단 한가지 요소에 불과해요. 자유는 반드시 제가 지혜라고 부르는 또 다른 특성과 함께 해야 합니다."

그가 말한 '편향'이든, '어젠다의 지속'이든, 좋은 의미에서의 '재미'든, 그리고 '지혜를 동반한 자유'든, 그 모두가 쉽지 않은 일임에는 틀림없었다. 그가 속한 문화와 우리가 속한 그것이 다르기도 하고, 역사가 다르기도 했다. 그러나 그는 계속해서 '선한 저널리즘'에 대한 화두를 던지고 있었다. 그것이 철학자의 임무이기도할 것이다.

사족

그는 인터뷰를 마치면서 다음 작품은 '사랑의 지속성'에 대한 얘기가 될 것이라고 했는데 과연 다음 해에 그 책이 나왔다(The Course of Love, 한국어판 『낭만적 연애와 그 후의 일상』, 은행나무 2016). 내 멋대로 진단하기로 당시의 그는 뉴스든 사랑이든 그 '지속성'에 관심을 가졌던 것 같다. 그의 표현을 빌리자면 '짜릿한(thrilling) 시작이 아닌 고통스러운(painful) 지속'.

[장면 #5] 민주주의, 인본주의, 합리적 진보, 그리고 악어 떼

1997년 8월에 나는 미국 플로리다주의 주도(州都)인 탈라하시에서 르포프로그램을 제작하고 있었다. 미국에서 때늦은 유학생활을 시작하기 전에 몇달 여유가 있었고, 지금은 고인이 된 당시 이득렬 MBC 사장은 내게 그 어간을 이용해 짧은 르포프로그램을 몇개 만들어보라고 제안했다. 우여곡절 끝에 미국 전역을 돌아다니면서 모두 열편의 프로그램을 만들어 방송했다. 각각의 편이 모두 주제가 달랐는데, 플로리다는 '커먼 커즈'(The Common Cause)라는 시민단체가 취재 대상이었다. 주제는 '풀뿌리 민주주의와 여성'이었다. 커먼 커즈는 워싱턴에 본부를 두고 각 주에 지부를 둔 전국적인 단체였다. 이들은 각 주정부를 상대로 지역 사정에 맞는 합법적 로비 활동을 하고, 동시에 기업 등의 불법로비를 감시하기도 했다.
하루 종일 커먼 커즈의 플로리다 지부장을 쫓아다니면서 그가 하는 일을 살펴봤다. 그는 방송기자 출신으로 시민운동에 뛰어든 지가 십년쯤 됐다 했다. 동행한 나에게 자신의 일에 대해 찬찬히 설명하는 태도로 보아 전형적인 성실한 시민운동가였다. 그런데 문제는 더위였다. 8월의 플로리다는 뜨겁고 습하기가 이를 데 없었다. 지나는 길에 있던 연못이나 호숫가에는 악어를 조심하라는 경고판이 군데군데 세워져 있었다. 이 더위에 악어까지 조심해야

한다니. 낮 기온은 40도를 육박했다. 아스팔트에 구두가 쩍쩍 달라 붙는 걸 나는 그때 처음으로 체험했다. 더구나 내가 동행한 지부 장은 만삭의 몸이었다. 그는 그 무더위 속에 무거운 몸을 이끌고 묵묵히 주정부며 주의회를 걸어서 다녔다.

한나절을 그렇게 돌아다닌 다음에 나는 그에게 물어봤다.

"원래는 방송기자였다면서 왜 이 일로 바꾼 거지요?"

"제가 방송기자였을 땐, 혹 부조리한 문제를 찾아내도, 양쪽 얘기를 다 들어주고 그걸 다 방송에 내야 했지요. 그래서 시민운동으로 뛰어들기로 했습니다. 이 일을 하면서는 언제든, '그건 옳지 않아! 당신은 틀려먹었어!'라고 얘기할 수 있거든요."

그는 매우 전통적인 저널리즘(의 답답함)에 대해 얘기하고 있었다. 마음속으로 절반은 동의했고, 절반은 그래도 저널리즘의 편을 들었다. 저널리즘도 얼마든지 '당신은 틀려먹었어!'라고 외칠 수 있다고. 단지 방법이 다를 뿐. 그러나 그와 논쟁하지 않은 것은 단지 더위 때문만은 아니었다. 도구론적 입장에서 봤을 때 언론이든 시민운동이든 무엇을 위해 존재하는가가 중요해 보였기 때문이다.

"그건 이 나라를 지탱하고 있는 민주주의, 그중에서도 풀뿌리 민주주의 때문입니다. 저는 제가 하고 있는 일이 거기에 기여한다고 믿으니까요."

물론 그가 말하는 '미국을 지탱하는 민주주의'에 의심을 보낼 수도 있을 것이다. 하지만 여기서는 그냥 순진하게 받아들이고 얘기를 이어갈까 한다. 적어도 나나 누군가가 어떤 '신조'나 '비전'을 갖고 있고, 그걸 실천하고 싶어한다면, 우리는 모두가 일단 '순진'해져야 하는 게 아닐까. 순진해져야 거대 담론도 덜 주저하면서 얘기할 수 있는 것이다.

민주주의와 인본주의. 그것이 내가 '순진'하게 말하는 거대 담론이다. 플로리다의 뜨거웠던 태양 아래서 처음 만난 그는 그 두가지를 실천하는 데에 시민운동이란 도구를 택했던 것이고, 나는 저널리즘이란 도구를 택했다고 생각하면 되는 것이다. 비록 그것을 잘 실천했느냐에 대한 평가는 따로 냉정히 받아야 하는 것이지만.

저의 언론관은 매우 교과서적인 겁니다. 우리가 보통 일기를 쓴다고 할 때 영어로는 '다이어리'(diary)라고 하는데 실제로는 그런 말을 잘 안 씁니다. 대부분 '저널'(journal)을 쓴다고 하더군요. 언론은 일기를 쓰는 것과 같습니다. 그런데 일기라는 게 늘 객관적이진 않습니다. 거기엔 자신의 생각도 포함됩니다. 언론은, 물론 언론사마다 다르겠지만, 각각의 일관되고 체계적인 관점이 있습니다. 그래서 저널에 '이즘'을 붙여서 저널리즘이라고 하는 것이라고 생각합니다.

JTBC의 저널리즘은 이미 일관된 사고체계가 있습니다. 그것이 '합리적 진보'라는 건 이미 공유돼 있지요. 저는 그것을 실천하는 데에 네가지 원칙을 제시한 바가 있습니다. 사실, 공정, 균형, 품위였습니다. 그리고 언론의 역할론에 대해서도 부임 초에 제시하고 우리 뉴스의 모토로 삼은 바도 있습니다. 즉, 힘 있는 사람이 두려워하고, 힘없는 사람을 두려워하는 뉴스가 돼야 한다는 것이었고요. 그 방법론도 제시한 바가 있습니다. 요즘도 자주 쓰는 '한걸음 더 들어가는' 뉴스여야 한다는 것입니다.

그러면 마지막으로 언론이 왜 존재해야 하는가… 언론의 목적은 명확하게 두가지라고 얘기할 수 있습니다. 즉, 인본주의와 민주주의를 지키고 실천한다는 것. 그동안 우리가 행해왔던 많은 뉴스들을 돌이켜 생각해보면 여기에서 크게 벗어나지 않으리라고 믿습니다.

2021년 말에 맞게 될 JTBC의 창사 10주년을 앞두고 사사편찬위에서 나를 인터뷰했는데 여기서도 나는 그 거대 담론들을 별로 주저하지 않고 말하고 있었다. 이 두가지야말로 내가 추구하는 가치이고 지향점임이 분명하므로.

마지막으로 한가지 더. 인본주의든 민주주의든 모두가 거부할 수 없는 거대 담론이니 반론이나 의문은 안 갖는데, '합리적 진보'는 언론으로선 내놓고 천명한다는 게 문제가 있지 않느냐는 지적이 없지 않았다. 같이 일해온 후배들도 그런 의견을 내놓기도 했다. 나의 대답은 또 다른 이견을 낳겠지만, 내 나름으로는 단순하다. '문제의식이 있어야 문제를 발견할 수 있고, 문제를 발견해야 문제를 제기할 수 있으며, 문제를 제기해야 문제를 해결할 수 있다'는 것이다. 문제의식은 의심하는 것에서 출발하며, 의심은 모든 기존의 현상을 향한다. 그러니 언론은 기본적으로 기존의 체제와 현상에 안주해선 안 된다. 그것을 굳이 우리가 쓰는 언어로 표현하자면 '진보'다. 의심은 변화를 지향하기 때문이다. 다만, 그런 문제를 발견하고 제기하는 과정은 극단적이어선 안 되고, 합리적이어야 하며, 그 '합리적'인 자세 속에는 상대에 대한 '배려'와 '이해'도 있어야 한다는 것. 알랭 드 보통이 말한 '지혜'도 아마 그것과 맥이 같으리라고 본다. 나는 '합리적 진보'를 그렇게 정의한다. 그렇게 나아가면 인본주의와 민주주의도 실현의 가능성에 속하는 담론이 되지 않을까. 그럼에도 이것이 단지 이상향을 말하는 것처럼 느껴진다면, 그것은 현실 세계에서 우리가 보아온 암담함이 그만큼 깊고 크기 때문일 것이다. 이미 기득권이 돼버린 언론들과 유튜브 등에서 활개 치는 온갖 모욕과 가짜뉴스들, 그리고 저열한 댓글 등으로 상징되는 유사 시민사회는 미디어 생태계라는 현실 세계 속에 엄연히 존재한다.

한여름의 무더웠던 플로리다는 희한하게도 오후 한때 꼭 장대비가 내렸다. 비가 내리고 나면 시원해지는 게 아니라 습도만 잔뜩 올려놓았다. 그런데 오르는 건 습도뿐만이 아니었다. 연못 속에, 호수 속에 잠겨 있던 악어들이 장대비와 함께 물 밖으로 떠오르는 것이었다.

미디어 생태계 속의 그들 역시 때만 되면 그 실체를 드러낸다. 우리를 포함해 어떤 언론이든(그것이 진보 성향이든 보수 성향이든) '합리성'을 잃는다면 민주주의나 인본주의는 고사하고 그 악어의 무리가 되지 말란 법은 없다.

2014년 봄, 창경궁에서

에필로그

뉴스룸을 떠나다

[장면 #1] "손석희 씨! 다시 들어가야겠어!"

1986년 8월에 한반도를 강타한 태풍 '베라'는 그해 가장 강력한 태풍이었다. 사망자만 60명에 달했고, 재산 피해도 막대했다. 충남 보령시 인근으로 상륙해서 다음 날 새벽녘에 동해안으로 빠져나 갔으니까 밤새 한반도 전역이 강력한 영향권 안에 있었다.

나는 그날 밤 태풍 관련 뉴스특보의 앵커였다. 태풍의 진로를 따라 밤새 현장에 나가 있는 기자들을 연결하고, 재해대책본부 등 을 연결해서 집계된 피해 상황을 전하는 게 내 일이었다. 연차는 얼마 안 됐으나, 몇번의 재난방송으로 내 나름의 노하우가 있었으 므로 큰 실수 없이 진행 중에 새벽 5시쯤이 되었다. 대개의 태풍이 그렇듯, 제아무리 슈퍼 태풍이라 해도 육지를 통과하면서 그래도 그 세가 약해졌다. 이제 동해 앞바다로 나가면서는 열대성 저기압으로 그 형체가 흩어질 시간이었다. 특보 팀은 밤새 진행해온 뉴스특보를 끝내기로 결정하고 내게 마무리 인사를 해달라고 했다. 정확하게 기억이야 할 수 없지만, "태풍은 이제 소멸 단계입니다. 더 이상의 큰 피해는 없었으면 합니다. MBC 뉴스특보는 여기서 마칩니다. 시청자 여러분 감사합니다" 정도였을 것이다.

그런데 뉴스 편집부로 돌아오니 모두가 호떡집에 불난 것처럼 정신없이 우왕좌왕하는 것이었다.

"손석희 씨! 다시 들어가야겠어! 특보를 다시 열어야 해!"

이게 무슨 일인가 싶었다. 특보를 마친다고 인사까지 하고 나왔는데…

"왜요? 뭐 태풍이 유턴이라도 한대요?"

사연인즉슨 이랬다. 청와대에서 'VIP'(그 사람이다)가 태풍 걱정에 밤새 텔레비전 뉴스를 보고 있었는데 내가 특보를 끝낸다고 하니, '그렇게 태풍 지나갔다고 끝낼 게 아니라 피해복구 작업까지 특보로 내보내라'고 지시를 했다는 것이다. 그 지시를 VIP가 직접 내린 건지, 아니면 충성스러운 참모가 각하의 심기를 고려해 대신 내린 건지는 알 수 없었다. 좌우지간 분명한 것은 청와대 지시이니 다 끝난 방송도 살려내야 한다는 것이었다.

방송 끝났다고 현장에서 철수한 기자들과 중계팀을 다시 불러

모으고(그때는 휴대폰도 없던 시절이다), 온통 난리를 친 끝에 그로부터 20여분 뒤에 다시 뉴스특보를 시작했다. 불과 20여분 전에 마무리 인사까지 다 해놓고, 마치 언제 그런 일이 있었느냐는 것처럼 태연하게 오프닝 멘트를 했던 것이다. 5공화국 시절 무소불위 정권하의 기형적 방송행태를 말하려 함만은 아니다. 개인적으로는 또 하나 기억에 남을 일이 있었다.

당시만 해도 헤비스모커였던 나는 밤새 이어진 금연을 참지 못하고, 특보 중간에 현장 기자에게 카메라가 넘어간 틈을 타 담배를 피워 물었던 것이다. 1980년대 중반의 방송사는 금연구역이 없어서 정말 아무 데서나 담배를 피워댔다. 스튜디오도 마찬가지였다. 심지어 나는 「100분토론」을 진행하던 초창기인 2002년까지도 생방송 시작 전에 스튜디오 내 자리에서 담배를 피우기도 했다. 하긴 훨씬 더 옛날 얘기이긴 하지만, 영화 「굿나잇 앤 굿럭」에선 주인공 에드워드 머로(Edward R. Murrow, 미국의 전설적 저널리스트로 2차대전 때 종군기자였고, 종전 후에는 매카시즘에 맞서 싸웠다)가 아예 파이프를 물고 방송하는 장면도 나오긴 했다. 그런데 문제는 내가 잠깐 담배를 피워 문 사이에 현장 연결이 갑자기 불안정해지면서 끊긴 것이었다. 뉴스 진행 프로듀서는 망설임 없이 '앵커 컷'을 외쳤고, 화면에 등장한 나는 연기가 피어오르는 담배를 들고 어쩔 줄 몰라 하고 있었다. 입에서는 하얀 담배연기가 새어나왔음은 물론이다. 요즘처럼 인터넷이 있었다면 그 장면은 짧은 클립으로 만들어져 어딘가에서 무한반복되었을 것이다.

마지막 장은 좀 엉뚱한 얘기로 시작하게 되었다. 책이 막바지에 이르니 내 수다가 는 것일까.

나는 담배는 평생 못 끊을 줄 알았다. 농담처럼 "사람은 사람을 배신해도 담배는 사람을 배신하지 않는다"고 말하곤 했다. 그러나 끊었다. 그것도 오래전에… 뉴스프로그램을 진행하는 것도 내 삶의 절반 이상을 해온 일이었으므로 그 일을 하지 않고 지낸다는 것은 생각하기 어려웠다. 그러나 언젠가는 내려와야 한다는 걸 왜 몰랐겠는가. 그리고 그 '언젠가는'은 대개 예고 없이 찾아오는 것이다.

[장면 #2] 시한부

2018년 12월의 어느 날이었을 것이다. 회사는 내게 완곡한 표현으로 앵커 하차를 얘기했다. 물론 당장은 아니었고, 그로부터 1년 반쯤 뒤인 2020년 총선 후가 거론되었다. 굳이 왜 총선을 기점으로 잡았는지는 알려 하지 않았지만, 어차피 이런 건 계기로 삼을 이벤트가 필요한 것 아니겠는가. 다만, 공연히 오해 살 일이 없도록 정치적 이벤트를 계기로 삼을 생각은 없었는데, 그렇다고 딱히 기준으로 할 만한 다른 날짜도 없었다. 나는 그때 회사의 대표이사로 선임된 직후였다. 이제쯤엔 앵커석에서 내려와야 한다는 생각을 내가 아니라도 누구든 할 수 있는 상황이었다. 상법상 등기이사인 대표이사가 뉴스에 대한 편집권을 가지고 진행까지 하는 것은 내가 보아도 적절하지 않았다.

사실은 아주 오래전부터 나의 하차는 이른바 '포스트 손'과 연관 지어 사람들 입에 오르내렸다. 하지만 나는 이해했다. 좋게 보자면, 이제 막 연애를 시작했지만 그 설렘의 한구석에는 언젠가 다가올지도 모를 이별의 순간을 무의식적으로라도 떠올리는 것과 같았다. 그러나 그건 좀 감상적인 생각이고, 냉정하게 보자면 어느 조직이든 차기를 생각하는 것은 당연한 일이었다. 내 나이로 보나 (JTBC로 옮겨왔을 때 나는 남들이 회사를 떠날 나이인 쉰여덟이었다) 평소 행태로 보나 어쩌면 오래가지 않을 것이라는 생각도 했을 것이다. 나는 꽤 오랫동안 '나는 몸과 마음이 가볍다'란 말을 달고 살았다. 그것이 홀로 새로운 조직으로 와서 온갖 상황에 맞닥뜨리고 있던 내가 내 신조대로 일하기 위한 시위였다는 것을 알아챈 후배들도 있었을 것이다. 그러나 언제든 직을 내려놓을 때가 오면 군말 없이 떠나야 하는 것도 맞았다.

'2020년 총선 후 하차'를 결정하고 나서 1년 가까운 시간이 흘렀다. 그사이에 나의 마지막 「뉴스룸」 진행은 2020년 5월 21일로 잠정 결정되었다. 총선 후 한달 정도 뒤로 잡은 것이었다. 물론 나의 하차는 나와 회사 측 몇명만이 아는 일이었으며 안팎으로 철저히 함구하기로 했다. 그런데 앞서 남녀 간의 연애 얘기로 예를 들었으니 다시 그렇게 비유를 하자면, 이미 헤어지기로 날짜를 정해놓고 연애를 하는 남녀를 보았는가. 그건 너무나 힘든 일이 아니겠는가. 나는 집중력을 잃지 않기 위해 무진 애를 썼다. 그러나 점점 지쳐가고 있는 것도 사실이었다. 그동안 뉴스를 진행한 이래, 좀 과장해서 말하자면, 밥 먹는 시간을 빼고는 1분도 여유가 없었던 날들이었다. 편집회의 두번에, 그날 나가는 모든 뉴스를 사전체크해야 하고, '앵커브리핑' 원고에 매달리는 동시에 '팩트체크'와 '비하인드 뉴스'의 아이템과 원고까지 검수해야 했다. 그러고 나면 그날의 '엔딩곡'은 뭐냐고 재촉해오는 것이다. 그것이 그냥 일상이었을 때와, 이제 시한부일 때와는 감정과 체력의 소모가 같을 수 없었다. 그래도 내가 그 모든 것에 소홀했다고는 생각하고 싶지 않다. 하지만 더 이상 이런 상태에서 시간을 끄는 것은 무의미해 보였다.

[장면 #3] 다시 먼 곳에서 북소리가 들려왔다

"아니라고 말할 수 없게 메일을 보내오셨더군요."

2019년 12월 19일 홍정도 사장은 나를 만난 자리에서 그렇게 말했다. 그보다 며칠 전에 나는 이메일을 통해서 2020년 5월 21일이 아닌 1월 2일로 대폭 앞당겨 물러나겠다는 의사를 전달한 상태였다. 몇가지로 그 이유를 정리해서 보냈는데, 우선 JTBC 뉴스를 다른 종편들과 같은 시각으로 보는 사람들은 이제 없을 테니 내 나름의 역할을 다한 것 같다는 것과, 나는 레거시 미디어의 인물들 가운데 가장 오래 남아 있는 인물인 만큼 새로운 리더십으로 JTBC 뉴스를 탈바꿈시켜야 한다는 것, 그리고 무엇보다도 그런 변화는 빠를수록 좋다는 것, 왜냐하면 새로운 앵커가 뉴스개편에 참여하면서 곧 있을 총선 방송에도 대비해야 한다는 것 등등이었다. 그냥 간단히 한 단어로 말하면 '세대교체'였고, 기왕에 세대교체를 하는 데 시간을 끌 필요는 없어 보였다.

그리고 그다음은 일사천리였다. 불과 며칠 사이에 모든 걸 마무리 지었다. 당사자가 책임자이니 모든 결정이 빠를 수밖에 없었다. 후임으로 내정하고 있던 기자 서복현을 바로 다음 날 만나서 통보했다. 그리고 주말에 내 손으로 나의 퇴진을 알리는 보도자료를 쓰고 월요일에 공표했다. 12월 23일이었다.

보도국은 그날 이후 한동안 술렁거렸다. 당장 그날 밤에는 기자들이 모여 성명서를 냈다. 요지는 나의 퇴진에 반대한다는 것이었다. 창사 이래 처음 나온 기자들의 성명서라 하니 개인적으로는 그래도 고마웠다.

예상했던 대로 안팎에서 일종의 음모론도 나돌았다. 특정 기업 연관설과 향후 정치적 예상을 끌어들인 음모론이었으나 내가 아는 한 모두 틀린 얘기였다. 심지어는 앵커에서 내려오게 하려고 대표이사로 선임했다는 지라시까지 돌았다. 사람들이 나중에 내게 그런 얘기들을 들고 왔을 때, 나는 그냥 한마디로 '웃기는 얘기'라고 일축했다. 내가 그 과정을 누구보다 잘 아는 당사자인데 어찌 웃지 않을 수 있겠는가. 앞서 얘기했던 것처럼, 그냥 내게는 '헤어질 때'가 온 것이었다. 언젠가 올 그때가 우연히 혹은 필연적으로, 계획적으로 혹은 전혀 계획 없이 온 것이라 생각하면 그만이었다. 그것은 오래전 내가 MBC와 성신여대를 떠나 JTBC로 오기로 한 날, 그날 저녁 음악프로그램의 DJ가 무라카미 하루키를 인용해서 말했던 것처럼 '먼 곳에서 들려오는 북소리'와도 같이 오는 것일지도 몰랐다.

[장면 #4] 독배

"서복현 씨는 SNS 같은 건 안 하나? 요즘은 그런 걸로 자기선전도 하고 그러던데?"

"아니요, 저는 취재하느라 바빠서 그런 걸 할 시간은 없습니다."

세월호참사 취재가 이어지던 어느 날 전화통화에서 나눈 대화였다. 아마도 그때부터였을 것이다. 나는 그를 훗날 내 후임으로 염두에 두게 되었다. 그는 내가 처음으로 삼성 무노조 전략 문건을 입수했을 때 취재를 맡겼던 기자이기도 했다. 그밖에 주요 사건에서도 그는 누구보다 현장에서 뛰어났다. 가볍지 않았고 진중했다. 시청자들에게도 친숙한 존재였으므로 여러가지로 적임이라 생각했다.

내가 「뉴스룸」에서 떠나기로 결정한 후 그를 내 방으로 불렀을 때, 그는 굉장히 완강하게 버텼다.

"아니, 그 자리에 왜 저를 갖다 놓으려 하십니까? 그건 독배입니다. 저는 아직 현장에서 더 취재하고 싶습니다."

사실은 그날이 처음이 아니라 그 얼마 전부터 언질을 비슷하게 줘왔기 때문에 그의 반응이 새삼스러운 건 아니었다. 나는 으름장 반, 달래기 반으로 밀어붙였다. 그렇게 해서 2020년 1월 6일부터 「뉴스룸」의 새로운 앵커는 서복현이 되었다.

그는 내가 보기엔 그야말로 고군분투했다. 사장이 앵커였던 시절과 아직 평기자인 서복현이 앵커였던 상황은 완전히 달랐을 것이다. 내가 젊었을 때 앵커를 해봐서 그 고민과 속 끓음을 모를 리 없다. 결국 1년 반쯤 뒤인 2021년 6월 4일 방송을 마지막으로 서복현은 앵커에서 물러났다. 나는 무척 아쉬웠다. 과거 MBC에서 30년을 지내는 동안 뉴스 개편 때마다 앵커 교체를 얘기하고, 세트를 바꾸고 하는 것들이 내게는 본질적이지 않아 보였던 경험도 한몫했다. 특히나 앵커는 조직이 인내를 가지고 키워내야 하는 존재라고 생각했다. 그러나 다시 새로운 시작을 하려는 참에 그것을 알리는 상징적 존재가 또한 새로운 앵커여야 한다는 것도 이해해야 했다. 무엇보다 나는 더 이상 보도국 인사의 결정권자가 아니었다. 그나마 다행인 것은 그 후임이 오대영 기자였다는 것이긴 했다. 그에 대해선 이 책에 이미 썼으므로 더 설명할 필요는 없을 것이다. 또한 나와 오랫동안 함께 진행해왔던 앵커 안나경이 「뉴스룸」의 레거시를 이어가는 역할을 해주고 있으니 그것도 다행스러운 일이라고 생각한다.

물러나기로 정해진 날 서복현 기자는 내게 와서 이렇게 말했다.

"제가 처음에 앵커로 들어갈 때 예상했던 그대로 상황이 흘러온 것 같습니다."

나는 할 말이 없었고, 그는 현장으로 돌아갔다.

"goodbye라고 하지 말고 farewell이라고 하고 헤어지지요."

대략 25년 전쯤, 휴직을 하고 미국으로 떠나기 전에 잠시 공부했던 어학당의 영어강사는 수업 마지막 날 송별 모임을 끝내는 자리에서 그렇게 말했다. 다 똑같은 작별 인사인데 두 단어 사이에는 어떤 차이가 있다는 것이었을까? 지금도 잘 모르겠다. 굳이 예전에 배운 걸 되살려보자면 farewell은 좀더 격식을 차려 말하는 것이란 정도. 그는 그렇게 해서 이른바 감정과잉을 피하는 것 같았다. 그렇게 헤어짐이란 건 누구에게나 서운한 일이지만, 그 헤어짐의 감정을 잘 관리하는 것도 '좋은 이별'을 위해서는 필요한 일이다.

2020년 1월 1일과 2일에 「뉴스룸」과 「신년토론」을 연이어 이틀 진행하는 것을 끝으로 나는 뉴스 앵커의 자리를 떠났다. 진행했던 모든 프로그램에서 떠날 때마다 어찌 서운함의 감정이 없었을까만 이번에도 그리 큰 감정의 동요는 없었다. 과거에 「시선집중」을 떠날 때도 언론에서는 내가 울먹였다고 하나, 글쎄… 잠시 감정의 흔들림이 있었을지언정 '울먹이기'까지 하지는 않았다. 그때는 MBC라는 고향을 떠나는 것이기도 했으니 아무래도 좀더 센티멘털했는지는 모르겠으나… 아무튼 나는 어떤 프로그램을 하든 내려설 때를 위한 감정 정리는 미리 해두는 편이었다. 그러니까 마지막 날의 내 담담함은 오랜 시간 통제해온 내 감정의 최종 결과물인 셈이었다. 떠나면서 꽃다발 받고 인사하고 하는 장면이 화면에 나가는 것도 좋아하지 않았다. 이별은 내가 시청자와 하는 것이지, 내가 동료들과 인사하는 장면까지 화면에 보여줄 필요는 없으니까. 그래서 후배 기자들에게 각별히 부탁하기도 했다. 그냥 조용히 끝내자고. 그렇게 6년 4개월 동안 이어졌던 JTBC에서의 뉴스 앵커 생활을 마무리했다. 동시에 그날은 본래적 의미의 '앵커 시스템', 즉 앵커가 뉴스의 편집권과 인사권, 예산권까지 갖고 최종 책임을 지던, JTBC만의 유례없는 실험이 끝나는 날이기도 했다.

나를 뉴스 앵커로 다시 봤으면 한다는 사람들도 있다. 개인적으로는 감사한 일이다. 태풍 '베라'가 소멸됐던 1986년 8월 29일 새벽에 나는 마지막 인사를 하고도 다시 뉴스 스튜디오로 돌아가야 했지만, 글쎄… 이제 그런 일은 없을 것이다. 그때 간절히 피워 물었던 담배… 하지만 나는 담배를 끊은 뒤에도 다시 피우고 싶다는 생각을 해본 적이 없다.

사족

내가 「뉴스룸」을 떠난 지 1년 10개월가량이 흘렀고, 그동안 「뉴스룸」은 나름의 변화를 거쳐왔다. 지금의 「뉴스룸」은 내가 있을 때와는 다른 모습이다. 방송뉴스도 결국은 사람의 일인지라, 사람이 바뀌면 내용과 형식도 바뀐다. 이해할 수 있다.

나는 가끔 생각한다. 당시의 「뉴스룸」은 너무 일찍, 뉴스가 구현할수 있는 형식과 내용의 끝까지 가려 했던 것이 아닌가. 성역을 인정하지 않고, 어젠다를 세우고, 그것을 지켜내고, 그때까지 없었던 코너들을 만들어내고, 그럼에도 감성을 소홀히 하지 않으려 했던 「뉴스룸」의 방식은 소중하다. 우리는 '완전'하진 못했어도 그것을 최선을 다해 추구하려 했던 것은 틀림없다.

그 고된 길에 함께해준 후배들에게 감사한다. 사실은 대부분의 경우 내가 그들을 따라가기 바빴다는 것도 고백한다. 나는 떠났지만 후배들은 그 열정으로 우리가 다다랐던 곳이 그 길의 끝이 아님을 보여주리라 믿는다.

그러기 위해서 방식은 달라도 가는 길의 방향은 같기를 소망한다. 그렇기만 하다면 방식이 바뀌는 것이야 물러나 있는 내가 어찌할 수도 없는 것이다. 내가 진행한 뉴스의 처음과 마지막을 함께했던 밥 딜런의 노랫말처럼 "시대는 변하는 것이니…"

장면들
손석희의 저널리즘 에세이

초판 1쇄 발행 / 2021년 11월 12일

지은이 / 손석희
펴낸이 / 강일우
책임편집 / 이지영 박주용
조판 / 박지현
펴낸곳 / (주)창비
등록 / 1986년 8월 5일 제85호
주소 / 10881 경기도 파주시 회동길 184
전화 / 031-955-3333
팩시밀리 / 영업 031-955-3399 편집 031-955-3400
홈페이지 / www.changbi.com
전자우편 / human@changbi.com